阿拉伯国家研究省部共建协同创新中心（宁夏大学）

“一带一路”倡议对阿传播的话语体系构建【北非篇】

姜克银 著

时事出版社
北京

图书在版编目（CIP）数据

“一带一路”倡议对阿传播的话语体系构建．北非篇/
姜克银著．—北京：时事出版社，2020.4
ISBN 978-7-5195-0311-6

Ⅰ．①一…　Ⅱ．①姜…　Ⅲ．①“一带一路”—国际合作—
研究—中国、北非　Ⅳ．①F125.5

中国版本图书馆 CIP 数据核字（2019）第 235218 号

出版发行：时事出版社
地　　址：北京市海淀区万寿寺甲 2 号
邮　　编：100081
发行热线：（010）88547590　88547591
读者服务部：（010）88547595
传　　真：（010）88547592
电子邮箱：shishichubanshe@sina.com
网　　址：www.shishishe.com
印　　刷：北京朝阳印刷厂有限责任公司

开本：787×1092　1/16　印张：13.75　字数：230 千字
2020 年 4 月第 1 版　2020 年 4 月第 1 次印刷
定价：128.00 元

contents

目录

绪　论

阿拉伯国家处于“一带一路”的交汇处，地缘位置独特，发展潜力巨大，在中国推进“一带一路”倡议的过程中占据重要位置。不少阿拉伯国家民众由于缺乏直接获取信息的渠道，对“一带一路”倡议不甚了解。他们了解的渠道常常是外媒，获取的是西方发达国家报道“一带一路”倡议的二手信息。然而，一些西方主流媒体对“一带一路”倡议的歪曲报道导致阿拉伯国家民众对“一带一路”倡议产生负面认知，造成误解。“一带一路”倡议对阿（对阿为“对阿拉伯国家”的简称）传播问题仅引起学界部分学者的关注，研究内容具备以下几个特点：第一，国内外关于“一带一路”倡议对阿传播的话语问题的研究刚起步，其中具有代表性的是薛庆国①的《“一带一路”倡议在阿拉伯世界的传播：舆情、实践与建议》（2015）和《关于在阿拉伯媒体上传播“中国声音”的思考》②（2011）。截至目前，相关学术专著成果不足。第二，国内虽对“一带一路”倡议对阿传播话语的说话原则、语言技巧和策略多有梳理、论证，但关于“一带一路”倡议对阿传播话语体系构建的深入研究仍有待加强。因此，在阿拉伯国家民众无法获取“一带一路”倡议的中国之声的背景下，研究“‘一带一路’倡议对阿传播的话语体系构建”的任务十分紧迫。

本书运用文献的方法，梳理国内外关于“一带一路”倡议对阿传播话语体系构建的研究之现状；运用民族志和文献学相结合的方法，在阿拉伯国家联盟22个成员国重点国家做田野调查，搜集了第一手资料；运用叙述学的方法，叙述“一带一路”倡议对阿传播的话语体系。为了深入、系统、全面地对阿拉伯国家进行针对性的研究，课题组把阿拉伯国家分为西亚和北非两部分，研究成果分为西亚篇和北非篇。两本著作由姜克银教授

---

① 薛庆国：“‘一带一路’倡议在阿拉伯世界的传播：舆情、实践与建议”，《西亚非洲》2015年第6期，第36—52页。

② 薛庆国：“关于在阿拉伯媒体上传播‘中国声音’的思考”，《阿拉伯世界研究》2011年第1期，第27—32页。

完成初稿。校稿过程漫长、辛劳而有序。为了提高书稿的质量，姜克银教授带领课题组成员——宁夏旅游学校孙蕊老师、徐晶晶老师以及宁夏大学阿拉伯学院2019级的两名研究生王军、王瑞丰反复对内容进行修改。在出版社的建议下，课题组邀请宁夏大学阿拉伯学院刘东宁、杜晟、马成文三名教师对国家概况部分内容进行反复校对，力争确保国家概况信息的准确性。书稿修改组成员中，除了徐晶晶老师，其他成员分别在沙特、埃及、约旦、伊拉克、利比亚、突尼斯、摩洛哥等国家工作或者留学过不短时间，有的成员甚至在阿拉伯国家生活过四年以上。这些潜在的团队优势为书稿的质量提供了一定保障。在此，对全体参与课题研究的教师及同学为两本专著所做的贡献表示感谢。

“一带一路”倡议对阿传播的话语体系构建研究具有一定的创新之处，包括以下几个方面。

一、理论创新

本研究提出“一带一路”倡议对阿传播话语作为文本的概念以及“一带一路”倡议对外传播话语体系三要素的新观点。理论的构建基于英国兰卡斯特大学的语言学教授诺曼·费尔克拉夫（Norman Fairclough）的话语理论。诺曼·费尔克拉夫是话语建构理论的代表人物之一，也是当代西方著名的批判话语分析学者。他在20世纪80年代初开始将研究重点放在批判的话语分析上。诺曼·费尔克拉夫以福柯话语理论为基础，汲取其思想养分和精华，提出任何“话语事件”都可同时被看作一个文本。基于此，“一带一路”倡议对阿传播的话语被看作是文本。课题组基于22个阿拉伯国家的历史、文化、宗教、语言、艺术、民俗等方面情况，运用新颖而翔实的资料，点面交叉、层次分明地撰写了22个故事。这些故事就是“一带一路”倡议对阿拉伯不同国家精细化传播的文本。这些故事文本绝大部分内容以新颖丰富而见长。它们在激发阿拉伯国家人民对自身独特的文化传统产生自豪感的同时，又潜移默化地引导阿拉伯国家人民了解并熟悉“一带一路”倡议的理念。在文本概念的基础上，诺曼·费尔克拉夫还提出话语分析的三个向度——文本向度、话语实践向度、社会实践向度。其中，课题组重点关注了“话语实践”向度。这个向度主要阐释文本的生产过程与解释过程的性质，如分析文本生产、分配和消费过程的方式和机制。基于诺曼·费尔克拉夫的“文本生产”“文本分配”和“文本消费”三大分析指标，我们提出“一带一路”倡议对阿传播的话语体系包含文本（故事）生产、文本（故事）分配、文本（故事）消费三个要素。从构成关系来讲，针对不同阿拉伯国家的文本（故事）生产、文本（故事）分配、文本（故事）消费系统共同构成“一带一路”对阿传播的宏观话语结构。经过文本（故事）生产、文本（故事）分配、文本（故事）消费这三大环节，中阿合作水到渠成。因此，三大话语要素的构建是中阿合作的基础和保障。中阿合作是构建“一带一路”倡议对阿传播的话语体系的目标。在撰写针对22个阿拉伯国家故事的基础上，课题组系统梳理针对每一个国家的故事分配渠道，构建合理而具有可操作性的故事消费策略。完成话语体系构建任务后，中阿合作的意识已在读者当中建立起来。课题组又根据故事当中铺垫的中阿民间合作的情节，设想中阿可能产生合作的领域。需要说明的是，阿拉伯国家国情具有相似之处，也有个性与不同。因此，本着实事求是、突出特色的原则，针对不同阿拉伯国家呈现的文本（故事）的分配领域、消费策略和中阿合作领域会出现相似性和差异性的特点。但是就单纯一个国家内部而言，分配、消费、合作的内容各不相同，具有时代性、可操作性、科学性的显著特点。

二、叙事创新

针对22个阿拉伯国家传播“一带一路”倡议的故事包括四部分：第一部分是国家概况，第二部分是文本（故事）生产，第三部分是文本（故事）分配，第四部分是文本（故事）消费。以上四个部分的叙事风格具有创新性。创新性包括两大部分：第一个是国家概况介绍的创新，即具有个性化特点。第二个是故事文本叙事风格的创新，包括充分发挥想象力、微言大义、内在联系紧密三个方面。下面分别做出说明：

第一，国家概况介绍具有个性化的特点。通常，国家概况的介绍聚焦于一个国家的优势特色，或者劣势与不足，涉及的面广而丰富，包括经济、气候、地理、历史沿革、风俗、港口、教育、人口、主要节假日等方方面面。本书介绍的国家概况与其他书籍中的国家概况有所不同。首先，在叙述风格上具有短而精的特点。主要表现在概况部分只介绍下文文本（故事）中重点提及并且在中阿合作部分起到一定作用的内容，并非面面俱到。例如，对苏丹国的介绍，强调苏丹医学的发展水平有限，目的是为下文文本故事（《莱依拉和仙草的故事》）的构思和中苏未来在医学方面的合作埋下伏笔。需要说明的是，基于中阿合作的国家概况介绍并未单方面地突出中方或者阿方的一方，而是实事求是地呈现双方的不同方面。如果书中出现连续说明一方（中方或阿方）优势或不足的情况，纯属偶然或巧合。其次，针对不同国家的叙事，侧重不同。本书对任何一个国家概况的介绍都是以中阿合作为目的的。每个阿拉伯国家的国情不同，与中国合作的潜质也不同。在介绍一个国家的概况时，有可能聚焦优势特色领域，也有可能聚焦劣势与不足之处。有可能是读者期待的领域，也有可能是读者未曾关注的领域。这种叙事风格打破了读者的惯性思维，给读者一种耳目一新的感觉。例如，通常提及阿拉伯联合酋长国时，相关学术著作会提及购物、石油、航空三个优势领域。与前期相关研究不同，为了在“一带一路”倡议推动过程中拓展中国与阿拉伯联合酋长国合作的领域，笔者在介绍阿拉伯联合酋长国国家概况时，选择介绍其食品、服装和旅游三个行业。读者在阅读时会被打破常规思维，意外地发现阿拉伯联合酋长国和中国之间具有在其他领域合作的潜质。为了便于表述，“中国和阿拉伯某一个国家”的称谓表述简化为“中×”。“×”为阿拉伯国家国家名的第一个字，例如中也（中国和也门）、中黎（中国和黎巴嫩）等。

第二，文本（故事）叙事风格的创新点。此部分包括充分发挥想象力、微言大义、故事内在联系紧密三个方面。“一带一路”倡议对阿传播文本（故事）的撰写模仿阿拉伯人民喜闻乐见的名著《一千零一夜》的写作风格。了解“一带一路”倡议对阿传播文本（故事）的叙事风格，将对引导读者阅读起到积极的作用。

首先是充分发挥想象力。例如：故事《神奇的白鹰——哈桑》基于中国发达的现代建筑技术和也门的古代建筑，虚构了“可以视频的镜子”；故事《阿卜杜拉王战记》则是基于中国与叙利亚在粮食种植技术方面的合作，虚构了狮子借给王子可以“往返时空的挂坠”的情节；故事《王后的礼服》依据中国传统刺绣技术与黎巴嫩服装设计理念的优势，虚构了精灵带着主人公“一夜千里的飞行”；故事《珍珠粉》根据中国和卡塔尔皆有的养殖珍珠的技术，虚构了人鱼悲伤哭泣时掉落的眼泪会化作“璀璨夺目的珍珠”的情节。这种虚构形象与朴素现实的融合描绘，使整个故事的情节神秘莫测又优美动人，突出了《一千零一夜》现实主义与浪漫主义相结合的写作手法，达到奇辞奥旨的效果。虚实相交织的表现手法，生动地表现广大人民群众对于美好生活的向往。其次，故事语言丰富淳朴、通顺自然、诗文并茂。故事在诙谐的语言中插入优美的中国、阿拉伯国家的诗句、俗语、神话故事等，赋予了故事艺术感染力。例如，在故事《精忠报国》里，突尼斯的将军学习《孙子兵法》中的暗度陈仓、声东击西、调虎离山等智计，取得了战争的胜利。又如，在根据中国独特的中医医疗治愈苏丹的“苏丹热”病毒而创作的《莱依拉和仙草的故事》中，笔者插入了白狐与人类的爱情神话故事，用以增强故事的生动性和感染力。

第三，突出《一千零一夜》微言大义的特点。这主要表现在两个方面：首先，在爱恨情仇和质朴和善的故事情节中巧妙地体现广大人民群众对“真善美”的向往。例如：在故事《撒哈拉传奇》中，一位中国帅小伙在利比亚境内的撒哈拉沙漠险些丧命，结果被一位利比亚姑娘搭救了，两人相爱了，携手共建幸福生活；在《莱依拉和仙草的故事》中，助人为乐的莱依拉为了救治家乡患病的亲朋好友，不顾千山万水的阻隔，从家乡到遥远的东方学习医术；在《月亮之国》中，科摩罗陷入危难之际，科摩罗的月亮精灵在华夏国不遗余力的帮助下，找到救助科摩罗人民的办法。其次，对阿传播“一带一路”倡议的文本（故事）以讲述故事为表，以联系实际为真。每一篇故事虽短小而生动，却隐含了中阿合作的深刻含义。故事将中国与各个阿拉伯国家间的合作内容穿插其中，让读者在享受文本故事的同时，充分认识到在“一带一路”倡议的指导下，中国和阿拉伯国家具有良好的合作基础和充分合作的必要。

第四，故事内在联系紧密。《“一带一路”倡议对阿传播的话语体系构建》以22个阿拉伯国家为单位设计了一系列小文本（故事）。无论是“西亚篇”还是“北非篇”，每个国家的故事在内容编排上都有很强的逻辑性和内在联系性，可能会体现在故事里国与国之间存在的历史渊源、文化交流、经济合作等方面。以叙利亚、黎巴嫩两国为例，叙利亚和黎巴嫩是邻国，且都因复杂的历史原因而爆发了内战。可想而知，在战争时期，两国人民都曾有过逃到邻国避难的经历。笔者在构思故事时，基于叙利亚和黎巴嫩的历史渊源，把逃入别国避难的历史点滴编入故事中，不但体现了故事之间的内在联系性，而且给读者造成悬念——读者在阅读跌宕起伏、扣人心弦的叙利亚故事的同时，会情不自禁地联想到那些被迫逃入黎巴嫩的叙利亚人民，追问“他们的命运如何”等重要命题。

综上，本书在叙事方面的三个创新之处均受益于《一千零一夜》故事的叙事风格。总之，两本专著的文本（故事）在叙事方面的创新之处使它们的结构别具一格，内容丰富多彩，犹如一串琳琅的明珠，让人目不暇接，令人赏心悦目。为了突出话语文本的故事性，凸显话语文本模仿《一千零一夜》叙事风格的特点，每个章节的二级标题被分别命名为故事的具体名称（例如莱依拉和仙草的故事、撒哈拉传奇）、故事分配、故事消费。

此外，研究“一带一路”倡议对阿传播的话语体系构建具有重要的意义，包括学术意义和现实意义两个方面。

首先讲讲在学术方面的意义。第一，拓展了以往“一带一路”倡议对外传播话语的理论体系。从话语生产、话语分配、话语消费三个宏观层次以及“一带一路”倡议对不同阿拉伯国家传播的个性话语等多个微观层次，厘清“一带一路”倡议对阿传播话语体系的内涵，明确“一带一路”倡议对阿传播话语体系构建的组成部分。

第二，丰富了“一带一路”倡议对阿传播话语研究的成果。模仿阿拉伯国家喜闻乐见的《一千零一夜》民间故事集，产出“一带一路”倡议对阿传播的话语文本故事成果，丰富了中国“一带一路”对外传播话语的体裁、内容、文体、形式，激发了阿拉伯国家基层人民参与中国“一带一路”故事创作的积极性，扩大了阿拉伯国家了解中国“一带一路”倡议的受众群体。

第三，创新了“一带一路”倡议的海外传播问题的研究视角。学界已有研究从政治学、传播学、经济学、管理学、建筑学等学科出发，研究“一带一路”倡议的海外传播问题。“一带一路”倡议对阿传播话语体系从语言学的视角思考“一带一路”倡议的海外传播问题，为已有研究另辟蹊径，做出有益补充。

其次讲讲在应用价值方面的意义。第一，促进“一带一路”倡议在阿拉伯国家扎根。对阿传播“一带一路”倡议的故事真实生动地反映了不同阿拉伯国家的社会生活实景。通过畅通的分配渠道和消费策略，故事能够最大限度地传播到阿拉伯国家人民当中。由此，阿拉伯国家人民将积极主动加深对“一带一路”倡议的认识，并积极推动“一带一路”倡议在阿拉伯国家的落地生根。

第二，扭转“一带一路”倡议在阿拉伯国家传播的被动局面。“一带一路”倡议对阿传播的话语策略包括故事生产策略、故事分配策略和故事消费策略。这些有效的策略让中国版本的“一带一路”倡议之声和西方媒体歪曲报道的“一带一路”倡议之声形成对话机制，让阿拉伯国家人民有机会聆听到不同于西方传媒报道的“‘一带一路’声音”，从而扭转中国“一带一路”倡议在海外传播不畅的被动局面。

本书为北非篇，包括苏丹、利比亚、突尼斯、阿尔及利亚、科摩罗、吉布提、摩洛哥、索马里、毛里塔尼亚、埃及十个国家。

第一章　对苏丹传播的话语体系构建

一、苏丹概况

苏丹共和国地处非洲东北部、红海沿岸、撒哈拉沙漠东端，其北部与埃及比邻，西部与利比亚、乍得、中非共和国三国相连接，南部与刚果、乌干达、肯尼亚毗邻，东部与埃塞俄比亚、厄立特里亚接壤。苏丹是世界面积第 16 大的国家，也是面积最大的阿拉伯国家。苏丹的气候差异很大，且长年干旱，年平均降水量不足 100 毫米，加之特别容易遭受旱灾、水灾和沙漠化，这使得以农牧业为主的苏丹的发展受到一定影响。

苏丹也是非洲最大的国家，沙漠之中有大片土地可开垦，黄金等矿产储藏量大。与苏丹的合作可以从能源延伸到矿业、农业以及更多领域。苏丹引以为傲的正是自己的位置和资源。这里是非洲的大门，可以苏丹为门户将合作扩大到其他非洲国家。

课题组设想的中国和苏丹的合作主要体现在树胶和医疗两个方面，所以仅对这两个方面进行介绍。

（一）树胶

苏丹以农牧经济为主，农产品出口份额较大。其中，树胶占有很大的比重，树胶的用途很广，常用于工业、食品、制药、化妆品等领域。

（二）医疗

苏丹在医疗方面发展缓慢，疟疾、登革热等高死亡率疾病一直困扰着苏丹的人民。苏丹有“世界火炉”之称。在高温的环境下，若垃圾处理不当，蚊虫繁衍迅速且携带疟疾病毒。传染性疾病在蚊虫的叮咬下传染速度快，传染面积广。苏丹缺医少药，无法及时治疗感染者。

二、故事背景

在亚非两大洲交界的地方，有一个名叫苏丹的国家，这个国家占据了西亚以及北非的大部分土地。这里居住着一个善良淳朴、向往和平的游牧民族，历史上称他们为“贝都因人”。这片土地上有广袤无垠的沙漠，有迷人的红海，有种类丰富的野生动物，有淡蓝的天空，有洁白的云朵，有生机勃勃的河畔绿洲……这一切的一切，会让你感受到苏丹的多姿多彩与浪漫迷人。

与苏丹处于同一个时空的华夏国有着同样迷人的土地。从古至今，华夏国吸引着无数外国人前来游览。在那里，人们会感受到草原的辽阔、森林的茂密、海水的蔚蓝、湖水的清澈、高山的雄壮、历史的悠久和文明的绵长。人们在欣赏美景的同时，还能够从中获益，学习到各种各样的知识。

那一年，在苏丹境内一个美丽的小镇上，居民们忽然染上了一种奇怪的疟疾病毒，无人知晓病因，也无人可医。后来，一位叫莱依拉的少女偶然间得知东方仙草可以医治这种怪病，为了解救处于水深火热的居民们，她毅然决然地踏上了前往东方的路……

三、莱依拉和仙草的故事

第一章　小镇突变

莱依拉和母亲迪玛相依为命，生活在苏丹一个美丽的小镇上，镇子上很多人世代以割树胶为生，迪玛也靠在小镇的富翁家里割树胶养活自己和女儿。莱依拉从小聪明懂事、乐于助人，受到镇子里很多人的喜爱。尽管她们的生活不富裕，但母女二人很快乐。

可不知道从什么时候开始，镇子里祥和的生活被打乱了。镇子里开始流行一种疾病，刚开始只是一两个人得病，大家都以为是普通的流感，但渐渐地，得病的人越来越多。很多病人都表现出气虚无力、体乏神困的症状。镇子里开始人人自危，每个人都生怕自己得上这种病。

很多人终日闭门不出，镇子里再也没有了往日热闹、祥和的景象，可就算是这样，也阻止不了疾病的蔓延。莱依拉也被母亲关在了家里，远离人群。无事可做的生活使小莱依拉觉得非常难过，她想去和小伙伴一起玩耍，想去看看小路上那棵会开花的树，想去看看卖珠宝的胖爷爷，想和小猫咪一起晒晒太阳……

“卖珠宝的胖爷爷也生病了，可是妈妈不让我去看他。镇子上很多人都远离了胖爷爷，怕被传染，胖爷爷一定很孤单吧！”莱依拉想。“大家再也不会像以前一样很高兴地摸着我的头夸我了，为什么会这样？为什么大家会得病？为什么大家不能和以前一样？”莱依拉哭着自言自语道。

在这场疫情中，莱依拉的妈妈最终也没能幸免。看着整日发烧、神志不清、日渐消瘦的妈妈，莱依拉万分痛心。妈妈生病后，家里的生活举步维艰，每天除了照顾妈妈，莱依拉还要去割树胶，维持生计。日复一日，莱依拉妈妈的病越来越重，镇子上的医生都没有办法。莱依拉只能看着妈妈越来越虚弱，却无计可施。

一天晚上，妈妈的病情突然加重，惊慌中的莱依拉哭着去求富翁，求他帮帮自己把妈妈送到大城市去看病，富翁却毫不动容，“镇子里生病的人这么多，又不是只有你的妈妈，我能让你继续在我这儿干活已经是在照顾你们母女二人，你也理解理解我的难处吧。”

莱依拉听了富翁的话，深感无助，拖着沉重的步子一边走一边哭泣着，“难道真的没办法了吗？”路过一片树林时，莱依拉突然听到嗡嗡的谈话声，走近后才发现原来是一群蚊子在聚会。“哈哈哈哈哈……这些愚蠢的人类迟早会被我们消灭。”一只蚊子说道。“是啊，对于咱们携带的病毒，他们一点抵抗力都没有，这样下去，整个世界迟早都会是我们的了！”另一只蚊子附和道。一只瘦小的蚊子挤进来尖声说道：“我刚刚听到那个大富翁要搬走了，这里的人迟早会走光的，那么这里很快就会没人了，这里只属于我们了……”

“原来是这群坏东西在搞破坏，我一定不能让它们得逞。”莱依拉听了蚊子的对话，暗暗说道。但是，她对于自己能听懂蚊子说话这件事却丝毫没有觉察到什么奇怪之处。这时候，一只年迈的蚊子缓声说道：“大家不能掉以轻心，我听说在遥远的东方有一种神奇的仙草，可以治好所有疾病和伤痛。如果人类找到它，我们统治人类就没有希望了。”一只肚子胀得血红的蚊子说道："那我们要密切注视这里的人，绝对不能让他们知道这种仙草，否则我们将功亏一篑。"谈话声逐渐杂乱，但这段话就像一颗种子一样深埋进莱依拉的心底，她下定决心要去东方找到这种神奇的仙草，治好所有被疾病折磨的人。

镇子里有许多到东方做过贸易的商人。莱依拉一边挨家挨户告诉所有人蚊子军团的阴谋，一边不断向他们打听关于东方的消息。可就在这个时候，悲痛再次降临——莱依拉的妈妈去世了。这就像万根毒针扎进莱依拉的心里，刺痛着她……

莱依拉料理完妈妈的后事之后，就与镇上的长者商量要去东方找药，长者非常支持她，并送给她一匹骆驼。莱依拉同镇子上久经病魔折磨的乡亲们道别，带着所有人的期望踏上了遥远的路途。

一天，莱依拉走到一个沙丘的深井旁，碰巧遇到从东方经商回苏丹的驼队，他们在这里装水。驼队里的商人们给她讲了很多在富饶的东方华夏国的奇遇，莱依拉也将乡亲们的不幸遭遇告诉了驼队的商人。商人告诉莱依拉华夏国的人确实擅长使用植物治病，而且有很多神奇的仙草。莱依拉此时终于知道了她想去的地方的确切名字——华夏国。驼队渐渐远去，莱依拉也将水囊装满水，出发了。但莱依拉却不知道，身后的危险正在悄然逼近，蚊子军团得知她要破坏它们的计划，一路跟着她，想趁机做乱。

第二章　海上旅行

莱依拉骑着骆驼日夜兼程地赶路，她知道只有尽快找到仙草，才能早日解救乡亲们，所以再苦再难，她也不觉得辛苦。两天后，莱依拉就到达了苏丹港，这是苏丹唯一的港口。莱依拉站在港口前，远处湛蓝的天空垂落天际，与蔚蓝的海面融为一体。莱依拉看着眼前美好的景象，心情不由得轻快起来。莱依拉感叹着，如果不是要去遥远的华夏国寻找仙草，她真的打算在这里住上一辈子。莱依拉绝对不会想到，和她同样爱上这片美景的还有那群讨厌的蚊子。

出发前，莱依拉就从驼队那里打听到当晚会有一艘前往华夏国的苏丹商船在苏丹港补给，她要坐的就是那艘船。驼队的人还嘱咐她将自己的骆驼抵押给商船，这样就能免去上船的费用。至于那些可恶的蚊子，它们才不会在意这些。它们只在乎莱依拉的动向，莱依拉到哪里，它们就跟到哪里。

现在正是夕阳西下之时，根据商队的消息，轮船快要到了。莱依拉看了看时间，还来得及吃点随身带来的东西。轮船渐渐驶进苏丹港，莱依拉义无反顾地上了船。此刻，莱依拉心中既有对家乡的不舍，又有对华夏国未知世界的期待，还有对漫长路途可能遇到的困难的担心和恐惧。直觉告诉她，这一路上肯定会有各种危险和困难……

"呜……"轮船渐渐离开苏丹港。莱依拉上船后和船长说明了自己的来意，在船长的帮助下，她很快找到商队队长阿卜杜·阿齐兹。阿卜杜·阿齐兹听完她的故事，被她一心想要救治小镇百姓的决心所感动。于是，阿卜杜决定带着自己的商队陪同莱依拉去找仙草。在一旁听着的蚊子大军心中则充满了愤恨之情，暗自计划着要阻止他们。

天色渐渐暗了，莱依拉进入了梦乡，梦见了自己亲爱的妈妈和热心的村民们。他们慈祥地看着莱依拉，并告诉她："你要坚定信念，一定要找到仙草，去解救更多的人！"莱依拉流下了滚烫的泪水，她从睡梦中惊醒，擦拭着脸上的泪珠。这时天已蒙蒙亮。莱依拉深知找仙草的路途还很遥远，这使年幼的她倍感压力，但是她决不会放弃。

窗外天色渐明，莱依拉收拾好床铺正准备离开房间，突然感到一阵头晕目眩，身体竟像控制不住一般，一下子扑倒在地上。门外路过的阿卜杜听见屋里的动静，连忙高声问询莱依拉发生了什么事。阿卜杜见无人回应，顿时感觉情况不妙，撞开门后才发现莱依拉倒在地上。由于常年从事航海工作，阿卜杜猜想莱依拉是晕船了，赶忙从自己的口袋里拿出几片治晕船的草药，碾碎后涂抹在莱依拉的太阳穴上，并让船员看守在她的身边。阿卜杜又去厨房为她熬制汤药。涂抹了草药，又喝了中药后，莱依拉感觉好多了。阿卜杜向莱依拉解释她的状况："我看你面色苍白，额上冷汗不断，还伴有眩晕，这些都是晕船的表现。我常去华夏国，对华夏国医药文化有一些了解，身上总会带一些草药，因此对一些病症还算了解……"阿卜杜向她介绍着神奇的草药，莱依拉听得都快入迷了，她太需要这些了，也更加坚定了找到仙草的信念。船队还在继续前进，她日日夜夜期待着早日找到仙草，赶快救治乡亲们……

第三章　初到华夏国

几经波折，莱依拉终于跟着商队来到那个有着悠久历史的东方国度——华夏国。莱依拉之前从商人们那里听过华夏国的点点滴滴，心中一直很向往来到这个神奇而美丽的国家。如今，终于踏上这片期待已久的土地，莱依拉非常兴奋，一路打量着周围奇特的建筑。

“快来看，快来瞧啊，刚刚挖下来的新鲜竹笋，好吃不贵！”莱依拉惊奇地发现自己竟然能听懂叫卖小姑娘说的话。莱依拉走过去，看见那个清秀的小女孩面前放着一筐像小宝塔一样的植物。

莱依拉试探着开口用家乡话问道：“这是什么啊？”

站在一旁的老爷爷笑眯眯地说道：“丫头，这可是宝贝啊……”老爷爷还没说完，小女孩就跳出来说：“这你都不知道吗？”莱依拉更惊奇了，她心里想：“他们竟然能听懂我说的话，这实在是太神奇了。”莱依拉高兴地说：“我刚刚来到华夏国，对这里的一切都还不了解，所以……”

老爷爷耐心地解释道：“这是绿竹笋。这种竹笋是可以生吃的，味道非常甜美。”老爷爷说着，便给了莱依拉一小块，她掰开竹笋外面一层薄薄的绿衣，一股清香扑鼻而来。她放进嘴里轻轻一嚼，甜美可口的味道瞬间充盈在唇齿间，“哇，真的好好吃哦！”看着莱依拉满足的表情，小女孩叉着腰自信满满地说：“那当然啦！这可是我早上才和爷爷去山里挖来的呢！新鲜着呢！”

老爷爷看着自己活泼可爱的孙女，慈爱地摸了摸她的头，对莱依拉说：“丫头，看你的装扮不像是我们这里的人，你是从哪里来的？”莱依拉看着老爷爷对孙女这般疼爱，不禁想起自己被病痛折磨去世的母亲。于是，她更加坚定了寻找到仙草的决心：“我叫莱依拉，从苏丹来华夏国寻找一种仙草。”

“天啊，那么远的地方，你是一个人来的吗？”老爷爷问道。

“不是啊，我是跟着一支来东方贸易的苏丹商队来的……”莱依拉说着指向身后，却惊叫道，“天啊！商队去哪里了？”

“那看来你现在是一个人了，你找仙草干什么？”老爷爷问道。

“我的家乡正在蔓延一种可怕的疾病，这种病在初期跟普通的感冒没什么区别，所以大家都没有在意，只是吃一些感冒药来治疗。但是后来情况越来越严重，很多人感觉气虚无力，之后就高烧不止、神志不清。很多得病的人最终失去了生命，我的妈妈也因此离开了我。现在小镇上的很多人为躲避疾病选择远走他乡。我听说华夏国有一种神奇的仙草，能治愈百病，您知道在哪能找到这种仙草吗?”莱依拉诚恳地问道。

老爷爷摸了摸胡子，说：“哦？竟然还有这种疾病？我也是在古籍上看见过关于仙草的传说。”

老爷爷根据自己的回忆，给莱依拉讲述着传说：“据记载，曾经有人在外不小心被蚊虫叮咬，回家后全身忽冷忽热，并出现多汗、关节酸痛、腹泻等一系列症状，这些病症呈周期性发作，无人能治。无奈之下，众人求助于旷野中云游的白须老者。老者告诉众人，在东南方向矗立着一座神山，因其处天地最灵之地，山上万物皆濯日月之精华、受天地之灵气而生长，皆通灵性。而在神山之巅生长着一种草，能治百病，被唤为“仙草”。那仙草每在月圆之夜，正当子时，才会从崖缝悄悄伸展她的枝叶。霎时间，万物失色，只见她的枝叶泛着点点金光，在皎洁月光的照射下，以一种温柔优雅的姿态，从岩石的缝隙中伸出，向四周伸展。在她的边上卧居着一只神兽，眼似兔、角似鹿、项似蛇、头似驼、腹似蜃、鳞似鱼、爪似鹰、耳似牛、大小似狗，静静地守候在仙草的身旁。神兽看似温顺，但是如若发现有人妄图摘取仙草，就会化身巨龙，毫不客气地对待外来者。除此之外，我之前还听闻过一个关于仙草的传说。传说啊，那仙草不仅可以治病，还能将动物化作人形。”

莱依拉听了老爷爷的话，惊奇不已，连忙问道：“老爷爷您能否详细说说?”

老爷爷缓缓地说道：“传说很久以前，有一只九尾白狐，九条尾巴代表着她的九条性命。她生活在山林里，无忧无虑的。但有一天，她在山林里看到一位年轻的士子背着行囊，走在林间小路上。他是那么阳光健康、帅气迷人。于是，九尾白狐便爱上了他，决心跟他在一起，但因为自己是狐狸，无法现身在这位文人士子跟前，她十分痛苦。所以，九尾白狐四处寻找仙草，但她因不知仙草的具体模样，不幸吃了假的仙草而丢了一条性命。最后，九尾白狐打听到神山之巅生长着仙草，便不远万里前去取那仙草，途中又丢掉四条性命，最终神兽被她的诚心所感动，给了她一棵仙草。九尾白狐吃了仙草后化身为曼妙女子，最终与心上人结为连理，幸福地生活在一起。”

听了仙草的故事，原本对于寻找仙草自信满满的莱依拉仿佛突然被浇了一盆冷水，有些灰心丧气。看着莱依拉担忧的表情，老爷爷说：“我相信，不管遇到什么困难，只要我们肯努力，愿望就会实现。”莱依拉的眼中又恢复了往日的光彩，“愿我能够早日找到仙草，挽救我家乡的亲人！”

小姑娘拉着莱依拉的手说：“对呀，姐姐，其实我出生于中医世家，我爷爷曾是御用医生呢！他老人家当年是皇上身边的红人，只是现在赋闲在家。我叫允贤，我以后一定也会成为爷爷那样的医生，为大家治病的。姐姐，我看你一个人，不如中午去我家吃饭吧！”

莱依拉起初还有些犹豫，但看着允贤清澈的大眼睛，又不忍心拒绝。这时老爷爷也说：“走吧，正好我也去查阅一些关于中药的书籍，说不定会有关于仙草的新发现。”

还未等莱依拉回答，允贤就拉着她的手蹦蹦跳跳地说：“爷爷，爷爷，我们快收摊回去吃饭吧！”

一路上，莱依拉四处打量着，绚烂的阳光铺洒在红瓦朱檐的建筑上，街道两旁店肆林立，行人络绎不绝，每个人脸上都洋溢幸福和喜悦之色。这一切无不显露着华夏国的太平与繁盛。道路两边的墙上爬满绿油油的藤蔓植物，让人们因盛夏而产生的燥热感似乎也被带走了不少。莱依拉跟着老爷爷和允贤沿着道路一直前行到城郊，莱依拉远远地看见一户人家，还没等她询问，允贤就兴奋地喊道：“姐姐，姐姐，快看呀，前面就是我家！”允贤说完，拉着莱依拉的手向前跑去。

一处古色古香的民居映入莱依拉的眼帘。院外花墙环护，四周柳树低垂，一片鸟语花香。走进屋内，淡淡的清香充斥着整间屋子，细细打量一番，阳光透过镂空的雕花窗棂投射到房间内。屋内很明亮，绿植错落有致地摆放着，尽显生机盎然。屋内的摆设显得清新闲适，然而谁也不会想到，邪恶的蚊子们竟一路尾随他们飞进了屋子里，正躲在角落里用邪恶的眼神盯着莱依拉。

“允贤，你先带莱依拉四处逛逛，我去做饭。”老爷爷说。

“知道了，爷爷。”允贤回答道。

“姐姐，我带你去爷爷的书房吧。”允贤边说边带着莱依拉去爷爷的书房。

进入书房之后，莱依拉环视四周，明媚的阳光从竹窗上洒下来，洒满了整齐的书桌，书架上摆满了书，几乎填满了大半个房间。允贤搬了把椅子，灵巧地爬了上去，取下一本书递给莱依拉，只见书的封面上用漂亮的字体写着四个华夏国的字。

允贤说道：“这是我国著名的医书《本草纲目》，这里面记载着各种草药的性质和用途。”

听了允贤的话，莱依拉顿时对这本写着漂亮华夏字的书产生了浓厚的兴趣。

允贤拿着书坐在洒满阳光的窗边，和莱依拉攀谈起来。

“听爷爷说，这是著名医学家李时珍用三十余年尝遍百草，呕心沥血才编成的书。但是，此书药理深奥，我所学不足，无法给你讲解。待会儿等爷爷做完饭，我们一起吃饭的时候你可以好好问问爷爷。”允贤欢快地说道。

“好啊，这本书看起来真的不错，说不定我还可以从中找到医治家乡人的药方呢。”莱依拉说。

过了一会儿，老爷爷叫允贤和莱依拉去吃饭。在饭桌上，莱依拉问起关于《本草纲目》的事情，老爷爷想了想，耐心地说：“这本书收录了一千多种药物，并介绍了这些药植的形貌、功效和用途。李时珍在这本书里还收集了一万多张药方，其中有很多药方是治疗疑难杂症的。你不认识华夏字，如果你认识，我愿意把这本书送给你，你好好学习它，去治愈你家乡百姓的病。”

“真的可以送给我吗？”莱依拉不敢相信地问道。

“当然啦，我爷爷从来不会骗人的。而且，这是我爷爷很喜欢的一本医书，爷爷能把它送给你，我可是很吃醋的呢。”允贤摇着爷爷的胳膊，撒娇地说道。

莱依拉看着活泼的允贤，再一次被这一家人的善良所感动。莱依拉看着《本草纲目》，眼前忽然一片模糊，转瞬之间又变得越来越清晰了。渐渐地，莱依拉眼前一亮，她竟然能看懂华夏字，而且可以读华夏国的书了。她激动极了，顾不上吃饭，拿起《本草纲目》就如饥似渴地读起来……

在老爷爷家一住就是半月有余，在老爷爷的帮助下，莱依拉很快把

《本草纲目》读完了。她逐渐了解到华夏国的医药学历史，知道药草可以用于救命、养生等，用途非常广泛。

第四章　踏上征途

一天晚上，允贤在睡梦中忽然被一阵啜泣声惊醒，她揉揉眼睛起身，却见莱依拉正靠在窗口，满脸的泪痕，伤心不已。看见这一幕，允贤连忙翻身下床，走到莱依拉身边轻声询问道："莱依拉姐姐，你怎么了？是不是身体不舒服？"听见允贤担心的声音，莱依拉哑着声音道："我没事，我只是有些想念我的家乡，有时候我一想到小镇上的人们还在遭受疾病的折磨，我的心里就难受极了。"允贤看着莱依拉悲伤的样子，心里也不由得难受起来。

第二天，允贤和爷爷说起晚上发生的事，爷爷心中也五味杂陈，之后两三天，爷爷和允贤看着莱依拉越来越憔悴的面容，终于下定决心要帮助这个善良勇敢的女孩找到仙草，医治她家乡的人们。莱依拉知道老爷爷和允贤的决定后，心中感激不已，再一次被华夏国人民的友好、淳朴和善良所感动。

第二天，爷爷和允贤收拾好包袱，就带着莱依拉向神山出发。不知不觉，太阳西斜。正当他们疲惫之时，路上突然闪现出几个黑影，允贤害怕地拉着莱依拉的手躲到爷爷的身后。"你们是什么人？你们要干什么？"爷爷警惕地问道。

"我们是要统治全宇宙的黑暗蚊子军团！打劫！把你们的包留下！"其中一个黑衣人大声喝道。

一阵黑风过后，莱依拉手里的包居然不见了。只见一个黑衣人奸笑着说道："神书到手！我们走！"黑衣人的话还没说完，只听见一阵马蹄声响起："不许走！"原来是商队的阿卜杜大哥。

见状，黑衣人拿着刀剑，快速刺向阿卜杜的心脏，阿卜杜灵活地侧身，剑只刺中了他的肩甲。金属剧烈碰撞之后，火花迸溅，阿卜杜左肩的肩甲被击碎，鲜血快速染红了衣袖，但阿卜杜还是忍着剧痛夺回了黑衣人手中的包袱。阿卜杜的队友见他受了伤，个个都红了眼。黑衣人感到他们寡不敌众，立刻变成蚊子飞走了。

"阿卜杜大哥，你没事吧？"莱依拉跑到阿卜杜的身边，见他肩部的衣服都被鲜血染红了，担心地问道。

“老爷爷，怎么办？阿卜杜大哥流了好多血。”莱依拉哭着问老爷爷。

“附近山上有三七，可以止血。允贤，快，带莱依拉去山上采三七。”老爷爷催促道。

允贤拉着莱依拉的手立刻跑上山去。“三七是什么？”莱依拉问道。

“它的叶子是绿色的，形状像一把小伞，很厚，不过并不是很长，开的花很小，是红色的，我们主要采的是它的叶子。”说完，她俩就认真地找了起来。

过了一会，莱依拉看见不远处有一簇小红花，问道：“是那种吗？”“对对对！就是那种！”允贤激动地说道。因为担心阿卜杜大哥的伤势，允贤和莱依拉采了些三七叶便飞快地跑下山。只见老爷爷拿过二人采的三七叶子，嚼碎后轻轻地敷在阿卜杜的伤口上。这一切都被细心的莱依拉看在眼里，记在心里。

这时，阿卜杜的队友跑过来说：“太阳马上就要下山了，大哥又受了伤，不宜多动。我们找到一个山洞，已经打扫好了，就在前面，我们现在把大哥抬过去，大家今晚就在山洞里休息一晚，明天我们再赶路。”

夏天的夜晚总是有很多星星，无法入眠的莱依拉一个人坐在山洞外面，看着满天的繁星，不禁又想起去世的妈妈和远在苏丹受病痛折磨的乡亲们。她流着泪说：“放心吧，我一定会找到仙草，治好你们的病。”

第二天，莱依拉醒来时，看见阿卜杜正靠在石墙上和老爷爷低声交谈着，她连忙走过去问道：“阿卜杜大哥，你怎么样？”阿卜杜安慰道：“别担心，我已经好多了。”老爷爷接着说道：“放心，莱依拉，有我在，他的伤很快就会痊愈。”听了老爷爷的话，莱依拉总算放下心来。

“你能听懂华夏语？”阿卜杜惊奇地问莱依拉。“我也不知道是怎么回事，来到这里之后，我莫名就能听懂这里的语言了。”阿卜杜惊喜地说道：“莱依拉，有了华夏国朋友的帮助，我们一定能够成功解救家乡的人们。”

后来，经过一番交谈，莱依拉才知道那天走散后，阿卜杜找了她许久也不见她的踪迹，心中十分愧疚。今日，他终于打听到莱依拉的下落，可等他赶到老爷爷家时，家中已空无一人，还好一位热心人告诉阿卜杜爷孙三人的去向，他才一路追至此地，想同他们一起去寻找仙草，帮助家乡亲人。听了阿卜杜的话，莱依拉心中更加坚定了要找到仙草的信念。

第五章　神龙出现

历经各种艰难险阻，莱依拉一行人终于来到神山脚下，众人望着这座威严的高山，不由得发出阵阵感叹。“真不愧是神山，站在山脚下就能感受到它磅礴的气势。”阿卜杜感叹道。

“仙草只在每个月月圆时才会闪着金光出现，所以我们只有一次机会。可是它身边有神龙守护，因此我们还要谨慎计划、见机行事。”爷爷慎重地说道。

“那我们先来计划一下路线，再想一个躲开神龙拿到仙草的方法吧！”莱依拉说完，拿出纸笔开始准备。

计划好之后，一行人趁着天还未亮抓紧时间上山，怕天黑之后，山路更难走。经过数小时的艰难跋涉，他们终于在子时之前赶到山顶。

一行人藏在山洞中等待着神龙和仙草的出现。莱依拉静静地听着自己的心跳声，感受着时间的流逝，阿卜杜大哥更是紧张地连剑都拔了出来，允贤却一脸天真地问道：“神龙很帅气吗？仙草可以吃吗？”爷爷只是慈爱地笑笑，没有说话。

允贤见没有人搭理自己，便一个人溜出了山洞，四处打量着。因为听了神龙的传说，她也不敢跑远。就在这时，一只可爱的像小狗一样的动物出现在她面前，她便伸出手想要摸摸它，没想到这小东西却一脸傲娇地说：“不要用你的脏手摸我！”说着便打掉了允贤伸出的手。

“你怎么会说话？你到底是什么？”允贤惊恐地叫了起来。爷爷听见允贤的尖叫声，这才发现她溜出了山洞，众人急忙跑出去，一眼便看到允贤正一脸惊恐地望着她面前的小东西。

“啊，是神龙，快看他手上拿着的就是仙草。快抓住他，别让他跑了！”这时，一阵黑风刮过。大家心头一紧，没想到蚊子军团居然跟来了！

“哈哈哈哈哈哈……没想到你个小丫头居然把仙草找到了！不过，既然我们能找到你，就不可能让你这么轻易地拿走仙草。就算得不到仙草，我们也会毁了它的，不可能让你拿去救人，来破坏我们大王统治全宇宙的计划。兄弟们，上啊！把仙草抢过来！”蚊子大王的军师狠狠地说道。

蚊子军团正准备动手，小神龙却开口说道：“有我在此，你们谁都别想打仙草的主意！”

蚊子军师又说：“你竟然敢在我们蚊子军团面前造次！”

小神龙没说话，只是轻蔑地瞪了它一眼，随后摇身一变，只见空中出现一只凶兽，腾云驾雾，口喷烈焰。它瞪圆了双眼，与蚊子军团怒目相视，随即叉开四爪，伸出锐利的尖爪，轻蔑地看着对方：“你们这些害虫，敢和我较量吗？有什么本事就使出来吧！”

蚊子军师见状，颤抖着说：“你……你……你有什么了不起的！给我上！”

蚊子军团听见军师的命令，便一哄而上。神龙见状，不紧不慢地在空中定住身形，张嘴喷吐烈焰。炽热的火焰顿时将冲在前面的蚊子化为灰烬，蚊子军师吓得连滚带爬地逃走了。

神龙在天空中慢慢伸展龙尾，对莱依拉他们说：“你们想要仙草干什么？”

莱依拉被威严的神龙惊得缓不过神来，站在一旁的允贤拉了拉她的衣袖，她才反应过来，回答道：“我求仙草是为了给我的乡亲们治病。我听说这种仙草可以医治百病，在我的家乡苏丹，许多人正处在水深火热中。如果我不能及时把仙草带回去，蚊子军团将会大面积地传播这种疾病，并最终统治我的国家。你可不可以救救我的乡亲们，把仙草给我？”莱依拉还没说完，就开始低头啜泣。

神龙看了看手里的仙草，想了想，化身为起初可爱的模样，走到莱依拉身边，将仙草递到她手中：“既然仙草能帮助你挽回那么多的生命，我希望它能发挥应有的作用。你拿去吧，祝你家乡的人早日恢复健康。天色已晚，我会用‘意志移位大法’将你们瞬间送回苏丹去。”

第六章　大反攻

此时此刻，找到仙草的莱依拉和阿卜杜归心似箭，她多想飞奔回苏丹，尽快拯救自己家乡的百姓。但莱依拉想邀请老爷爷以及这里一些医术高明的人和她一起回到苏丹对抗蚊子王国，保护那里的黎明百姓。可是，迫使大家离开家乡，莱依拉又于心不忍。善良的莱依拉终于决定自己一个人回去。

做好决定后，莱依拉泪流满面地向老爷爷和允贤告别。但善解人意的老爷爷早已看出莱依拉的心思，和蔼可亲地说：“救助病人是我们的荣幸，我会带上允贤和你一起回去，共同保卫你的家园。你的家园被毁了，疫情终归会扩散到其他地方的!”此刻，阿卜杜及他的队友们也表示愿意与他们同行。

这时，小神龙走了过来：“这太棒了！这样你家乡的人就有救了。现在，我就送你们回去吧!”

“太好了，这样就能节省好多时间了，那我们赶快准备一下，和可恶的蚊子一决高下吧!”莱依拉坚定地说道。

莱依拉、老爷爷、允贤、阿卜杜及他的队友们一切准备就绪，小神龙站在旁边神气十足地说道：“准备好就出发了噢，朋友们，再见!”

在暖融融的金光里，所有人都开始变得模糊了，只见一道金光闪过，再看刚才众人站立的地方，什么也没有了。见状，站在一旁的小神龙不高兴地嘟囔着：“大家都走了，就剩我一个了，一点都不好玩。”

一直密切注视着莱依拉一行人行动的蚊子军师看到这一幕，立马飞回去禀告大王。蚊子大王凶狠地说道：“准备全面进攻，撕碎他们!”

莱依拉和众人回到自己从小长大的那片土地时，心里既开心又难过。这里曾经是多么祥和美丽，可就在短短一个月的时间里，竟然生灵涂炭、民不聊生。莱依拉暗自下定决心，一定要找回以前那个快乐的小镇，让大家拥有健康的身体。

回到小镇，老爷爷立马开始医治患者。镇上的人自莱依拉离开之后，也自发结成联盟对抗蚊子军团，得病的人数得到控制。大家也渐渐明白一个道理：当问题出现时，逃避是没有用的，大家只有团结起来，才能对抗坏人!

在老爷爷和众人的努力下，村子里患病的人喝了仙草熬制的药，一个个慢慢地好了起来。莱依拉想起了自己的妈妈：“如果大家早做准备，妈妈以及很多人就不会离开这个世界了，但是以后我不会让任何人伤害我爱的人!”

蚊子军团乘风飞回苏丹，回来后就得到留守在小镇上的蚊子传来的消息。它们决定立马行动，于当天晚上就发动了攻击。

莱依拉他们早就做好了准备，老爷爷在村子的四周铺满了熏蚊草，待蚊子大军到达时，莱依拉点燃了熏蚊草，蚊子大军在浓烟中失去了方向，溃不成军，伤亡无数！第一战，莱依拉他们就获得了胜利，一下子有了信心。

失败的蚊子军团默默退回，打算养精蓄锐，卷土重来……

老爷爷和几位长者一起连夜配置了一种灭蚊的药水交给莱依拉，让她分给小镇上的百姓，并交待了使用方法。看着大家一脸的汗水和疲惫之色，莱依拉很感动。虽然相隔万里，但是莱依拉已经与华夏国人民结下了深厚友谊，此份情义让她终生难忘。这种药水是用当地的树胶和华夏国带来的一种杀虫草药混合而成的，对人有提神醒脑的作用，对蚊子却是克星般的存在。

蚊子军团气势汹汹地再次发起进攻。可当它们来到镇子时，却发现每个人都有说有笑的，没有一点紧张的气氛。蚊子正不解之际，就被人发现了，还没回过神的它们瞬间被当地百姓喷洒的药水所覆盖。由于翅膀上沾了药水，蚊子们很快失去了战斗力。在乱飞乱撞的过程中，树胶堵住了蚊子的呼吸系统，使它们因无法呼吸而死亡。嚣张的蚊子军团就此全军覆没。

镇子里又恢复了以往热闹、祥和的景象。从此，苏丹与华夏国结下了深厚的友谊，两国人民都过着幸福的生活。

随着中医药文化在苏丹的逐步推广，许多邻国的人民都来苏丹求医问药，来来往往的商船和驼队中弥漫着中草药的味道。苏丹人民利用勤劳的双手，改善土壤，种植了大量的中草药。渐渐地，中草药和华夏国医术渐渐从苏丹传播到更远的地方，华夏国的商人也成群结队地到苏丹采购树胶及其制成品。

四、故事分配

苏丹在电视台、互联网和学校三个领域具有一定的优势，对《莱依拉和仙草的故事》的宣传具有推动作用。

（一）电视台

苏丹拥有多家电视台，其中建于 1963 年的苏丹国家电视台是苏丹重要的媒体机构，在苏丹国内各城市建有分部。苏丹国家电视台采用阿拉伯语和英语播送节目，节目播送时间较长，服务范围广，收视观众较多，具有一定的权威性和影响力。与此同时，苏丹国家电视台也积极与其他国家电视台展开交流合作。依托苏丹国家电视台的影响力和覆盖范围，将《莱依拉和仙草的故事》呈现在电视台上，可使故事人物形象生动，情感立体饱满，情节跌宕起伏，进一步加深苏丹人民对故事的理解。

（二）互联网

苏丹拥有以 Zain、Sudatel、MTN 等为代表的电信运营商，且 2016 年就开始启动 4G 网络。随着苏丹互联网的发展，网络已经成为苏丹人民获取信息的一个便利途径，手机用户数量逐渐增多。借助苏丹快速发展的互联网，大面积地推广《莱依拉和仙草的故事》，可及时而有效地让苏丹人民了解该故事。

（三）学校

苏丹重视教育事业的发展，学校数量众多，适龄入学儿童数目庞大。自中国和苏丹建交以来，中国向苏丹以援建形式开展教育合作项目，如学校基础设施项目、职业教育培训项目和专家外援培训项目等，赢得苏丹政府和人民的一致好评。前期的教育合作为故事的宣传奠定了良好的基础。《莱依拉和仙草的故事》是童话题材，非常适合青少年阅读。将故事出版为故事书，在学校推广发行，可加大《莱依拉和仙草的故事》的宣传力度。

五、故事消费

《莱依拉和仙草的故事》的分配渠道建立后，从电视台、互联网和学校三个领域分别介绍故事消费的策略。

（一）电视台

在电视台领域的消费通过制作电视短剧和节目内容设置两个策略实现。

1. 制作电视短剧

以《莱依拉和仙草的故事》为蓝本，邀请苏丹和中国两国著名翻译家、电视节目资深策划导演及电视节目制作人、苏丹人民熟悉与喜爱的本土演员以及阿拉伯地区较为知名的中国演员共同参与，将故事改编制作成一档贴近苏丹人民日常生活的电视短剧。精英阶层参与《莱依拉和仙草的故事》的拍摄，必将为其带来人气效应。这是一种自上而下地带动故事走近千家万户的有效策略。

2. 节目内容设置

首先，在《莱依拉和仙草的故事》电视短剧的每集结尾，设置与剧情相关的关于中国文化的节目。例如，故事中有描写中国特产绿竹笋的情节。苏丹人民喜食东欧式西菜，但偏爱中国菜。为了让更多观众了解故事，邀请苏丹当地著名中餐厅主厨在节目现场用中国绿竹笋等材料，教授剧中演员烹饪中国竹笋美食，并将菜谱奉送给电视机前的观众。其次，邀请苏丹当地著名美食家、美食评论家与中餐厅主厨共同介绍中国、苏丹两国的美食文化。再次，加入场外观众互动环节，提高观众的参与度，引起观众观看《莱依拉和仙草的故事》的兴趣。最后，每集故事电视短剧播放后，围绕中国文化系列——美食篇、中国养生文化系列——食疗篇、中医药系列——针灸篇等主题，开设文化综艺类或访谈类节目。邀请苏丹著名节目主持人、研究中国文化的学者、有中国留学背景的苏丹学生、在中国学习中医的苏丹留学生、电视短剧参演演员和中国援苏丹医疗队队员等参与节目。如此，不但可使苏丹人民通过电视短剧系列节目欣赏精彩的故事内容，而且有助于他们深入了解博大精深的中国文化。

（二）互联网

在互联网领域的消费通过网络出版、网络汉语教学两个策略实现。

1. 网络出版

首先，将《莱依拉和仙草的故事》翻译为阿拉伯语、英语、努比亚语和富尔语等多语种的书籍，如文化类图书、儿童漫画图书等。其次，与苏丹当地知名出版社、动漫设计公司、知名漫画家、中国和苏丹文化学者、语言学家、历史学家和艺术家等合作，为《莱依拉和仙草的故事》进行排版设计，内容上图文并茂，封面设计上突出阿拉伯文化的特色，以吸引不同年龄段的读者。再次，在互联网媒体上推送网络出版物，如电子书、网络文学、网络动画等。苏丹人民能够通过智能手机、电脑随时阅读故事。

在每期故事完结部分，围绕本期内容设置有奖答题环节。根据答对题目的数量可以累计积分，积分则可以兑换相应的手机流量充值卡，以此吸引更多的苏丹人民阅读。

2. 网络汉语教学

依托网络教学平台，与苏丹喀土穆大学孔子学院展开联合教学。将故事与汉语课程进行融合，免费开设网络汉语学习课程。在课程教学视频中播放《莱依拉和仙草的故事》的视频、音频文件，并对故事内容进行讲解。在每期课程的末尾设计拓展学习部分内容，添加一些与故事相关的中国文化小常识等，如中国中医药文化、中国古代天文学、中国古代建筑、中苏两国友好交流的新闻报道、中国和苏丹留学趣事等。通过免费网络汉语教学，苏丹人民在学习汉语的同时，可逐步加深对故事和中国文化的理解。

（三）学校

在学校领域的消费通过系列图书开发、图书进校园、校园义诊活动三个策略实现。

1. 系列图书开发

以故事为蓝本，与苏丹当地知名漫画出版人、漫画家、儿童教育家等专家合作，设计开发出不同类型、适合不同年龄段儿童的系列图书，如益智类图书、漫画类图书等。在图书内容中附上通俗易懂的解说，使儿童能够独立阅读或者在家长的陪伴下快速理解故事内涵。

2. 图书进校园

《莱依拉和仙草的故事》的讲解和以故事为主题的各种校园活动可穿插在课余时间进行。首先，将故事系列图书作为课外读物捐赠给苏丹各中小学校，发放给教师和学生。将故事系列图书编排进教辅资料中，利用课余时间，请教师在课堂上为同学们讲解《莱依拉和仙草的故事》，从而提高学生们对故事的关注度。为了提高同学们读故事的兴趣，举办续写《莱依拉和仙草的故事》写作大赛、故事观后感写作大赛、故事朗读大赛等活动。通过各种校园活动，既可以激发学生们阅读故事的兴趣，又能锻炼他们的想象力、语言表达能力，还能丰富教学内容。这一策略既推广了《莱依拉和仙草的故事》，又传递了中苏两国友好往来的正能量，让友谊的火种播撒在苏丹青少年心中，为中苏两国未来的合作奠定基础。

3. 校园义诊活动

中国援助苏丹医疗队赴苏丹部分中小学进行校园义诊活动，开展与故事相关的“中医文化进校园”系列活动，如遇到意外伤害或突发事件，如何与医院取得联系，并采取正确而合理的方式自救。中国援苏丹医疗队在苏丹人民心中具有良好的口碑，是苏丹人民信赖的“白衣天使”，也是搭建中苏两国人民友谊的“桥梁”。通过中国援苏丹医疗队的参与，《莱依拉和仙草的故事》将会更加广泛地流传。

六、中苏合作

中苏合作主要体现在共享食品添加剂和分享抗疟成果两个方面。

（一）共享食品添加剂

阿拉伯胶属于天然树胶的一种。苏丹阿拉伯胶产量占世界总产量的比重极大，是苏丹重要的经济作物和出口商品之一。人类使用阿拉伯胶始于5000年前的古埃及，古埃及人将阿拉伯胶用于制作化妆品等。随着近代化学和自然科学的发展，人们对阿拉伯胶的研究和认识更加深入。阿拉伯胶因多膳食纤维、低热量、高稳定性、降低血液胆固醇等优点，具有增强口感、水溶性、乳化性等多种作用，被广泛应用于食品和化工等行业。世界各国及消费者越来越倾向于选择安全无毒、低能量且具有保健功能的天然食品添加剂。苏丹虽然是阿拉伯胶最大的生产国和出口国，但由于苏丹工业基础薄弱，阿拉伯胶深加工能力滞后，原料需经欧洲市场再加工后销往其他国家。随着生活水平的逐步提高，中国人民日益重视食品安全问题，安全意识不断增强，对食品加工、食品添加剂的使用提出更高、更严格的要求。中国拥有庞大的食品消费市场，对安全、优质的食品添加剂需求极大。阿拉伯胶属于亲水性树胶，被中国列入允许使用的增稠剂之一。近年来，中国对苏丹阿拉伯胶的需求量增加。自1959年2月中苏建交后，中苏两国经贸往来持续不断。中国2019年仍为苏丹第一大贸易伙伴。如果中国和苏丹在食品添加剂方面达成合作，苏丹阿拉伯胶将大量进入中国食品添加剂市场，不仅可以丰富中国天然食品添加剂的种类，还可以促进中国对阿拉伯胶的深加工，并对其成分等进行深入研究。苏丹也可以获得中国在食品深加工技术和设施设备、食品科技和食品添加剂研究等多方面的支持。中苏两国共同研究阿拉伯胶树的种植、引种、深加工等方面的技术，可促进两国在食品添加剂方面的共同发展。

（二）分享抗疟成果

苏丹热又称“马来热”，主要经蚊虫等途径传播疟原虫，是一种虫媒传染病，尤以恶性疟疾最为常见。疟疾在非洲大陆是非常流行的传染性疾病之一，其中患恶性疟疾的死亡率较高。儿童、孕妇和老人等免疫力低的人群极易遭受感染。苏丹南部地处热带草原气候区，北部为热带沙漠气候区，干旱炎热的气候为疟疾的传播提供了有力条件。此外，苏丹经济发展滞后，基础医疗卫生设施不完善，防范蚊虫措施不到位，所以苏丹的疟疾预防一直不能有效开展。1969 年，中国就开展抗疟药物的研究。在中国政府的支持下，一代代科学家和医疗工作者坚持不懈地研制抗疟药物。中国科学家屠呦呦发现中国古代医书中有将青蒿用于治疗疟疾的记载，并于 1971 年筛选出中药青蒿素。青蒿素的发现开启了抗疟新纪元。有关青蒿素的各类衍生药物及新的疟疾疗法——青蒿素联合疗法也随之应运而生，并随着医疗实践的差异而不断调整。历经 20 余年，青蒿素的各类衍生药物及疗法广泛应用于中国本土及世界疟疾流行地区（如非洲国家），经过无数临床医疗实践检验，效果显著，挽救了无数生命。青蒿素联合疗法受到世界认可，它是现阶段用于治疗疟疾最为有效的手段和抵抗疟疾耐药性效果最好的药物。[①] 2019 年，中国科学家屠呦呦及其带领的科研团队在“青蒿素抗药性”等研究领域取得新的成果，再次印证了青蒿素依然是抗疟首选药物。目前，中国疟疾疫情已得到有效控制，计划于 2020 年全面消除疟疾。[②] 中国与苏丹早在 1993 年就已开启医药领域的合作。1998 年中苏合资的上海市医药—苏丹制药有限公司成立。经过 20 多年的努力，

---

① 罗朝淑：“青蒿素到底是什么药”，http：//szb. jkb. com. cn/jkwzpaper/html/2015 - 10/13/content_ 134162. htm。（采用日期：2019 年 12 月 29 日）

② 中华人民共和国国家卫生健康委员会，国家卫生健康委员会 2018 年 4 月 24 日新闻发布会文字实录，http：//www. nhc. gov. cn/wjw/xwdt/201804/e3d42235bc8b4e4ba4805d610bcf42a3. shtml。（采用日期：2019 年 12 月 28 日）

该公司已成为苏丹第一家生产抗疟药品的制药公司，为救治苏丹疟疾患者做出巨大贡献。中国在抗击疟疾方面积累了大量的临床医学经验，拥有丰富的医药卫生资源、专业的医疗技术及团队。如果中苏两国在抗击疟疾方面继续深入合作，苏丹将会在控制疟疾疫情、缓解抗疟药品紧张、加强医卫系统建设、增强抵抗埃博拉等其他疾病的能力以及改善防范蚊虫措施等方面获益。与此同时，在两国合作的过程中，中国将不断提高自身医疗水平，加快中国中医药发展，进一步加大抗疟研究的力度。中苏两国将为世界抗击疟疾提供联合合作经验，共同为全球实现消灭疟疾这一目标贡献出自己的力量。

第二章　对利比亚传播的话语体系构建

一、利比亚概况

利比亚位于东经 9°—25°、北纬 18°—33°之间，北临地中海，海岸线长 1900 余公里。利比亚全境 95% 以上地区为沙漠和半沙漠，大部分地区是平均海拔 500 米的高原地区。北部沿海有狭窄平原，荒漠与半荒漠占总面积的 90% 以上。西北部与南部多砾漠、石漠。其余为沙漠，间有绿洲。没有常年性河流和湖泊，井泉是主要的水源。

课题组设想的中国和利比亚的合作主要体现在能源、油气运输管道、粮食和旅游四个方面，所以仅对这四个方面进行介绍。

（一）能源

尽管自然生存环境恶劣，但是利比亚仍有着得天独厚的自然资源。利比亚石油剩余探明可采储量为 415 亿桶（折合 56.81 亿吨），位居世界第九位和非洲第一位。此外，利比亚石油具有油质好、含硫量低、开采成本低的特点。天然气探明可采储量为 14908.91 亿立方米，位居世界第 21 位。利比亚实施多元化能源战略，不断调整经济政策，以开放合作的态度谋求经济发展。

（二）油气运输管道

利比亚境内石油和天然气以管道运输为主。截至 2014 年 9 月，全国有 5000 余公里的能源运输管线和五个油港。利比亚油气管道因使用损耗、战争等原因，需要维修和更换。

（三）粮食

利比亚大约有 1/4 的人口为农业人口。全国土地以沙漠和半沙漠为主，耕地面积占国土总面积的 2% 左右。因此，利比亚农业落后，自产粮食不能自给自足。利比亚牧场面积约8.5万平方千米，养殖的牲畜主要为羊、牛、骆驼。利比亚近一半的粮食和畜产品依赖进口。

（四）旅游

利比亚是一个历史悠久的国家。悠久的历史文化造就了许多名胜古迹和文化遗产，这些文明古迹也为利比亚写下浓墨重彩的笔迹。利比亚历史文化与现代文明的有机结合，为游览者带来美好的视觉享受。

二、故事背景

中国小伙穆坤路痴的毛病险些害得自己死在了利比亚的沙漠中。幸运的是，美丽的利比亚少女救助了穆坤。穆坤在少女家休养期间，了解到少女的苦恼和想法。穆坤鼓励少女冲破家庭阻碍，勇敢地和自己一起去追求梦想。少女听了穆坤的话，和他一起离开了家。他们在利比亚这片广阔的大地上共谱两人的情缘与两国的友谊。

三、撒哈拉传奇

第一章　偶遇外乡人

阴沉的天幕下，大风从西方裹挟着粗砺的黄沙呼啸而来。黄沙拂面，痛如刀割。狂风卷起的茫茫黄沙，仿佛一堵绵延不绝的高墙，笼罩在穆坤的头顶上。他抿了抿干裂的唇瓣，裹紧身上的风衣，想抵御来自广袤撒哈拉沙漠的阵阵狂风。但这只不过是徒劳而已，他的体温和体能依然在以惊人的速度流失着，三天未进水米的他已经虚弱得寸步难行。

狂风一阵紧过一阵，呼啸着，叫嚣着。突然，一块鸡蛋大小的石块夹着风声重重地砸中了穆坤的后脑勺，对于已经虚弱到极点的他来说，这无异于致命的一击——他狠狠地栽倒在黄沙之中，再也没有力气爬起来，任由黄沙一点点地将他掩埋。

但就在昏厥过去的前一秒，他仿佛看到一片湖蓝色的衣角，伴着隐隐的驼铃声，飘荡在天际。

和煦的阳光暖暖地照耀在穆坤身上，他耳边响起潺潺的水声和鸟儿清脆的鸣叫。他于晨光之中悠然醒转，仿佛置身于幻想中的天堂。

穆坤使劲眨了眨眼睛，眼皮甚是沉重。他尝试着平静下来，感受着日光的温暖和晨风的清凉，独自沉浸在得以生还的喜悦之中。一时间，穆坤竟不知自己究竟是处在现实还是虚幻中。

“你醒了?”一个清亮的女声在耳边响起，是带着浓郁当地口音的阿拉伯语。穆坤只觉得这声音出奇地好听，却一时反应不过来，不知该如何作答。

“你还好吗?”这次，少女用纯正的英语问道。

穆坤这才反应过来，连声用阿语作答：“我很好，请问这是哪里?”抬头望去，只见询问他的少女身穿湖蓝色长裙，容颜姣好，一双黑水晶般清澈的眸子，顾盼有神，熠熠生辉，正静静地凝视着他。看到眼前美丽的少女，穆坤这才觉得自己清醒过来了。

“这里是迈尔祖格，不是迈尔祖格沙漠哦，而是沙漠边上的小镇，位于奥巴里绿洲旁。”也许是顾及作为异乡人的穆坤，少女没有讲当地方言，而是用标准的阿拉伯语来交流，“异乡人，你为什么会来这里？又怎么会在沙漠里迷了路呢？昨天真的好险，如果我再晚一点看见你，你就要被流沙活活掩埋了呢。”

穆坤不由得苦笑一声：“大概是我太倒霉了吧。我从的黎波里的机场下飞机后打算乘汽车前往奥巴里，结果却看错了路标，来到了泰拉根。我下车之后就完全失去了方向，不知怎么就走到沙漠里了。”他无奈地耸了耸肩膀：“估计我是个天生方向感很差的人吧。”

“你真有趣。”少女露齿一笑，起身从一边的餐桌上拿过一个大大的托盘递给穆坤，“你一定很久没有好好吃饭了吧？这里有些食物，你先吃吧。”

穆坤连忙坐起来，接过托盘，一边连声致谢，一边大口大口地吃起来。

少女明媚地笑了，起身出去，飞扬的裙裾翩跹如花。少女随即大声说道：“嗯，你叫我赛克娜吧。”

第二章 赴任总经理

穆坤的身体需要恢复，就在迈尔祖格暂住了下来，也渐渐地和赛克娜一家人熟悉起来。

赛克娜一家是迈尔祖格本地人，她有两个哥哥和两个弟弟。作为家里唯一的女孩子，她备受宠爱。家里人抛开世俗压力，送她去美国留学，因此赛克娜是一位见多识广的阿拉伯女性。更加具有传奇色彩的是赛克娜的父亲了，这位身材魁梧、面相和蔼的中年男人竟是利比亚奥巴里地区两大部落之一的图阿格雷部落的首领。

在波光粼粼的河边，穆坤笑着打趣赛克娜：“依你父亲的身份和地位，你在这里就像是公主一样的存在吧？你在这里……”赛克娜一边听穆坤说话，一边目不转睛地看着他。夕阳下，穆坤的轮廓有棱有角，显示出神秘的东方人的魅力，那是一种不同于本地男子的特质，不知何时已让她入了迷。

“只是部落的首领而已。”她不好意思地摆摆手，“我们家族的姓氏就是谢赫，在阿拉伯语中的意思是酋长，这是祖上一代代传下来的。”

“世袭更替，原来如此。”穆坤喃喃地说道。

“穆坤，那你呢？你为什么会从中国来到奥巴里？”赛克娜眨着大眼睛，疑惑地问道。

“我来工作啊，我在家乡宁夏学习了阿拉伯语，后来又考取了西班牙纳瓦拉大学的研究生，读完 MBA 之后就一直在利诺尔公司的中国分部工作。这一次是调派到利比亚任奥巴里地区石油项目的总经理。”穆坤答道。

“听起来很厉害的样子嘛！”赛克娜爽朗地笑着，大大的眼睛弯成明媚的月牙状，“我如果不回国而是留在美国打拼的话，说不定也会像你一样厉害呢！”

“既然有机会，为什么不留在国外发展？你并不像那种没有魄力的女孩子啊？”穆坤很不解地问道。赛克娜却垂下了眼帘，浓密的睫毛伸展着，那样子楚楚动人：“你也知道，我们一家都是图阿格雷部落的守护者。从降生的那一刻起，我们就肩负着守护部落的重任，外面的世界并不属于我们。”她仿佛认命一般垂下肩膀，眼中却闪动着不甘和无奈。

穆坤静静地凝视着她，良久，微微一笑：“赛克娜，你的眼界和学识足以让你在外面的世界立足，你大可不必把自己拘禁在这一方狭小的天地之中，你应当走出部落，在广袤的天地之间发现自己的价值，这也是在为族人更好地了解世界做贡献嘛。”

赛克娜痴痴地看着他：“穆坤，你总是那么与众不同。你能呆在这儿一段时间吗？这的环境还是很不错的！”

穆坤收敛了笑容，说：“赛克娜，我耽搁的行程已经太久了，我的公司急需我回去工作，所以我决定后天出发，前往奥巴里。”

听了这番话，赛克娜的心里空荡荡的，原本精神奕奕的大眼睛也蒙上了一层愁云。她抬头看着穆坤，难过得说不出话来。赛克娜知道自己已经爱上了眼前这个小伙子，无论穆坤说什么、做什么，她都愿意听、愿意看。

就在这时，她听到穆坤继续说道：“你也知道，作为一个初来乍到的外国人，我对奥巴里各方面的情况都不熟悉，这对我开展工作非常不利，所以……”他直视着赛克娜水晶般璀璨的眼眸，“我诚恳地邀请接受过高等教育并且具备一定专业素养的赛克娜·谢赫小姐担任我的助理，协助我建设你的家乡，将富裕安康的光芒撒向各个地方，不知道你是否愿意……”

赛克娜难以置信地盯着他，直到穆坤再三证实他所说的一切，她才开心地大笑起来，说：“我愿意得不得了！”她挽起裙角，雀跃着向家里跑去。穆坤冲着赛克娜的背影喊道：“你等等我，我跟你一起去说服你父亲，让他答应这件事。”话音刚落，赛克娜就一边跑向父亲的院落，一边冲着穆坤说：“不用啦！我自己去说，你就在那里等我。”

年轻的东方男子看着她渐远的身影，嘴角漾起温柔的笑容。这个女孩子仿佛是他在梦境中遇到过的那个人，那么真实，又那么虚幻。

不一会儿，赛克娜就从父亲的房间里跑出来，潸然泪下。看到赛克娜哭泣的样子，穆坤心疼地走上前去安慰她：“美丽的姑娘，你怎么哭了？你父亲不同意吗？”赛克娜摇摇头，说：“爸爸同意了，我舍不得爸爸。原来爸爸内心深处一直希望我出去闯一闯，我好感动啊！”

就这样，两天后，赛克娜随着穆坤离开了部落。利诺尔石油公司驻利比亚奥巴里地区的公司迎来了穆坤这位新上任的总经理，而跟随穆坤的正是赛克娜这位美貌干练的女助理。

利诺尔公司是一家大型的工业公司，经营范围涉及能源勘探、石油化工、民用天然气三个方面。该公司的石油产量、天然气产量、炼制能力和石油衍生品销售量在世界能源开发公司中名列前50位。

近年来，随着公司的不断扩大，其业务领域已拓展到许多国家。其中，几个石油开采业发展势头强劲的国家都是利诺尔公司的重要合伙方。正如所有的商业合作一样，由利益促成的合作关系可能很牢固，但也可能很脆弱。表面上一团和气的利诺尔公司，内里却潜藏着无数汹涌的暗流和难以预料的暗礁。

而穆坤，就是在这样的情形下，以一种极其高调的姿态空降到这样一家情况极其复杂的公司担任领导层。这个公司云集了来自各国的拥有高学历、高智商、高技术的优秀人才。穆坤突然之间空降在奥巴里地区，手里掌握着无数人垂涎的巨大石油资源，这令许多元老级人物不满，更有甚者还隐隐地带有一丝敌意。不久，各方不满的势力正在酝酿一场前所未有的阴谋。

第三章　稳固地位

“呼！累死我了！”赛克娜一进办公室，就踢掉了脚上的高跟鞋，一滩软泥般瘫坐在椅子上。

随后跟进来的穆坤面上含着浅浅的笑容，立在一边看着她：“辛苦了。”

赛克娜妆容精致的脸上显出一个夸张的苦笑的表情：“我也知道那帮老狐狸有多么圆滑，一句话里面不知道有多少个意思，心思就和他们的肠子一样蜿蜒曲折。我得和他们一边斗智斗勇、唇枪舌剑，一边笑靥如花、如沐春风，感觉自己都要人格分裂了。”她整了整压出褶皱的裙摆，一脸埋怨地看着穆坤：“你倒好，什么都不做，就知道在一旁看戏！”

穆坤拖过一张椅子坐在赛克娜旁边，说：“作为他们眼中一无是处的草包总经理，我只能假装听不懂当地方言，然后一本正经地坐在旁边装傻充愣。”他耸了耸肩说，“这不正是他们想要的吗？”

赛克娜看着他，痴痴地笑了：“最优秀的猎人都是最沉默、最冷酷的，但是能够抓住荒漠上最狡猾的野狐。”她眨了眨长长的睫毛，直勾勾地盯着他，“你又是怎样的猎人呢？”

穆坤不置可否，只是轻轻一笑："你拭目以待吧。"

一星期后，就在所有人都以为这位名不副实的总经理已经向以谢里夫为首的元老团妥协，甘心做一个傀儡的时候，他却悄悄地掀起了一场惊涛骇浪。

"荒唐！这简直是胡闹！"谢里夫·那塞尔拍案而起，粗壮魁梧的身躯仿佛一座肉山般矗立在会议桌前，脸上松弛的皮肉也因情绪激动而颤抖着。他指向穆坤，愤怒地道："这都是你这头笨驴做的吗？你怎么敢揭我的底！你这个连阿拉伯语都不会说的家伙，不要在这里指手画脚！"参会的其他人一个个噤若寒蝉，大气都不敢出。

但穆坤面不改色地缓缓起身，清俊挺拔的身躯虽不魁梧，却有着山岳一般巍峨沉峻的气势。他浅浅扬眸，那眼中没有一星半点的情绪，恍如高山顶峰最纯粹凛冽的寒冰。

他直视着谢里夫褐色的眼睛，用当地方言说道："今天让我来教会你三件事。第一，我会说阿拉伯语方言，你们平日所讲的我都清楚。其次，我所经历过的每一件事，都比奥巴里这里更加复杂、更加险恶。你的这点伎俩，根本就是个笑话。第三，你既然跳了出来，就没有退路了。"他缓缓俯下身子，拿起桌子上的文件夹，递到谢里夫眼前。

随后，他直起身，扬声说道："这里记录着副总经理谢里夫·那塞尔任职期间在奥巴里分部贪污受贿的证据，字字属实，铁证如山。"

谢里夫惊怒交加，情绪已近崩溃，他大吼道："这不是真的！不是真的！你污蔑我！你造谣！你说谎！"他激动地扑上来，似一头疯狂的野兽，"你凭什么调查我！我在这里工作了二十年！没有人敢不给我面子！你这头蠢驴！我不会让你好过的！"

穆坤不为所动，任由两旁的保安将情绪激动的谢里夫死死拉住。

"别人不敢不给你面子，我只要知道我敢就够了。"穆坤缓步上前，靠近谢里夫的耳朵，轻声说了一句话，刚才还如公牛般气势汹汹的谢里夫瞬间泄了气。

穆坤站直身子，冲身后的助手招招手，早已等在外面的金融警察冲进来，带走了垂头丧气、瘫软在地的谢里夫。

会议室一时间寂静无声，坐在会议桌前的每一个人都惊恐不已，拼命降低自己的存在感。

穆坤回到主座，缓缓地扫视四周，目光如炬，每一个与他目光相接的人都不由得躲开了那双深渊般黝黑的眼睛。

“在过去的一个星期里，我和我的助手走遍了工厂的每一个角落。无论是生产车间还是最危险的开采平台，我都实地考察过。”他压低声音，表情威严地继续说道，“所以不要试图向我隐瞒任何事情。我向你们保证，欺骗我的后果你们不会喜欢的。”

众人齐齐点头，喏喏称是，均表示会忠于他。

穆坤继续说道：“我并不是不近人情，也不会要求你们像机器一样精密，不犯一点错误，但是……”他忽然一拍桌子，厉声呵斥道，“阿卜杜勒·阿里木！作为后勤部主任，你告诉我，仓库里那些牲口都不愿意吃的东西，你每天都在给我们的工人吃？”

阿卜杜勒·阿里木战战兢兢地站起来，颤颤巍巍地擦了一把头上的汗：“总经理，我真的没有玩忽职守、假公济私啊！”

穆坤紧紧皱起眉头，说：“你没有吗？那我们的工人为什么每天吃的都是发霉的面包？喝着清汤寡水的大豆汤？而且还不管饱！”

阿卜杜勒·阿里木委屈地辩解道：“这已经是比较好的伙食了。最近几年时局动荡，粮食很难进口，价格不停地增长。如果再没有解决办法，可能连现在这些都吃不上了。”

穆坤震惊地看向赛克娜，只见她轻轻地点了点头，证明情况是真的。

穆坤若有所思地挥了挥手，示意阿卜杜勒·阿里木坐下。随后，他告诉众人，那些工人的伙食问题，他会解决的。

经此一役，穆坤在奥里巴地区的公司的权威正式确立，那些曾经汹涌的暗流全都恢复了平静，利诺尔也仿佛恢复了往日的宁静。所有人都知道，来自遥远东方的总经理是一个深不可测的人，就像沙漠中最危险的暴风，表面平静，行动却雷霆万钧，难以抵挡。

第四章　排忧解难

穆坤站在食品仓库前，眉头紧锁。

仓库里堆积着小山般的面粉和种类有限且数量不多的蔬菜。空气中弥漫着浓浓的腐败气味，让人有种莫名的心酸的感觉。

赛克娜站在他身后，一脸忧愁地说：“利比亚可耕地面积小，粮食不能自给，只能靠进口。这几年粮食价格高得离谱，阿卜杜勒能做到现在这样，已经很不容易了。”

阿卜杜勒在她身后，连忙点头：“是的是的，你们不知道，那些倒卖粮食的商人个个都是黑了心肠的，不顾人民的死活，只是一味抬高粮食价格。我也是费了九牛二虎之力才买到这些霉变的粮食的。”

穆坤点点头，问道：“所以说，粮食市场的管理很混乱，而且变质的粮食还供不应求？”

赛克娜点点头，“事实确实如此，老百姓因为很难买到粮食，所以惶惶不可终日。”

穆坤却突然轻笑一声，转头问她：“我有一个缓解这种局面的办法。”他看着赛克娜，深邃的眼睛里仿佛能发出光来，“不但可以帮助你们国家的人民，还可以帮着整顿粮食市场，你要不要参与？”

赛克娜一听此话，喜出望外地说：“如果你有办法，那真是太好了！你不知道我每次看着孩子们吃不饱饭，还要饿着肚子劳作，是一种什么样的心情。”她情不自禁抹起了眼泪，“人们过得实在是太辛苦了，如果你可以帮到他们，请一定尽力！我也愿意辅助你。”

穆坤看着赛克娜那蕴含着无尽光芒的眼睛，强忍着那股想将她拥入怀中的冲动，坚定地说道：“那当然，我也很喜欢你的家乡，自然愿意为之付出。”

赛克娜深深地凝视着他，喃喃地说道：“穆坤，我从来没有见过像你这样的人。”

穆坤笑笑：“是没有见过像我这么帅的人吗？”

她不由得笑出声来：“是没见过像你这样善良的人！”

穆坤伸出手，揉了揉她的脑袋，“走了，我们去弄粮食咯！”

赛克娜紧紧地跟在他后面，美丽的脸庞上一直挂着灿烂的笑容。

一个月后的一天清晨，赛克娜被手机铃声吵醒了，接通电话后，她问：“穆坤，一大清早的，你有什么事啊？”

电话那头传来爽朗的声音：“我可爱的助理小姐，快起来和我一起出去。”

赛克娜迷迷糊糊地问：“这是要去哪里啊？说清楚一点，我好准备。”

穆坤在那头说：“去接粮食啊，你日夜惦记的粮食。”

赛克娜瞬间睡意全无，立刻从床上坐了起来："真的吗？我马上就来，给我些洗漱的时间。"

穆坤笑着说："没关系，我等你。我们一起去的黎波里。"

的黎波里国际机场位于利比亚首都的黎波里，是利比亚最大的机场。

现在，穆坤和赛克娜正站在的黎波里国际机场，看着一袋袋小麦、大米和马铃薯源源不断地从飞机上卸下来，又装上卡车运往奥巴里油田。

赛克娜难以置信地看着长长的运输车队，说："这太不可思议了！你是怎么做到的？这么多的粮食。"

穆坤笑而不语，目光却飘到了她的身后。赛克娜转身一看，又转过头看向穆坤："这是谁？"

身后传来一个明快的声音："真是没礼貌的家伙，见到我也不打招呼！"只见一个男人潇洒地走过来，所过之处扬起一阵青草的芳香。

赛克娜这才看清楚这个长相漂亮的男人。如果说穆坤的相貌中充满了阳刚之气，那么这个男人就可以用俊秀清逸来形容。他肌肤白皙，眼睛明亮，鼻梁高耸。

来者搂住穆坤的肩膀，冲赛克娜报以微笑。

穆坤无奈地耸耸肩，扯下对方黏在他肩上的手臂，冲赛克娜说道："这是许仕阳，是我最好的朋友，那些粮食就是他送来的。"

许仕阳像模像样地对赛克娜行了个礼，说道："我和穆坤认识很多年了，他挺不招人待见的，对不对？"许仕阳笑眯眯地看向赛克娜。

赛克娜不置可否，笑着说："你好，非常感谢您送来粮食！"她看着卡车车队，好奇地问，"不知道您是如何做到的？这些粮食可不是个小数目。"

许仕阳哈哈一笑："我就是个地地道道的农民啊，专门种地的人。"

赛克娜惊讶地看着他身上色彩鲜艳的衣服，嘴角抽了抽，"您看起来更像一位品位独特的艺术家。"

穆坤笑着接话头："仕阳可不是普通的农民，除了种地，他还有很多才能，你慢慢就知道了。现在，我们要先回去考虑一下粮食的储存问题了。"

"外乡人要在利比亚建立一条稳定的食品供应链，那可不容易呀！利比亚局势复杂，我们需要这里有势力和实力的人支持我们。"许仕阳说道。

他看着车队行进的方向，嘴角的笑容意味深长。

“你们在说什么？”赛克娜惊讶地问道，“你们是要在利比亚做粮食生意吗？”

许仕阳歪头看向她，一笑：“这不是件好事吗？你们的国人需要粮食，而我……”他伸出食指指了指穆坤，说道：“他付我钞票。我们互相合作，各取所需，何乐而不为呢？”

赛克娜摇摇头，神色凝重地说：“是啊，你们做生意的想法是好的。但是，正如你们所知，利比亚的局势比明面上的复杂多了。每一个地方都有它独有的势力组织，彼此之间有着错综复杂的利益网络，与平民百姓的切身利益相比，他们更看重的是自身势力的发展与扩张。你们和他们完全不同，你们从百姓的利益出发，既赚了钱，又帮了当地的百姓。这是一举两得的好事情。”

穆坤深深地凝视着赛克娜，说：“赛克娜，你父亲是图阿格雷部落的首领，以他的能力，可以助我们一臂之力。赛克娜，你是在这件事上唯一可以帮到我们的人，当然这也是在帮利比亚的人民。”赛克娜咬着嘴唇，神色不定。

穆坤也不催她，只坐在一旁静静等待着，等待她做出选择。

良久，赛克娜终于抬起头，眼神坚定地说：“我带你们去见我父亲。”

许仕阳转过头，意味深长地冲穆坤挑了挑眉。

然而，后者安静地坐在椅子上，面容平静，目光悠长，没有人能够猜透此时此刻他究竟在想什么。

第五章　美梦成真

图阿格雷部落的首领穆罕默德·谢赫是一个威严而又富有传奇色彩的男人。

相传，他是图阿格雷部落最年轻的首领，也是最有魄力、最有手段的野心家、政治家。他的事迹广为流传，连图阿格雷部落宿命中的对手——塔布部落，也不得不承认这个男人有着非凡的洞察力和雷霆一般利落的手段，足以成为他们畏惧的敌人。

此时此刻，穆罕默德就坐在穆坤对面，他气势逼人地说：“我已经听赛克娜说了有关你们的事情，我代表图阿格雷部落以及奥巴里千千万万的人民谢谢你们。”他轻轻地点头致意，身后的助手立即提上来一箱美钞。

穆罕默德紧紧地盯着穆坤，说道：“这些钱，是为了感谢你们的所作所为，请收下我诚挚的谢意。”他将箱子推向穆坤。

穆坤轻轻抬头看向穆罕默德，目光意味不明，“我知道这件事情还有后续，还是请您把话说完比较好。”

穆罕默德的动作一顿，毫不掩饰自身凌厉的气场。“你们要卖粮食，要开公司，都可以，但是……”他缓缓倾下身子，“所有的粮食只能卖给图阿格雷部落，一粒也不许流落到外面，尤其是塔布部落的那帮家伙！”

穆坤淡淡地说：“开门做生意，来者不拒，不能让你们的部落恩怨影响到我们正常的贸易往来。”

穆罕默德忽地站起来，高高在上地俯视着他，说：“年轻人，我告诫你，凡事不要太自以为是、一意孤行！没有我的庇护，你以为你可以在奥巴里站住脚跟吗？”

穆坤也站了起来，不紧不慢地说道：“我十分清楚自己有几斤几两，就不用您来提醒了。至于生意的问题，我觉得，不卖给塔布部落才是大大的失策。”

穆罕默德浓密的眉毛纠结成一团，问道：“何以见得？你凭什么这么说？”

穆坤缓缓道来：“图阿格雷部落的祖先曾奴役过塔布部落的祖先，这是历史遗留问题。图阿格雷人和塔布人从此结下仇恨，然而……”

“够了！”穆罕默德打断他的话，“听着，我没空听你在这里说我的家族史，这些事情我早已耳熟能详，你要么就只卖给图阿格雷部落粮食，要么就滚回去吧！”

穆坤依旧不紧不慢地说：“你真的认为只卖给你粮食就可以壮大你的势力，从而压倒塔布部落？这是一个非常理想主义的笑话。”

“你说什么？”穆罕默德震怒了。

“难道我说的不是事实吗？塔布部落与你们一样饱受饥饿的折磨。你们得到了粮食，凭什么认为他们不会眼红、不会嫉妒、不会来抢夺呢？那时候，才是灾难真正的开始，哪里有战争，哪里就会有伤亡。杀敌一千，自损八百的道理您懂吧！”穆坤严肃地看着他。

穆罕默德有一瞬间的静默，一副心有不甘的样子。

穆坤继续说道："一味地打压敌人并不是解决问题的办法，你也知道物极必反的道理。如果你还要一意孤行的话，我情愿回到祖国去，因为很快，奥巴里将不再是一片平静祥和之地。"

穆罕默德沉默了许久，穆坤也静静地坐在他面前一言不发。

良久，穆罕默德终于点头说道："好吧，我答应你们，给你们应有的庇护，向你们打开一切商路，同时也允许你们向塔布部落贩卖粮食。"

站在一旁的许仕阳和赛克娜高兴地对视一眼，穆坤也微微地笑着说："你是一个有远见卓识的首领，你的包容心会造福于你的子民。我向你保证，我将告诉敌对的部落你的仁义和慷慨。你将永远不会后悔这次决定。"

"嘿，小子，我的条件还没有说完呢！"穆罕默德貌似生气地大喝一声，可是眼里却流露出几分狡诈的神色来，"既然要合作，那不如我们索性大干一笔，做个大买卖怎么样？"

穆坤沉吟了一下，许仕阳却胸有成竹地笑了起来。"莫非族长大人也对苏尔特盐场感兴趣？那可是个不小的买卖呢！"穆坤眯起眼睛坏坏一笑，"看来族长大人的胃口可真是不小呢。"

穆罕默德尴尬地揉了揉鼻子："地中海是世界上最大的陆间湖，白天气温高，湖水蒸发量大，湖水含盐度较高。这样一个天然的产盐场，谁不会动心呢？"

许仕阳这时突然插嘴，并意味深长地对穆罕默德说："按理说这样的买卖确实值得一做，不过……"他拖长了声音，"既然要合作，您总要拿出点诚意来吧？"

穆罕默德大手一挥，豪情万丈地说："这没问题！图阿格雷部落从不亏待伙伴，你说吧，你想要什么？"

许仕阳微微一笑："我们想要的可是您最珍贵的掌上明珠。"他看向旁边呆若木鸡的穆坤和赛克娜。

穆坤先缓过神来，连忙阻止："仕阳，不要胡闹！"

穆罕默德正要发怒，却看到许仕阳意味深长的眼神。他一转头，刚好看到他视若珍宝的女儿。女儿看穆坤的眼神中充满忧伤和隐晦的爱意。他颓然长叹一声，挥了挥手说："罢了，赛克娜，这种事情，全看你自己的意愿了，不过这个中国男人……"他用手指着穆坤，神情严肃地说，"他是一个可以托付终身的男人，你可以考虑一下。”

“爸爸！”赛克娜娇羞地跺着脚，“你怎么能这样说呢？”

穆罕默德哈哈一笑：“我的女儿，我怎么会不知道你在想什么？”他看向穆坤：“你呢？你愿意吗？”

穆坤一愣，面上难掩喜色：“感谢您的成全，我无比愿意。”他抬头看着赛克娜，喜出望外。

半年后，奥巴里迎来一个重要的日子——由中国和利比亚合作投资建立的远东食品贸易有限公司正式在奥巴里挂牌成立了。这是一家具有特殊意义的商贸有限公司，它首创了将粮食进口和海盐出口贸易捆绑合作的贸易方式，将两个国家的优势产业紧密结合，彼此互补，从而促使利益最大化。这个公司不论国籍、种族，不看社会地位，只是公平公正地开门做生意，力求让每一个家庭买得起粮食，吃得饱肚子。也就是在这个重要的日子里，穆坤和赛克娜举行了盛大的婚礼。在普通民众的眼中，穆坤和赛克娜就是他们的福音，他们给当地百姓带来了温暖和希望。

四、故事分配

利比亚在广播电台、报刊和手机三个领域具有一定的优势，对故事《撒哈拉传奇》的宣传具有推动作用。

（一）广播电台

2011 年 8 月，利比亚临时宪法明确规定确保言论和新闻自由等条款。条款宣布之后，利比亚各地区的广播电台如雨后春笋般涌现出来，在国内产生了一定影响力。依托利比亚各大广播电台的影响力，借助广播电台使用率高、节目种类多样、内容丰富、收听方式便利、服务范围广等优势，对故事《撒哈拉传奇》进行宣传，可提高故事的知名度，扩大受众面。

（二）报刊

截至 2012 年，利比亚已拥有 200 多家报纸。目前，利比亚主要报刊有《利比亚先驱报》《英文版》等。利比亚政府重视网络建设，电子报刊业发展较快。报刊传播速度快、传播范围广等优势，对于故事《撒哈拉传奇》的进一步宣传将起到推动作用。

（三）手机

利比亚拥有多家电信供应商及电信资讯公司，主要业务范围涉及固定电话、移动电话和互联网等。利比亚电信服务普及率高，移动电话市场趋于饱和，宽带普及率较低，市场前景广阔。故事借助手机这一通讯工具进行传播，将加快其在利比亚的传播速度。

五、故事消费

故事《撒哈拉传奇》的分配渠道建立后，从广播电台、报刊和手机三个领域分别介绍故事消费的策略。

（一）广播电台

在广播电台领域的消费通过制作广播剧、宣传、场外观众互动和中国文化艺术活动四个策略实现。

1. 制作广播剧

利比亚人民能歌善舞，可将广播剧与利比亚民族歌谣、传统音乐等民间艺术相融合，制作出利比亚人们喜爱的广播剧。《撒哈拉传奇》广播剧表达了利比亚人们渴望国家富强、安居乐业的爱国情怀，传达了中利两国友好交流、互帮互助的理念。

2. 宣传

公路是利比亚主要的陆路交通方式。利比亚境内公路网遍及各主要城市，并且汽车普及率较高。购买利比亚多家广播电台黄金时段的广告播放权，借助汽车广播电台等平台，循环预告广播剧《撒哈拉传奇》的播放时间、频道频率，可为后续的广播剧收听、播放做好宣传工作。

3. 场外观众互动

聘请利比亚知名广播主持人，再邀请利比亚文化学者、利比亚有中国留学背景的学生、在利比亚工作的中国企业员工等，于每期广播剧播放结束后，围绕剧情展开关于中国和利比亚两国文化差异等话题的讨论。通过节目热线电话、网络留言互动、电子信箱投稿和现场连线场外观众等活动，与听众共同围绕故事情节展开讨论，使利比亚人民可深入了解故事《撒哈拉传奇》的内涵。

4. 中国文化艺术活动

邀请利比亚知名话剧创作团队、话剧演员、在利比亚的中国留学生等，共同打造以故事为主题的话剧。通过生动的话剧表演，利比亚人民不但可加深对故事的理解，而且能够领略到中国文化的魅力。运用中国皮影、剪纸、京剧等方式演绎故事中的片段，可吸引利比亚人民关注故事《撒哈拉传奇》。与利比亚文化部合作，推出中国文化艺术展、中利两国艺术家交流等文化艺术活动，从而吸引利比亚人民主动了解故事《撒哈拉传奇》。

（二）报刊

在报刊领域的消费通过刊登故事、报刊赠予与销售两个策略实现。

1. 刊登故事

与利比亚各知名报社、出版社或在线新闻网站进行合作，将故事以图文并茂的形式进行连载。刊登故事的板块尽量设置在热点新闻旁边，以提高利比亚读者阅读故事的比例，激发读者的阅读兴趣，最大程度地扩大故事的受众面。

2. 报刊赠予与销售

将故事翻译成适合中小学生理解和阅读的版本，并出版小巧而精致的图画报刊。将故事图画报刊的样刊作为课外读物捐赠给利比亚各地中小学校，让广大师生进行试读。为鼓励利比亚各地中小学校积极订阅报刊读物，对于订阅故事图画报刊的学校，不仅按照订阅量给予优惠，而且额外赠予印有故事《撒哈拉传奇》图样的学生用品、教学用具等。凡是订阅刊登故事报刊的读者，均有一次抽奖的机会。一等、二等和三等奖品分别为故事《撒哈拉传奇》中的卡通人物雕塑。通过有奖订阅，吸引更多利比亚人民参与订阅，从而进一步扩大故事的覆盖面。

（三）手机

在手机领域的消费通过手机短信、手机浏览网页、手机客户端评价三个策略实现。

1. 手机短信

将故事翻译为阿拉伯语和英语等版本，并与利比亚电信公司合作，以手机短信的形式向利比亚手机用户发送故事章节。前几章内容全部免费发送，阅读后续章节内容则需付费。

2. 手机浏览网页

创建以故事为主题的网站，在网站上连载故事并刊登中国和利比亚两国友好交流的新闻报道，如中国援助利比亚医疗队等的新闻。在每章故事结尾处标注出与故事相关联的网站的链接。这些网站包括中国“一带一路”网、中华人民共和国驻利比亚大使馆经济商务处网站等。

3. 手机客户端评价

为鼓励利比亚手机用户在故事网站留言板留言，凡是留言的手机用户，均可获得一次线上抽奖机会，奖品为故事《撒哈拉传奇》的电子版。

六、中利合作

中利合作包括共推能源合作、共享农业成果、加强旅游合作三大方面。

（一）共推能源合作

油气产业是利比亚国民经济的支柱性产业，其油气资源储量丰富。利比亚原油具有质量好、含硫低等优点，因而大量出口至欧洲各国。然而，利比亚虽然油气资源丰富，但能源消费结构却不均衡，加之受国际制裁、战争、国内局势等因素影响，利比亚基础设施陈旧、老化并且遭受破坏，急需重建。中国是能源消费大国，原油消耗量大，但中国石油资源赋存不均且开采难度大。自中国与利比亚建交以来，两国在能源领域的合作逐渐深入。中国是利比亚的主要贸易伙伴，利比亚的原油是中国主要的进口商品。中国企业已成功中标承建利比亚原油管道、输气管道等项目，并圆满完成工程建设，为后续两国在油气管道设施等方面进行合作奠定了基础。如果中利两国在能源领域继续深化合作，一方面中国将会促进自身在海外石油勘探、海外炼化、海外油气管道施工等方面的技术革新以及油气管线的维护与管理；另一方面将会大大缓解中国石油紧张的压力，不断提升中国企业在海外能源领域的核心竞争力。而利比亚借助中国在资金、石油行业技术人才、石油勘探及开采、油气管道施工、石油炼化深加工等方面的优势，可不断提高自身石油开采、炼化技术的水平与效率，增加当地就业岗位，促进利比亚经济的发展。

（二）共享农业成果

利比亚境内绝大部分地区被沙漠和半沙漠所覆盖，可耕地面积极少。全年降雨量稀少且分布不均，地表蒸发强烈，境内没有常年河流、大湖泊，用水主要依赖地下水资源。由于过度取用，部分地区出现土地荒漠化及盐碱化。受地形、气候等多种因素影响，加之农业生产发展缓慢，利比亚粮食生产无法自给自足，部分依赖进口。中国在从传统农业到现代化农业发展的探索历程中，积累了大量宝贵的经验，在农业水利工程、土壤改良技术、农业育种与农业栽培技术、农业机械化研究、节水农业等方面取得令人瞩目的成就。如果中国和利比亚在粮食产业方面深化合作，利比亚可以在粮食援助、农业发展资金、农业技术及生产管理经验、现代农业技术人才培养以及节水农业等方面获得中国的帮助。如此一来，不仅可以有效缓解利比亚本国的粮食危机，不断提高其农业生产能力，还能持续推进利比亚农业基础设施的完善、升级和改造，提升其农业技术水平，加快构建现代化农业体系。在中国与利比亚两国间开展广泛合作的同时，也会促使中国继续加强海外农业技术研究，不断提高农业科技水平等，从而促进两国的共同发展。

（三）加强旅游合作

利比亚历史悠久、文化类型多样且旅游资源丰富。利比亚除了拥有令人陶醉的撒哈拉沙漠景观、地中海迷人的亚热带风光外，还拥有大量以古希腊、古罗马时期建筑为代表的人文历史遗迹。利比亚独具魅力的自然风光、绚烂的多元文化和便捷的海陆交通，吸引着大量游客前去旅游。旅游业是利比亚外汇的主要来源之一。为鼓励旅游业的发展，利比亚政府加大投资力度，制定相关优惠政策吸引外国投资者投资旅游产业，为利比亚旅游业的发展创造了良好条件。中国出境旅游人数持续增长，旅游消费能力较大，旅游业成为带动中国经济发展的动力之一。为继续增强旅游产业对中国经济的带动作用，中国实施全域旅游国家战略，加强旅游业与其他产业的深度融合，加大科技在旅游产业的应用。在文化和旅游融合的大背景下，中国的文化产业和旅游产业迸发出新的活力——文创产品、旅游产品研发速度加快，不断推陈出新，文化创意产业蓬勃发展，旅游产品种类多样。如果中国和利比亚在旅游方面深化合作，一方面可加快利比亚旅游线路的设计、旅游产品的开发，促进利比亚旅游文化创意产业快速发展，推动旅游基础设施建设，增加利比亚当地就业岗位，带动利比亚经济发展；另一方面，依托利比亚优越的地理位置，中利两国旅游企业携手开拓其他阿拉伯国家乃至欧洲的旅游市场，可丰富中国企业开拓海外旅游市场的经验，不断提高中国海外旅游营销策划水平。

第三章　对突尼斯传播的话语体系构建

一、突尼斯概况

突尼斯共和国位于非洲大陆最北端，国土面积约16万平方千米，东北部紧邻浪漫的地中海，西南部挨着热情的撒哈拉沙漠，被誉为“欧洲的后花园”。突尼斯因被裹挟在其中，故也有“地中海明珠”之称。突尼斯是世界上少有的几个集中了海滩、沙漠、山林和古文明的国家之一。迷人的沙滩、温和的气候、比邻欧洲的地理优势、物美价廉的商品、热情好客的风俗使突尼斯散发着独特的魅力，吸引着世界各地的游客到此旅行。

课题组设想的中国和突尼斯的合作主要体现在橄榄油和针灸两个方面，所以仅对这两个方面进行介绍。

（一）橄榄油

众所周知，突尼斯是橄榄油的主要生产国之一，其橄榄油产量占世界橄榄油总产量的4%—9%，居世界第四，被称为“世界橄榄油园”“橄榄之邦”。

（二）针灸

突尼斯国内有小部分西医兼顾学习了中医的针灸疗法，为当地百姓治病、调理。自1994年中国向突尼斯派遣中医针灸医生在当地开展针灸疗法、针灸培训等活动以来，针灸疗法至今在突尼斯都很流行，深受当地百姓的信赖和赞扬。

二、故事背景

传说，腓尼基的移民横渡地中海来到北非，并向当地人买下一块土地。这些移民在土著人的同意下，建立了一个部落，取名为突尼斯。移民通过大量贩卖奴隶、发展海上贸易等手段积累了雄厚的财力，建立了突尼斯国家。公元前4世纪，摩岩国人以保护他们在西西里岛的同盟国为由，不顾以往与突尼斯签署的三份友好声明，开始向突尼斯管辖的地中海扩张。这一举动触犯了突尼斯的利益，摩岩国与突尼斯的冲突接连不断。公元前212年，摩岩国大军渡海进攻突尼斯在西西里岛的殖民地。一位突尼斯军事家穆斯托法将军率领士兵勇敢抗击摩岩国军队，誓死守卫家园，终将摩岩国大军一举击溃。摩岩国在这一场战役中损失惨重，于是班师回国休养生息。公元前149年，摩岩国军队再次向突尼斯发起进攻，突尼斯军队被打得措手不及，溃不成军。此时，突尼斯迎战主帅已换成老将军穆斯托法的儿子穆尼尔。由于此次摩岩国来势汹汹，结盟的同盟军又实力雄厚，穆尼尔的军队在毫无准备的情况下节节败退。为了保护突尼斯人民的生命财产安全，穆尼尔将军绞尽脑汁地谋划击退摩岩国军队的策略，终于，奇迹出现了。

三、精忠报国

第一章　节节败退

现在正是突尼斯的素馨花竞相绽放的季节。然而，盛开的鲜花却被突然而至的战马践踏得飘散一地。战鼓擂擂，刀光剑影，尸横遍野，满目疮痍。两军僵持着，两军主帅就像两只猛虎一样互相凝视着，谁也没有下达命令。

穆尼尔望着对面那个同样骑在战马上的老对手，心想："他是想一雪前耻吗?"暮色渐深，穆尼尔瞥见自己的手下艾哈迈德，他那拿着刀的手已微微颤抖，身后则传来士兵们的呻吟声，这预示着这场战斗也该到此为止了。

穆尼尔和敌将奈伊穆最后互相看了对方一眼，仅一个眼神他们就达成了共识。

"撤退!"两人同时说道。

群山连绵，层林起伏。在一处靠近水源的山谷里，穆尼尔命令部队安营扎寨。此时，天已黑透了，本该篝火熊熊、营帐千灯。可是，为了隐匿踪迹，漆黑的山谷里不见一丝火光，没有一点声音，只有一队队衣衫污浊、神情疲惫的士兵来回巡逻着。

穆尼尔强打着精神走过一座座营帐，那坚毅的身影在黑夜中仿佛一盏明灯，给战士们带来希望和斗志。

过了许久，士兵们都歇下了。穆尼尔在进入营帐的那一刻，终于卸下了淡定自若的伪装。他缓缓地走到书案旁，盯着书案上的地图深深地陷入了沉思。脸上的皱纹见证了穆尼尔将军曾经的辉煌——他所向披靡，攻无不克，战无不胜。然而，他在和摩岩国军队的战斗中却屡屡失败，这让他对自己的战略战术产生了怀疑。他心里很明白，如果没有奇迹发生的话，这又将是一场必败的战争。无论他怎样聪明过人、排兵布阵，都无法抵挡摩岩国军队在人数上的绝对优势。而且，军队里带的粮草也将耗尽，从邻国利比亚借的粮食仍没有音讯。一切还来得及吗？穆尼尔将军陷入深深的忧虑当中。他自言自语道：“难道这次我们突尼斯真的要亡国了吗？不管怎样，明天战斗还要继续，只要我还活着，就一定会坚持到最后一刻。”穆尼尔将军拖着疲惫的身躯躺下了，他知道自己现在能做的事情就是休息，为天亮后的作战养精蓄锐。

第二章　梦见救星

朦朦胧胧中，穆尼尔仿佛进入了异时空。地上野花遍地，小溪缓缓流过，树木郁郁葱葱，几间小草屋在树林后若隐若现，这简直就是他心目中一直向往的天堂。

这些年，他带兵四处拼杀，为的就是自己国家的人民能过上这种悠闲快乐的日子。若不是还要守护自己的国家，以及他挂念的亲人、朋友，他真想一辈子就待在这里，就这样一直沉醉下去。忽然，一个声音打破了此刻的静谧：“穆尼尔，我有一个东西要送给你。”

“是谁在说话？”穆尼尔疑惑地说道。

忽然，他看见一个全身隐在白色光晕中的人，他想看清光晕中人的脸，却发现越仔细看越看不清，反而在不急切的时候才觉得眼前的人的模样清晰了一些。

“你是谁？要给我什么？”穆尼尔问道。

那个人微微一笑：“我是一位具有神奇力量的使者。当正义的天平倾斜的时候，我就会出现。这枚戒指拥有神奇的力量，它会帮你实现你正义的愿望。”

穆尼尔的眼前突然出现一枚戒指，“这……”

“戴上吧。”这名天使的话好像有一种神奇的魔力，让人无法拒绝。

穆尼尔按照天使的指示戴上了这枚戒指。

“我现在教你如何使用这枚戒指，试试把你的注意力集中到这枚戒指上，冥想着如何击破眼前的石头。”天使说道。

穆尼尔照做了，眼前的石头居然真的被击破了。

天使接着说道：“当你要去某个地方的时候，就在心中祈祷，你会到达想要去的地方的。”

穆尼尔接着问道：“那么，这枚戒指只能我一个人使用吗？”

天使回复道：“这枚魔戒你可以独自使用，也可以带你想要带的人前往任何地方。但是，每次使用这枚戒指都会损耗你的心神。你使用这枚戒指的时候，要注意自己的身体，量力而行。你还要吗？”

犹豫片刻，穆尼尔还是点了点头：“要！”

只见天使用手一指，一道光晕将穆尼尔环绕，他随即腾空升起，失去了知觉，只听到耳边有一个声音回响着：“你该离开了。”

当穆尼尔再次睁开眼睛的时候，发现自己又回到了营帐。抬起手一看，穆尼尔不禁一下坐了起来——手上竟然真的戴着梦中天使送给他的戒指。

穆尼尔尝试着把注意力集中在这枚戒指上，脑海里立即展现出穿着一身甲胄的年迈父亲的容貌，他正大义凛然地带兵坚守在突尼斯的王宫城池上。

穆尼尔没想到画面上的一切竟然真的出现在他的眼前——老父亲穆斯托法正一脸严肃地看着自己，一脸难以置信的表情。穆尼尔顾不上和父亲详细说明原因，只是告知父亲一定要加固城池，提高警惕，保重身体。未等父亲回答，穆尼尔的思绪已转换到其他地方，他惊讶极了：“这枚戒指竟然有如此神奇的能力！如果是这样，那么能不能帮我找到一个打败摩岩国的办法？”应他所想，戒指立马将穆尼尔带进另一个场景——在一堵高大耸立的城墙上，写着三个苍劲有力的大字——华夏国。

看到这副画面，穆尼尔彻底相信了魔戒强大的力量，他竟然能看懂异邦的文字，一个计划在他心中油然而生。

第三章　兵分两路

新一天的战斗开始了，一切按照穆尼尔的计划进行着，战场上的主帅换成穆尼尔身经百战的父亲穆斯托法。而穆尼尔和他的手下阿齐兹、克里姆则兵分两路：穆尼尔前往华夏国借兵，而他的两个手下前往利比亚借粮。

穆尼尔带着随从艾哈迈德出发了。“将军，我们真的可以从这个国家借到兵吗?”已经从穿越空间的震惊中回过神来的艾哈迈德疑惑地问道。

“这个世界上没有什么做不到的事，就看你能拿出怎样的筹码了。联系华夏国大臣的事就交给你了，现在我们先找一家旅店住下。”

穆尼尔和艾哈迈德的对话已不知不觉地转化为华夏国的语言，但是二人丝毫没有察觉到。

“哎呀!”突如其来的一撞，让在路上行走的苏蒙姑娘差点跌倒。

“呀，你这人怎么回事？撞到我们家小姐了!”一个女人喊叫道。

“米娜，不要乱说话。”苏蒙拉了她一把，说道。

“是在下唐突了，还望小姐莫怪。”穆尼尔说道。

苏蒙看着眼前这个五官立体的男人，突然想捉弄他一番。

“这位公子，你应该是异邦人吧？你知道在我们这里男女授受不亲吗?你现在撞了我，这可怎么是好?”苏蒙撅着嘴，抬头看着高大的穆尼尔，伶牙俐齿地说道。

“这……敢问姑娘芳名，家住何处，改日在下一定上门专程赔罪。”穆尼尔感到尴尬，有些不知所措。

“哈哈哈哈……我叫苏蒙!”这个姑娘说着，便害羞地跑远了。

本想再说点什么，穆尼尔却被这串银铃般的笑声弄得晃了神。“这个姑娘真是……我是被捉弄了吗?”穆尼尔反问自己。

与此同时，阿齐兹和克里姆也到了利比亚，因为是邻国，国王对他俩很是和蔼，并且盛情款待了他俩。餐桌上，他们相谈甚欢。

当提及突尼斯和摩岩国之间的战争时，利比亚国王也表示非常同情，还主动问是否有需要帮助的地方。

阿齐兹和克里姆表达了谢意后，便问国王能不能借他们一些粮食，因为粮食是战争中不能中断的东西。利比亚国王爽快地答应了，毕竟他们国家的小麦产量较高，国库里还存着很多，借给他们不会对本国造成什么大的影响。

国王果断的答复让二人十分惊讶，他们没有想到会这么快借到粮食。

突尼斯盛产橄榄油，为了答谢国王，二人承诺等战争结束后，一定送来上好的橄榄油，感谢国王在他们国家有难时慷慨相助。

二人顺利完成穆尼尔将军嘱托的任务后，便用信鸽将消息传回军营。

当夜，穆尼尔坐在旅店的屋顶上，看着街道上行人往来，万家灯火闪烁着光芒，不由得想起自己的祖国——我们国家的国民什么时候也能这样安宁地生活，不再受外敌的侵扰呢？

“将军，华夏国大臣愿意帮咱们引见华夏国皇帝！”正在这时，艾哈迈德高兴地冲进来，打断了穆尼尔的思绪……

第四章　华夏援兵

穆尼尔进了宫，见到这个地域辽阔的华夏国的皇帝，两人聊了两天两夜，没有人知道他们聊了什么。只是，当他们重新出现时，穆尼尔已成为这个帝王的朋友，并且借到华夏国的十万兵马。十万兵马的主帅是华夏国著名的飞龙将军。穆尼尔这个异邦人能够借到如此多的兵马，还由飞龙将军领兵，这着实令人意外。

“飞龙将军，那我们就说定了，明天举行誓师大会，你们随我去突尼斯帮助我国抗击侵略者。”穆尼尔正说着，一个穿着白衣服的女子突然从他眼前闪过，他警惕地问道：“谁？”

“那是小女苏蒙，比较顽皮，让将军见笑了。”飞龙将军说完，二人便依计划分别去准备武器辎重。

第二日，穆尼尔利用魔戒的力量将华夏国十万兵马瞬间转移到突尼斯。

穆尼尔从遥远的东方借到规模不小的兵力，这下终于可以和摩岩国抗衡了。可是，当十万人马随着穆尼尔到达突尼斯的土地时，穆尼尔却晕倒了。若是倒在别处也无妨，可是他们所处之地距离摩岩国军队太近，飞龙将军不熟悉地势，暂时也不能做出正确的抉择，这样下去，他们很可能就被摩岩国军队发现了。在不熟悉战场的情况下作战，很容易失败，为今之计，只有赶紧唤醒穆尼尔了。

穆尼尔带着的随从中也有医者，只是他们试了很多种方法也不见穆尼尔醒来。时间越拖越久，长时间没有动作也让普通士兵起了疑心。两个眉目俊秀的小士兵决定去找将军询问一下情况，于是两人偷偷地溜到行军大帐旁向里面偷看，其中一个士兵却惊叫起来：“哦！糟了！”

“苏蒙！”原来，打扮成士兵模样的是苏蒙和她的侍女。眼见被识破了，两个人只能硬着头皮走进大帐，等待着飞龙将军的责罚。然而，预想中的责骂却没有出现。

“苏蒙，你不是一天到晚都在研究医术嘛，快过来试试看能不能让穆尼尔醒来。”

“好！”苏蒙立刻从怀中掏出针灸包，取出银针飞快地刺了刺穆尼尔的几个穴位，穆尼尔终于慢慢苏醒了。

随行医者都对这个年轻的华夏国小姑娘刮目相看。

“我晕过去了吗？我果然是太高估自己了，还以为所谓的耗费心神我能撑过去呢。”穆尼尔有些不好意思地自嘲着。

稍作休整后，穆尼尔强打起精神，经过一番巧妙的策划，终于带着华夏大军来到突尼斯城。

第五章　神奇针灸

得知穆尼尔真的借到了兵，突尼斯国王喜不自胜，当下决定大宴群臣，犒劳将士。穆尼尔和飞龙将军的座位被安排在国王的旁边，以此来显示国王对他们的重视，苏蒙也坐在飞龙将军身旁。

充满异域风情的歌舞出现在众人眼前，人们都在欢快地唱歌跳舞，甚至有很多人也加入表演的队伍一起跳了起来。

苏蒙也被眼前的气氛所感染，正准备加入跳舞的队伍，却突然看见穆尼尔也兴致盎然地看着舞蹈。苏蒙双眉一皱，一个箭步冲过去按住了他。穆尼尔一愣，不明白这个有过两面之缘的调皮女孩是怎么了。

“你要是想一睡就是半个月或者更久的话，就继续在这耗费体力吧。还不快去休息！”

好久没有听过这么强硬的语气了，还是来自一个女孩子，穆尼尔的嘴角不经意地上扬：“那么，医生，你能告诉我为什么吗？”

“医者父母心，我这是为你好。之前你昏迷时我为你诊脉，发现你的脉象特别虚弱，所以你需要好好休息。要不是敌军当前，我也不会强行施针让你立刻醒来。”苏蒙喃喃地道。

“哦，是这样的啊，那么多德高望重的医生都没有让我醒过来，你又是怎么做到的?”穆尼尔疑惑地问。

“我用中医针灸的方法为你治疗。中医认为，人的身体有很多特殊的穴位，刺激不同穴位就会对人体产生不同的效果，有时能帮助病人恢复健康。”

“原来华夏国的医术这么神奇，好吧，那我现在听医生的话去休息了，祝你度过一个美好的夜晚。”穆尼尔万分感激地说道。

望着穆尼尔渐渐走远的背影，苏蒙心中的自豪感油然而生，嘴角不知不觉带上了笑意。

“嘿！小姐，你在干嘛呢？是不是喜欢上那个将军了，偷偷地看着人家的背影笑。”米娜打趣道。

“乱说什么呢？我只是开心学了这么久的医术终于派上用场了，虽然没有治好娘的病，但是现在能帮到别人，我也很开心呢。”苏蒙的脸一红，急忙讲道。

“小姐，你不要责怪自己，夫人的病那么多名医都束手无策，连您的师傅都没有办法，您没有治好夫人也是情有可原的。”米娜安慰她，缓缓地道。

“你就安慰我吧，要是我能早点找到天山雪莲，娘怎么会离我而去呢?”苏蒙说着，抬头仰望星空，天空中那颗遥远而又明亮的星星，仿佛母亲的眼睛一般，温柔清亮。米娜看到小姐突然变得安静，不由得暗自叹息。

苏蒙拿出母亲生前最爱的翡翠玉笛，用心吹了起来，笛声如泣如诉。

穆尼尔听到身后传来异国的乐曲，远远地看见是苏蒙在吹奏。乐声悲怆动人，看着忧伤落寞的她，穆尼尔突然想给她一个拥抱，希望能减少她的忧伤，但他终究只是听完一曲就转身消失在夜幕中。

第六章　死伤惨重

清晨，当阳光普照着整个突尼斯城时，准备出发的突尼斯士兵在心中默念："愿战事一切顺利。"

"将军，有一封信鸽传来的书信，请您过目。"一位传话的士兵忽然禀报道。

穆尼尔立即接过书信。不一会儿，笑容出现在他脸上，他兴奋地说："果真是好事成双，我们的粮食马上就到！"说着，穆尼尔就用魔戒把阿齐兹、克里姆以及粮食给转移到突尼斯。

有了华夏国士兵的援助，加上从利比亚得到的充足粮食，突尼斯士兵个个士气高昂。穆尼尔看着整装待发的士兵们，心里充满了信心。

飞龙将军在与穆尼尔促膝长谈一番后，也早已胸有成竹，只等着去战场试一试了。

经过一段时间的休战，摩岩国军队的士气明显高涨。再看奈伊穆，他骑在一匹黑色骏马上，也是精神抖擞的，大将风范十足。

战尘蔽日，杀声震天。

穆尼尔用兵如神，且有了华夏国的十万精兵，再加上飞龙将军在一旁相佐，任凭奈伊穆绞尽脑汁，也无法取得胜利。这场战争正如穆尼尔所想，大获全胜。穆尼尔在胜利之时给利比亚国王写了封信，告诉他首战告捷的好消息，并祝福国王平安健康。细细封好信件后，他依旧让信鸽送过去。

战争毕竟是残酷的，虽说此战胜利了，但伤者仍不计其数。苏蒙跟随师傅学习医术多年，如今已能独挡一面了，此时她在战地医院里忙得不可开交。

"米娜，此人失血过多，快拿夏枯草来止血。"苏蒙快步走到一个昏迷的少将身边给他把脉，发现此人受伤过重，脉象十分微弱。苏蒙焦急地喊道："米娜，快拿我的银针来。"

原来是跟随穆尼尔多年的艾哈迈德大将，他刚才在战斗中替穆尼尔抵挡了奈伊穆的一刀，现在已陷入昏迷中。穆尼尔担忧地守在艾哈迈德身旁，却只能将一切希望寄托在苏蒙身上。他不断地在心里祈祷着，希望艾哈迈德平安无事。

只见苏蒙快而准地将银针扎入艾哈迈德的穴位中，随着银针不断增多，艾哈迈德渐渐有了反应。穆尼尔心里默想，华夏国国富民强，中医医术竟也如此厉害。突尼斯医生都对艾哈迈德的伤束手无策，只有苏蒙能让艾哈迈德苏醒，穆尼尔对中医越来越好奇了。

第七章　苏蒙受伤

已是夜半，苏蒙终于有了闲暇时间，却不知不觉地独自走到刚打过仗的荒滩上。战场上血迹斑斑，所经之处仿佛能听到小草哭泣的声音。从小苏蒙就能够听到小草和花儿说话的声音，这时一个声音传到她的耳中："如果人们的占有欲少点，贪心少点，善心多点……"听到这声音，她心里沉甸甸的。

这时，苏蒙似乎看见不远处有个人正靠着大树，心想，那是没有带回的士兵吗？她迅速走过去，却听到一颗大树在急切地说："不要过来，不要过来……"

她愣了一下，还是走了过去，不加思索地给那个伤者把脉，却不料那伤者跃身而起，拿着一把匕首直逼苏蒙胸口。苏蒙一个转身，避开刺向胸口的那一刀，却被刺中了左肩，鲜血染红了衣料。

"哧……"又听到鲜血喷出的声音，但不是她的。她转过头，却发现刚才攻击自己的那个士兵已经口吐鲜血，不甘心地咽了气。还没回过神的苏蒙发现穆尼尔平静地站在一边，他手中的剑已入鞘，仿佛什么也没发生过。

苏蒙忽然身体一轻，被穆尼尔抱了起来。这时苏蒙的右臂发烫并释放出一种柔和的光。苏蒙知道，从小时候开始，每当情急之下，这种光就会出现，用来净化人的恶念。她疑惑地抬起头，恰好与穆尼尔四目相对。片刻的寂静之后，穆尼尔开口了："你这个姑娘，不在军营里好好呆着，怎么跑这么远，万一有什么事，让我……让我怎么向你父亲交代？"

苏蒙想反驳两句，却感觉是自己理亏，只能埋下了头，就像做错事被长辈教训的小孩子一般。

穆尼尔看她一副委屈的表情，也不忍心继续说她。

看到她肩膀殷红的血，穆尼尔陷入深深的自责："带疗伤药了吗？"

"我忘记了。"苏蒙身感不适，虚弱地说。

穆尼尔看着此时楚楚可怜的女子，心中叹息了一声，将本要脱口而出的说教忍了下来。

苏蒙忍着疼痛说道："那个，你放我下来吧，其实我伤得也没那么严重，回到营帐敷点药就好了，而且也没伤到腿，不需要你抱着我。”她眼神坚定地看向穆尼尔。

“我抱着你走只是想到你受伤了，你可不要想太多，也不要想什么男女授受不亲，现在是什么时候了。不过，你要是有什么想法的话，我也可以考虑一下。”说完，穆尼尔装作不怀好意地向苏蒙眨了眨眼。

苏蒙心中既感到害羞，又感到幸福。但是，她因为害羞，只好盯着自己的伤处，不一会儿他们就回到军营。

穆尼尔放下脸色苍白的苏蒙，嘱咐医师给她好好包扎。穆尼尔走后，米娜一脸惊讶地看着苏蒙：“这是发生了什么啊？小姐，你和穆尼尔……”

苏蒙斜睨了米娜一眼，淡定地回答道：“难道现在你最担心的不应该是我爹要过问你失职吗？为什么我受伤了你却不在身边？”

“啊，小姐，不是你非不让我跟着，说要自己走走的吗？”米娜辩解道。

“我什么时候说过！”苏蒙小嘴一撇，一副不认账的样子。

“小姐，你要赖！”米娜委屈地苦着脸，一副可怜的样子。

穆尼尔回到自己的大帐中，让人把飞龙将军请来与他一起讨论军情。此时，一位巡逻回来的士兵优素福进来汇报：“飞龙将军，摩岩国军队向后撤退了二百里。”

“哦，那看来明天的仗是打不起来了。”飞龙将军眉头紧皱地说。

“我们为什么不乘胜追击呢？”优素福急忙问道。

“优素福，你有没有去看咱们这边士兵的情况呢？你要是知道咱们这边的情况，就不会这么问了。咱们的士兵在我们回来之前一直支撑着，撑了那么久，都已经很疲乏了。而那些华夏国士兵还不太适应咱们这边的自然环境和作战方式，他们需要时间适应。我之所以这么快让全体士兵走上战场，是因为现在的突尼斯真的太需要一场绝对的胜利来鼓舞士气了。现在摩岩国知晓了我们实力的变化，他们要想继续战斗下去，就必须重新制定战略计划，这需要时间。我们这边也可趁机休整一下，让全体士兵都有一个缓冲。”穆尼尔说道。

“还是您想得周到。”优素福佩服地说。

“穆尼尔将军果然不同凡响啊，考虑得很周全。”飞龙将军说道。

“飞龙将军，您的战术也很高明啊。您在这次战斗中的许多战术也让我获益匪浅啊！”穆尼尔说道。

一番长谈之后，飞龙将军和优素福都离开了。

静下来的穆尼尔脑海中又闪现出那个善良而又伶牙俐齿的姑娘。长安初遇时的精明顽皮、对待病人时的严肃认真、救人时的奋不顾身、知道自己犯错后的小孩子模样、与人斗嘴时的俏皮可爱，无论哪一点，都深深地吸引着他。

为什么一个女孩子可以有这么多面呢？真是让人百思不得其解，怪不得人们都说女孩的心事难猜，就连这个才智远超他人的将军此时也看不透苏蒙的心思。

穆尼尔摇摇头，可苏蒙那小小的身影总在他脑海中挥之不去，他只得懊恼地走出了营帐。走走停停，他发现自己不知不觉地来到苏蒙帐前，心想，既然已经来到这里，不如去看看她的伤势如何了。

苏蒙本是好动的姑娘，却因受伤而只能呆在营帐里，真是无聊极了，她偷偷看了看营帐外面，开始盘算心中的小计划。

“米娜，我想咱们家的小猫了，也不知道它吃得好不好？睡得好不好？”

“小姐，你不用担心，咱们过不了多久就回去了。”米娜说道。

“那你能找找这营帐附近有小猫吗？我好想看看。”苏蒙可怜兮兮地说道。

米娜傻了眼，异国他乡的，去哪找猫啊，但她又不忍心让小姐难过，只好出去找小猫。“记得之前小姐喜欢和动物聊天，好像还很开心，看来只要是小动物就行了。”米娜嘀咕着跑远了，一时忘记了飞龙将军嘱咐她要看好小姐。

看着米娜走出了营帐，苏蒙顿时心里大喜，悄悄地往营帐外面溜，结果不小心撞到一人，心里一惊，抬头却正好和穆尼尔四目相对，如此近的距离，顿时让她心跳加速。苏蒙慌乱之下转身进了营帐，一时也忘了问穆尼尔来这的原因。

“身体受伤了就好好休息，这不是医生小姐曾经告诉过我的吗？怎么自己却这么调皮呢？”穆尼尔笑着说道。

“哪有啊，我只是在找米娜。”

计划破灭，郁闷的苏蒙取出一套茶具，准备泡杯茶来缓解一下自己的心情。

穆尼尔被她拿出的精致茶碗、茶壶给吸引了，拿起一个茶碗仔细端详，其外表光滑，色泽明亮，上面还印着图案，他兴致盎然地看看这个又看看那个……

苏蒙则用未受伤的右手沏她最喜欢的茉莉花茶。经过几道工序后，茶终于泡好了。两人都忙得不亦乐乎，将刚刚的事情抛之脑后，谁也不再提及。

突然，一股若有若无的香味飘来，穆尼尔左顾右盼，想寻找味道的来源。

苏蒙疑惑地问：“你在找什么？”

“我闻到了茉莉花香，想找找香味出自什么地方？”

苏蒙微微一笑，故作神秘地指了指自己的茶壶。

穆尼尔不解地凑近茶壶，发现香味果然出自茶壶。

“我的家乡会用一些花或者茶叶来泡水，我们把这种水叫作茶，这个呢，就是茉莉花茶。茉莉初开时，清晨采下带着露珠的花，经晾晒风干后，再结合我们的茶道将它泡出来，就是一杯好茶了。给你来一杯吧，喝的时候要小口喝哦，这样才能体会到喝茶的乐趣。”苏蒙说着，倒了一杯茶递给穆尼尔。

穆尼尔尝了一口，觉得味道十分清新，没有一丝苦涩之味。突尼斯本来就产茉莉，也有用茉莉花泡水喝的习惯，但他们都是直接泡，因此泡出来的茶虽有茉莉的芳香，但入口也感觉苦涩，现在喝到苏蒙泡出来的茶，口感好了很多。而且，华夏国人煮茶的用具也让人感觉风格独特，很有韵味。穆尼尔顿时有了学习华夏国茶道的想法。

他灵机一动——突尼斯的茉莉花高产，苏蒙要是教突尼斯人茶艺，以后突尼斯人就能喝到更好喝的茶了。

“感觉如何啊？”苏蒙问道。

“嗯，很不错。”穆尼尔慢慢地品着茶，又看着手中的茶具，好奇地问道，“那茶杯上面的图案都是什么？”

苏蒙微微一笑，讲起了图案的来历：“这套茶具上的图案都是我们国家一本叫作《孙子兵法》的兵书上面记载的计谋，比如美人计、明修栈道、暗度陈仓……”

苏蒙又将《孙子兵法》仔细讲述给穆尼尔听，其中的许多计策让穆尼尔赞叹不已。离下一场战争的到来也不远了，穆尼尔正好可以研究一下这个神奇的兵法，为下一战做准备。

飞龙将军为探女儿的伤势，来到苏蒙营帐前，却听到苏蒙与穆尼尔正开心地交谈着，又透过帐帘看到苏蒙整个人洋溢着喜悦之情，仿佛看到了当年的苏蒙母亲和自己。飞龙将军又喜又忧，悄悄离开了营帐。

米娜抓来一只毛色金黄的鸟儿，开心地走进营帐，却一眼看到苏蒙和穆尼尔相谈甚欢，便放下鸟儿走开了。

“啾啾，啾啾！”清亮的鸟叫声破坏了屋内的气氛。

听到声音，苏蒙转头，看到一只可爱的小鸟。她一下子就被吸引住了，不由自主地靠近它，和这只金黄色的鸟儿说起来话。穆尼尔惊讶地盯着苏蒙，不理解她为什么可以和鸟儿对话。

苏蒙听着鸟儿诉说关于战争的事情，太过投入了，以至于忘记了穆尼尔还在她身旁。

“什么？明天黎明时分摩岩国要偷袭我们！”苏蒙面色沉重起来，“奈伊穆黎明时分要偷袭我们，时间紧迫，将军快做准备，也请您一定要相信我，务必平安归来，我会告诉你关于我的事情。”

听到事态紧急，穆尼尔也没有时间去细想苏蒙的神奇之处，赶紧让人通知飞龙将军，召集部将商讨应对之法。好在这些天他们一直在研究如何迎战，即便刚知道天亮时要被突袭，他们也很快研究出作战策略。他们沉着而镇定地做了部署，准备迎接第二天的战斗。

时间就这样一分一秒地过去，而摩岩国和突尼斯接下来的战斗也将拉开序幕。双方现在都清楚，这一战若是没有意外的话，将是最终一战。到底是得到华夏国帮助的突尼斯会成功守卫自己的家园，还是摩岩国会攻破这个对他们扩张造成阻碍的突尼斯，一切在战后就会见分晓……

第十章　大获全胜

最终，摩岩国偷袭突尼斯未果，被突尼斯一举歼灭，摩岩国大败。

穆尼尔带领着军队，士气高昂地回到营帐，每个人脸上都洋溢着灿烂的笑容。

有战争就有伤亡，因此苏蒙与随行医生依然很忙。虽然很忙，但这次大家的心情却与之前截然不同，每个人脸上都洋溢着胜利的喜悦。最后一个伤员救治完，苏蒙的肚子已咕咕叫了。突尼斯的医生们通过与苏蒙相处，都觉得她是个神奇的女孩，认为她不仅长得漂亮、医术高明，还会煮茶，都从心底里把她当成亲人了。见状，其中一个长者说：“赶紧开饭，丫头都饿了。”

“哈哈哈哈……”众人笑成一片。

用过晚宴后，苏蒙精力充沛，走出了营帐。打完胜仗的穆尼尔也心情愉悦，此刻的他也迫不及待地想见到苏蒙。

苏蒙一路听着花儿甜美的歌声到了大海边，吹着海风，看着浪花，她感觉一身轻松。穆尼尔不知何时也来到了海边。苏蒙的青丝、白裙在风中摇曳，煞是好看。

穆尼尔呆呆地看着苏蒙。苏蒙感觉到身后的目光，回头去看，原来是穆尼尔。此时，两人就好似许久不见的情侣，有着千言万语要说给对方听……

苏蒙终于讲起了她的身世：“我外祖父是华夏国的皇亲国戚，我母亲通晓琴棋书画，长得倾国倾城，还是长安城出了名的才女。我的家族在京城的地位举足轻重，母亲便成了许多男子争相追求的对象。但在众多才俊中，母亲一眼就相中了父亲，便嫁给了父亲。

在一个繁星满天的夜晚，我来到了人间。我的到来，让父母有喜有悲。我生来和常人不同，能听懂飞禽走兽和花草树木之语。紧急情况下，我的右臂会发烫并释放出一种柔和的光，这光能使激动的人平静下来并且净化人的恶念。但母亲自从生下我后便一直身体不适，晴天时还能下床，教我琴棋书画、刺绣、茶道，阴天则只能卧床养病了。

一次外出游玩时，我遇到一株名叫“艾”的草，说自己能祛除伤寒，我便从那时开始学习医术，希望能治好母亲。后来我母亲病重，为得到天山雪莲给母亲治病，我和师傅闯入死山——仙芸山。在仙芸山，我右臂上的柔光净化了那些被邪恶念头变成妖怪的人。那时我才知道自己是花仙子转世，能懂花草树木及万物的语言，手臂的柔光能祛除邪恶念头，让人变得平静、一心向善。但不幸的是，采到天山雪莲回到家中，母亲早已离世。”

母亲的逝世对苏蒙而言是一件极伤心的事，她至今都难以释怀。

苏蒙脸上悄悄滑下一颗泪珠，被细心的穆尼尔看到了，他握住苏蒙的手，安慰道："你用自己的能力和医术帮助了我们，使我们的伤兵得到救治。这一切都似命中注定般，嫁给我吧，让我护你一世周全。"

苏蒙点点头，不再说话。两人食指相扣，在海边静静地相拥在一起。

因为大获全胜，突尼斯国王宴请群臣和华夏国将士。席间，苏蒙不知为何总有种不祥的预感，总觉得国王看向穆尼尔和她的眼神很怪异。国王询问该如何报答那些帮助突尼斯取得胜利的国家时，一位大臣说："香料是咱们国家的一宝，取新鲜花朵经调香师提炼，最终炼制而成，其香味可持续三天。"

于是，国王下令赠送给华夏国五千盒香料，并说："利比亚也给我们提供了充足的粮食，帮助我们在战争中免除后顾之忧，阿齐兹和克里姆建议给利比亚送去橄榄油，众大臣以为如何啊?"大家纷纷点头称是。

但谁也没有提及华夏国将士死伤抚恤一事，穆尼尔按耐不住了，向国王提起此事，国王却沉默不语。穆尼尔突然意识到什么，瞬间提高了警惕。原来，有几个大臣诬陷穆尼尔与华夏国皇帝勾结，欲图谋不轨，并拿出几封书信作证，国王顿时勃然大怒。

苏蒙和飞龙将军此时也看出端倪，不由得开始紧张。自古，大多数帝王都专横霸道，猜忌手下能臣。将士的才能过于显著，帝王就会觉得自己的权力受到威胁，必将其除之方可解心头大患。

说时迟，那时快，厅堂中突然冲出几个持刀的突尼斯高手，那些没有参与战争的大臣不约而同地退到厅堂角落。几位年轻的将军则与穆尼尔并肩，不惜与国王对立。他们为穆尼尔感到心痛，更对国王感到不满。

这时苏蒙的手突然变烫，手臂也有异样之感，她瞬间意识到可以用柔光来化解这场危机。于是，她高高举起右臂，并散发出温柔的光，众人看着，却不解其意。柔光照亮整个大厅，所有人瞬间如同走进一个神秘而美好的地方，并在幻象中看到两个自己：一个看起来十分凶残；另一个温和可亲。这两个幻影分别由每个人内心深处的邪念和善念幻化而成，两个影子突然打得不可开交，一时分不出胜负。渐渐地，邪恶之灵开始体力不支，变成白色的幻影。

众人惊醒后发现自己都回归了原位，刚才发生的一切全想不起来了，只是觉得一切都很美好，都沉浸在战争胜利的喜悦中，享用着桌上的美味佳肴，看着曼妙的舞姿。唯有苏蒙和穆尼尔记得刚才发生的一切。穆尼尔决定辞去大将一职，与苏蒙去过悠闲自在的生活。

宴后，国王对飞龙将军说：“感谢你们的鼎力相助，我们将用十万斤橄榄油、五千盒香料作为回礼。另外，用十万两黄金作为将士死伤的抚恤金，以表达我们的谢意。”

穆尼尔想使用魔戒带一行人回到华夏国，却发现魔戒无论如何也不发挥作用了，这时才意识到自己的魔戒已失去了魔力。于是，穆尼尔和飞龙将军带领华夏国士兵踏上了返回华夏国的漫漫旅途。

回到华夏国后，他们从突尼斯带回的特产，一时受到华夏国人民的欢迎。有些精明的商人发现了这个商机，纷纷想随穆尼尔去突尼斯经商。

华夏国皇帝得知穆尼尔和苏蒙互相倾心，特地给他俩赐婚。苏蒙与穆尼尔终于修成正果，喜结良缘。

穆尼尔对陶瓷十分感兴趣，苏蒙就常常带着他在各大瓷器行收集精美的瓷器，在此期间，穆尼尔深深地爱上了这个国度。

几年后，他们告别皇帝与飞龙将军，带着瓷器与茶，和那些要去突尼斯的商人一起上路了。途中，他们经过阿尔及利亚与利比亚，那里的人们十分热情友善。他们将自己携带的一些华夏国商品赠送给当地人民，同时也从当地买走了一些特产。

回到突尼斯，穆尼尔把从华夏国带来的货物和商品送给了国王及一些大臣，大家都十分开心。更让国王大悦的是，突尼斯和华夏国达成通商协议，两国将互相帮助，各取所需。穆尼尔和苏蒙也自此过上了幸福美满的生活。

四、故事分配

突尼斯在互联网、报纸和电视台三个领域具有一定的优势，对故事《精忠报国》的宣传具有推动作用。

（一）互联网

与非洲各国相比，突尼斯的电信网络基础设施较为先进。早在2016年4月，突尼斯电信运营商就启动了4G技术。同年6月，突尼斯政府启动4G网络服务。突尼斯移动电话普及率高，并且网络用户众多。依托较高的互联网普及率以及远高于非洲其他国家的互联网网速，突尼斯商业网站数量持续增加，在线交易电子商务平台发展迅速。借助突尼斯较发达的互联网，将故事《精忠报国》进行推广，可加深突尼斯人民对故事的理解，促进故事的传播。

（二）报纸

创建于 1961 年的突尼斯非洲通讯社是突尼斯国家通讯社，该社在法国巴黎、美国纽约等地驻有记者。① 突尼斯人民有阅读报纸的习惯，报纸是当地人获得新闻信息的主要来源之一。突尼斯报纸以《新闻报》《曙光报》和《复兴报》为主，其中，《新闻报》不仅是突尼斯的官方报纸，同时也是发行量最大的报纸。紧随其后发行量位居第二的是《曙光报》。② 依托突尼斯较为发达的报刊业来宣传故事《精忠报国》，可以使其深入突尼斯的千家万户。

（三）电视台

1966 年 6 月建立并开播的突尼斯国家电视台包括一台（阿拉伯语）、二台（法语）。突尼斯电视台不仅直接转播意大利电视台节目，在 1991 年还通过有线电视台转播法国有线电视台节目。③ 近年来，突尼斯国家电视台与中国中央电视台等中国多家媒体加强交流与合作，使突尼斯人民足不出户就可以观看到中国优秀的电视剧、电影等。两国电视台之间的合作，搭建起中国和突尼斯两国人民相互了解的“桥梁”。依托电视台这一优势平台宣传故事《精忠报国》，可扩大故事在突尼斯的影响力。

---

① 外交部：“突尼斯国家概况”，https：//www. fmprc. gov. cn/web/gjhdq_676201/gj_676203/fz_677316/1206_678598/1206x0_678600/。（采用日期：2019 年 12 月 29 日）

② 商务部国际贸易经济合作研究院、中国驻突尼斯大使馆经济商务参赞处、商务部对外投资和经济合作司：《对外投资合作国别（地区）指南——突尼斯（2018 年版）》，第 16 页。（采用日期：2019 年 9 月 20 日）

③ 商务部国际贸易经济合作研究院、中国驻突尼斯大使馆经济商务参赞处、商务部对外投资和经济合作司：《对外投资合作国别（地区）指南——突尼斯（2018 年版）》，第 17 页。（采用日期：2019 年 9 月 20 日）

五、故事消费

当故事《精忠报国》分配渠道建立后，从互联网、报纸和电视台三个领域分别介绍故事消费的策略。

（一）互联网

在互联网领域的消费通过 Facebook（脸书）社交网站、网络小游戏两个策略实现。

1. Facebook 社交网站

首先，故事与读者见面前的广告营销。在 Facebook 社交网站上注册一个以故事为主题的 Facebook 账号，开设公共主页。将故事的短视频、广告等不定期上传至公共主页，最大限度地吸引 Facebook 用户关注故事《精忠报国》。其次，在每天固定时段将多语种版本的故事在公共主页上进行推送，并在电子版本的故事当中插入链接，链接内容包括朗读故事的音频文件、中国与突尼斯两国合作交流的新闻报道、两国秀丽风光的图片、体现阿拉伯和中国元素的歌曲等，让 Facebook 的用户减少视觉疲劳，引起阅读的兴趣。再次，在公共主页鼓励 Facebook 用户参与故事话题的探讨，及时解答和回复用户在留言板的留言及评论，使突尼斯人民在互动过程中增强对故事的理解。

2. 网络小游戏

迎合突尼斯不同玩家群体的需求，与突尼斯当地知名游戏公司展开合作，将故事的梗概、音频文件、故事情节与小游戏设计融合在一起，开发出多款简单且容易上手的网络小游戏。设立游戏奖项，开展各种有奖活动，如根据每月、每季度的游戏排行榜名次进行奖励。奖品品种多样，可以为商品购物券、电话卡和中国特色的小礼品等。通过多种奖品的激励，不断吸引更多的突尼斯人民关注和体验小游戏。随着游戏剧情的不断发展、旁白的更新和场景的变幻，突尼斯人民可不断加深对故事的理解。

（二）报纸

在报纸领域的消费通过报刊连载、涂鸦墙绘照片推送两个策略实现。

1. 报刊连载

在突尼斯发行量较大的报纸开设故事专刊，将故事进行连载。聘请突尼斯当地知名设计公司对故事的版面进行设计，在专刊整体布局、文字字体、字号、版面色彩和色调的选择以及版面装饰等方面要有创意性与艺术性，以吸引读者持续阅读。

2. 涂鸦墙绘照片推送

为了进一步扩大通过报纸了解故事《精忠报国》的读者数量，在取得突尼斯相关政府部门的批准，获得当地政府的授权后，可邀请读者在突尼斯街边报刊亭附近的墙面、公交候车亭的墙壁等人流量密集的地点进行涂鸦墙绘。读者再将故事涂鸦墙绘的照片通过社交媒体，如 Facebook、Twitter（推特）等分享至朋友圈。或者把路人驻足观看涂鸦的照片以及自己涂鸦的场景照片推送至这些社交媒体平台。读者拿着截图和报纸就可以在最近的报刊亭随机获得与故事《精忠报国》相关的儿童绘本等礼品。随着故事涂鸦墙绘的照片不断被分享至社交平台，更多的突尼斯人民将会更加主动地去了解故事《精忠报国》。

（三）电视台

在电视台领域的消费通过节目制作、节目播放、观众互动三个策略实现。

1. 节目制作

围绕故事《精忠报国》，聘请突尼斯专业翻译人员将故事翻译成多语种版本，如阿拉伯语、法语、英语等。邀请突尼斯当地知名节目策划公司、突尼斯国家电视台节目制作团队、节目策划导演以及突尼斯迦太基大学孔子学院工作人员，共同参与节目策划方案的制定。节目内容可以娱乐性、趣味性为主，节目形式新颖，具有创新性、多样化等特点。邀请突尼斯当地知名的电影演员、体育明星、歌星等参加节目首播仪式，并作为特邀嘉宾参与节目录制。

2. 节目播放

首先，通过电视台、广播电台进行节目开播前的宣传。其次，在突尼斯国家电视台进行节目直播，或者在突尼斯收视率较高的电视台购买黄金时段节目的播放权重播节目，以不断提升节目知名度，吸引突尼斯人民观看。

3. 观众互动

为提高观众观看节目的积极性，设计一些与故事《精忠报国》相关的题目，通过观众热线，每天抽取三名观众参与有奖问答活动。答对题目的观众可获得与故事《精忠报国》相关的奖品，以资鼓励。在与观众接触的过程中，主动了解观众对于每期节目主题或者故事的想法、意见和建议，及时掌握观众需求，不断调整节目制作方向，使故事《精忠报国》通过节目更加深入人心。

六、中突合作

中突合作主要体现在共推橄榄油产业和共享针灸成果两个方面。

（一）共推橄榄油产业

橄榄油富含单不饱和脂肪酸及多种维生素，具有美容、预防心脑血管疾病等保健功效。突尼斯盛产橄榄，有悠久的橄榄树栽培种植史，橄榄产业是突尼斯重要的特色产业。突尼斯人民拥有丰富的橄榄树培育经验，加之突尼斯得天独厚的气候、水文、土壤等条件，当地的橄榄树果实饱满、富含油脂、出油量大，其橄榄油纯度高、质量优，深受国际市场的欢迎。突尼斯橄榄油在世界橄榄油生产和出口中占有相当重要的地位。然而，虽然突尼斯是世界重要的橄榄油出口国，但橄榄油产业集约化程度低，橄榄油加工业水平仍有待提高。为了进一步提升橄榄油加工业的水平，增强突尼斯橄榄油产品的竞争力，与欧洲名牌橄榄油进行品牌竞争，抢占市场份额，突尼斯积极调整橄榄油产业发展战略，加大资金投入，增强产品研发力度，注重产品的差异化和品牌化，增加橄榄油产品的附加值，鼓励出口灌装橄榄油。在中国，橄榄油的营养价值和保健效果被广大民众认可，其日益受到消费者的关注，中国橄榄油市场潜力巨大。虽然中国油橄榄种植历史较早，有三大种植基地，但橄榄油产量不能满足本国市场的需求，仍大量依赖进口。中国从西班牙、意大利等欧洲国家进口原装或者散装橄榄油，在中国本土进行二次分装后销售。[①] 如果中国和突尼斯在橄榄油产业方面进行合作，一方面中国可协助突尼斯扩大橄榄油品牌营销网络，提升突尼斯橄榄油品牌在中国的影响力；另一方面，中国橄榄油企业与突尼斯知名橄榄油企业进行品牌合作，可相互学习橄榄树栽培、种植技术，共同研究橄榄油深加工技术，拓展两国橄榄油产业发展的新路径，从而促进中突两国在橄榄油产业方面的共同发展。

（二）共享针灸成果

突尼斯各大城市主要分布于沿海地区。受地中海气候、饮食和生活习惯等的影响，当地人大多患有颈椎病、腰椎病和风湿性疾病等。突尼斯医疗卫生水平较高，境内有公立、私立医院以及大量私人诊所。针灸不仅是中国中医学重要的组成部分，还是一种结合"针法"和"灸法"等治疗方式于一体的中医学治病手段，对诊治颈椎病、腰椎病和风湿性疾病等具有显著疗效。1964 年中国和突尼斯建交后，两国在多领域进行广泛的合作。自 1973 年至今，中国已向突尼斯派遣援外医疗队共 24 批次。针灸也随着援外医疗队被引入突尼斯，深受当地人民的喜爱。1994 年，在突尼斯蒙吉·斯利姆公立医院，中国援建的中国针灸中心成立，为中突两国在医疗领域的合作打开了新局面。中国针灸中心不但承担治病救人的任务，而且肩负着为突尼斯当地培养针灸医生的职责。2017 年 10 月，突尼斯东部城市举行首届中突中医年会，参会人员深入探讨两国医疗合作的新机制、新路径。两国需要进一步在医疗领域加强合作，一方面实现中医本土化，为突尼斯当地人民解除疼痛与病患，为突尼斯培养更多中医专家；另一方面，力争为中国中医国际化、中医药国际化探索出一条可复制的道路。

---

① "我国橄榄油产业崭露头角　未来成长还需从自身发力"，《中国食品报》，http://www.cnvsj.cn/sannong/xinwen/2018-08-09/5498.html。（采用日期：2019 年 12 月 29 日）

第四章　对阿尔及利亚传播的话语体系构建

一、阿尔及利亚概况

阿尔及利亚的全称为阿尔及利亚民主人民共和国，是位于非洲西北部的一个总统共和制国家。首都是阿尔及尔，官方语言为阿拉伯语，通用法语。人口以阿拉伯人为主，其次为柏柏尔人，少数民族有姆扎布族和图阿格雷族。穆斯林占阿尔及利亚全国人口的绝大多数，基督教徒和犹太教徒仅占 1%，故定伊斯兰教为国教。

阿尔及利亚的经济规模在非洲位居第四，仅次于南非、尼日利亚和埃及。阿尔及利亚社会稳定，人民生活水平较高。碳化氢产业是阿尔及利亚国民经济的支柱产业。石油开采量居非洲前列，石油和天然气占出口总量的 95% 以上。

课题组设想的中国与阿尔及利亚的合作主要体现在光伏产业、食品业和武术三个方面，所以仅对这三个方面进行介绍。

（一）光伏产业

阿尔及利亚全国电力供应不足，人民日常生活被电力不足困扰。为了解决这一民生问题，阿尔及利亚政府于 2011 年投资建设了第一座光伏电厂。电厂投入使用后，阿尔及利亚政府看到光伏电厂发挥的积极作用，随后又陆续招标建设了 22 个光伏电厂。现在，阿尔及利亚电力供应不足的状况已大有改观。

（二）食品

由于地理环境欠佳，气候条件不利，阿尔及利亚农作物产量较低。因此，阿尔及利亚是一个食品进口国，奶、油、糖这类副食也同粮食一样需要大量进口。阿尔及利亚的粮食种植、食品生产和加工行业亟需发展。

（三）武术

阿尔及利亚是一个经历过多次战争洗礼的国家，阿尔及利亚人民相信独立是靠战刀赢来的，因此阿尔及利亚人历来尚武。李小龙、李连杰、成龙等武打明星深受阿尔及利亚人民的喜爱。

二、故事背景

初春，宁夏回族自治区的吴忠市万物复苏，生机盎然，鸟语花香。在一座古朴而庄严的武馆内，举办了一场激烈盛大的武术比赛，吸引了众多武士参与，最终一名叫马志邦的青年武士夺得桂冠。马志邦具有高超的搏击水平、深厚的武学造诣、渊博的学识，且行事谨慎，精通阿拉伯语，深得老师傅的赏识和信任。一天，老师傅的好友塔勒哈从阿尔及利亚来看望他，告诉老师傅，他的义弟杨亮在阿尔及利亚光伏电厂失踪了。老师傅委托马志邦跟随塔勒哈去阿尔及利亚查明杨亮的下落。

三、他乡寻人

第一章　武馆内的竞技

2016 年初，在中国宁夏回族自治区吴忠市，一家名为善武堂的武馆装潢色调明快而又不失庄重，其红墙绿瓦的楼堂馆所，极具中国传统古建筑的风格。

方正宽阔的武馆大院清静而幽雅，南归的燕子俯身落在了武馆顶部，“啾啾”地呢喃着，摇摆着优美的剪刀尾，低头注视着武馆内即将发生的一切。

德高望重的老师傅端坐在厅堂上，抬手示意人群中两个分别身着黑色和白色战衣的年轻武士比武开始。只见两位武士起身走到擂台中央，转身向老师傅鞠躬行礼，老师傅向他俩微微点头。

之后，两位年轻的武士缓缓转身，正视对方，再相互鞠躬行礼。礼毕，两位武士面对面摆好战斗姿势。

在这两个年轻的武士中，黑色着装的青年武士姓马，名志邦，是个魁梧精壮的西北汉子。他自少年时便研习武术，尽管入武行的时间不长，但他将中国道家哲学和阴阳学说与中华武术相结合，形成独特的武术理念和思想，加之他精通中华武术的诸多拳术和兵器，已成长为一个武艺高超、武道深邃、武德高尚的高手。他擅长腿功，尤以“腾空飞踢”的绝技著称。

两人的切磋正式开始，白衣武士鲁莽地向马志邦发起了进攻，马志邦巧妙地向后一跳，以迅雷不及掩耳之势向前跃去，手和脚同时在向前跳跃的瞬间做出攻击的动作，使得白衣武士的手和脚同时遭到截击而应身倒地。

白衣武士重新站起来后，再次摆好僵硬的战斗动作，尔后又向马志邦发动连环鞭腿式攻击。

马志邦避其锋芒，先向后退却几步，趁对方使用后摆腿之际，迅速向后纵深跳一步并使上身躺在地上，随即一个“鲤鱼打挺”，迅速跳起。

在跳起的刹那间，他重拳向白衣汉子的面门打去，将对方击打出数步之外，只见白衣汉子的鼻梁立刻红了起来。

白衣武士明显越发焦急起来，不假思索地再次向马志邦冲去，马志邦在突然一记重拳打去的同时，转身一记后摆腿袭击，白衣武士被这般突然、迅猛且全面的连环攻击打得不知所措。

趁对方防守出现空当之际，马志邦迅速采取折上肢的技法将对方击倒。那白衣武士挣扎着想要起来，马志邦迅速冲上前，用十字固法牢牢地锁住了对手的上肢。

在明朗的胜负面前苦苦挣扎一番后，白衣武士不得不拍地求和，从而狼狈地结束了这场比武。

两名武士重新站起身后，先相互鞠躬行礼，后又向老师傅鞠躬。老师傅也向他俩微微点头，宣告比赛结束。

所有在场的武士纷纷起身祝贺马志邦胜利，掌声、欢笑声、欢呼声、赞美声充满整个武馆。

马志邦换好衣服后，来到正在给花浇水的老师傅面前。老师傅仔细端详着眼前这位身材魁梧、相貌英俊的徒弟，缓缓说道：“你武艺高强，现在已经超越了我。你可以告诉我，什么是武术的最高境界吗？”

“把技巧隐于无形。”

“那么，当你面对敌人的时候，你会想些什么？”

“集中注意力，一招命中。”

“哦，这是什么意思？”

“我觉得搏斗就要调动全身感官的敏锐度，以快制胜。作为一名优秀的武术家，绝对不能拘泥于形式，而应像水一样：当敌人进攻时，我就立刻收缩防守；当敌人后退时，我就立刻进攻；当我处于劣势时，就要步步小心、处处设防；当我处于绝对优势的时候，我的拳头立刻就能将敌人击倒。”

“不错，志邦，你已经完全理解了武术的真谛。我现在对你很放心。”老师傅语重心长地说道，“三年前，我的义弟杨亮随着我的阿尔及利亚好友塔勒哈到阿尔及利亚建设光伏电站。最近我才从塔勒哈口中得知，我的义弟已经半年没有消息了。你是我最中意的徒弟，精通多种武术和兵器，又有志于把中华武术推向国际舞台。所以，我想请你帮我一个忙，我的好友塔勒哈马上要回阿尔及利亚了，你跟着他去吧。一方面，帮我打听我义弟的下落；另一方面，带着中国武术，到崇尚武术的阿尔及利亚学习交流。本来为师要亲自去寻找义弟的，但风烛残年的我力不从心啊！

马志邦沉默不语，半晌，他紧皱的眉头缓缓舒展，最终同意了。

老师傅接着说：“塔勒哈就在待客大厅，你跟他去吧！”

马志邦缓缓地走到武馆里的待客大厅，迎面走过来一个头包方巾、身着白色长袍、蓄着络腮胡、体态肥胖、目光深邃的阿拉伯人。他见了马志邦便开始自我介绍：“你好，志邦先生，我叫塔勒哈。”双方用阿语愉快地交流着。

“你找我有什么事吗？”马志邦礼貌地请客人坐下。这时，一个小孩端着两个精致的盖碗走进来。“请用茶！”小孩奉上茶后便退了出去。

盖碗里盛的是八宝茶，八宝茶是回族人用来待客的传统饮料，它以茶叶为底，掺有冰糖、玫瑰花、枸杞、红枣、核桃仁、桂圆肉、芝麻、葡萄干、苹果片等，口感香甜，滋味独特，并有滋阴润肺、清咽利喉之功效。揭开碗盖，顿时飘出一股沁人心脾的馨香，怡人心神，令人垂涎欲滴，整个待客大厅都充满了中国茶香。

饮毕，塔勒哈意犹未尽，少顷才说道：“我的身份是阿尔及利亚新能源公司的理财顾问，我想你已经知道你们国家在帮助我国建设光伏电站吧。杨亮是你师父的义弟，在我的引荐下，他成为建设阿尔及利亚光伏电站的中国工人。但是，半年前，一场沙漠风暴过后，杨亮在光伏电厂失踪了。我们派出很多人去寻找，但是都没有下落。为此，我一直觉得愧对你师傅和杨亮。”

马志邦缓缓回道：“噢，您接着讲。”

“作为一个阿尔及利亚人，我从心底里感谢中国政府和中国人民对我国的帮助，这项工程将为千百万生活在黑夜中的阿尔及利亚人民送去光明，这也将成为两国人民深厚友谊的伟大见证！我非常希望你能够到我们集团工作，配合我们寻找杨亮的下落，同时把中国的武术带到阿尔及利亚。”

塔勒哈继续说道：“你进入该工厂所需的一切工作条件均由我们提供。如果发现杨亮的具体下落，你就用通信设备和我们联络，我们会派人接应你的。”

说完，塔勒哈从怀里掏出一张照片递给马志邦。“照片上的这个女人名叫卢卡妮，是我们集团寻找杨亮的负责人。你去了以后就找她，她能向你提供一些有用的线索。”

马志邦凝视着照片，微微点了点头。

第二章　沉迷阿尔及尔美景

经过数日准备后，马志邦登上了由泉州港开往阿尔及利亚阿尔及尔港的轮船。轮船过了苏伊士运河便驶入美丽的地中海，映入眼帘的是无数璀璨的岛礁，它们如同珍珠一般点缀着阿尔及利亚的边缘海，绝美的景色令马志邦如痴如醉。

都说地中海的碧蓝能让人忘记自己的归处，这话果然不假。珊瑚有五彩斑斓的色彩和令人神往的姿态，当轮船靠近绵延不绝的阿尔及利亚海岸线时，五颜六色的珊瑚礁群展现在马志邦的面前，如此鲜艳的珊瑚能在近些年海洋开发和河流污水排放的情况下保存下来，实属不易。这均得益于阿尔及利亚不太发达的制造业和迅速发展的旅游业。

夕阳下、余晖中的阿尔及尔简直是情侣度假的天堂。如此梦幻的境界真是人一生当中最美的一幅画。马志邦陶醉不已，直到靠岸时熙熙攘攘的来自天南海北的旅游团、商人小贩和当地居民的喧闹声才使他渐渐缓过神来。

马志邦多么想在这美丽的地方平静地生活下去，但一想到老师傅的嘱托，他行动的心意更加坚决了。

一滴滴水珠擦着马志邦的脸庞滑落到甲板，他注意到日光下的阵雨更加朦胧、透亮。此时的阿尔及尔正处于冬春季的多雨时节，整座城市被牛奶般浓稠的云雾笼罩着，加之城市内所有的阿拉伯建筑都是白色的，因而从海上望去，真是一座绝美的“白色之城”。

马志邦下了船，和塔勒哈告别后，便按照他的指点，独自打了辆的士，准备去阿尔及尔市区。的士司机是个年长的穿着白色阿拉伯长袍的男士，他友好地祝福道：“欢迎您来到美丽的阿尔及利亚。”

马志邦也礼貌地回道：“您好！我要去市区。”

老司机笑了，嘴角的胡须一动一动地说：“那您上车吧！”

此时正值正午时分，老司机将车开到公路旁的一片草地附近，突然停车并熄了火，然后走到草地上，脱了鞋，站在上面。

马志邦问道：“老先生，您这是……”

老司机答道：“现在到了晌礼的时间。”

马志邦在老司机的提醒下想起来了，说道：“没错，现在正是虔诚的穆斯林做晌礼的时间。可是这里以及附近并没有清真寺，您为什么一定要在烈日下的草地上做礼拜，您难道不怕晒吗？”

老司机不为所动，仍坚持道：“对我们而言，做礼拜难道还怕晒吗？”说完，老司机开始虔诚地祷告。

晌礼终于在正午烈日的照耀下结束了，老司机钻进的士内，擦拭着头上的汗。

马志邦凝视着老司机的举动，为这里的人如此恪守教规而感到钦佩，也因他们对信仰的虔诚而肃然起敬。

的士终于进入阿尔及尔市区，到达著名的西迪·阿布德·拉赫曼古建筑。谢过老司机后，马志邦由衷地感叹这座建筑的宏伟和美丽，然后缓缓地走进这座白色建筑物里。

寺内的穆斯林见走进一个异国的朋友，纷纷表示欢迎。这使得马志邦十分感动，内心没有一丝身处异国他乡的孤独感。在场的穆斯林显然对这个外来的朋友很感兴趣，围着他问这问那。在这里，由于和当地人讲话特别投缘，马志邦受到异国朋友的盛情款待，令他十分感动。当晚，马志邦就在阿尔及尔的宾馆度过了他在异国的第一个夜晚。

第三章　热闹的晚宴

第二天，马志邦早早起身，餐后，他依依不舍地告别了美丽的阿尔及尔，坐上一辆巴士，向贝沙尔省驶去。

当天，马志邦顺利到达贝沙尔，并成功找到塔勒哈所说的工厂。这是一座实验厂，孤独地屹立在西部沙漠中。马志邦向工厂的看守递交了由阿尔及利亚政府办的身份证明，最终以光伏电站员工的名义顺利通过，甚至没有被检查行李中的电子通信设备。

工厂的负责人乌萨麦派人将马志邦安置在其繁华的待客大厅里，并举行了盛大的晚宴为他洗尘。晚宴上有极其丰盛精美的食物，除了有阿尔及利亚人民喜食的风味佳肴外，还有中国菜，真是将东西方美食文明进行了绝妙的结合。

马志邦和大家共进晚餐。

塔勒哈也在座，他对大家说道：“欢迎马志邦先生光临本厂！马志邦先生是中国的功夫大师，来我厂除了帮我们建设光伏电厂外，还将宣传中国的功夫文化。此次马志邦先生屈驾访问我们这个默默无闻的小厂，实在是本厂莫大的荣幸，所以我应尽地主之谊，为马志邦先生举行盛大的欢迎宴会，以表敬意！如若今晚招待不周，还望马志邦先生多多包涵！中国功夫源远流长、博大精深，阿拉伯民族也是一个尚武的民族。今天马志邦先生第一次来我厂，不如欣赏一下我们这里的武术表演吧。”

听了塔勒哈的建议后，乌萨麦兴致勃勃地答应了。说完，乌萨麦走向身后的一个男员工，从餐桌上拿起一个苹果，这位员工立刻会意，准备好了一支飞镖。

乌萨麦将苹果向大厅的某个角落抛去，员工便迅速将飞镖掷出，飞镖准确地射中苹果并牢牢地扎进墙里。然后，乌萨麦又拿起一个苹果，另一个男员工也会意地准备好一支飞镖，并在乌萨麦抛出苹果的瞬间迅速掷出飞镖，飞镖再次准确地射中飞行的苹果。乌萨麦再次拿起一个苹果，一个女员工迅速摘下自己尖利的耳环。乌萨麦将苹果向马志邦抛去，女员工轻轻地吹了一下手中的耳环，耳环便迅速从手中飞出并准确地射中苹果。苹果随即到马志邦的上方，马志邦轻松地伸手接住苹果，拔出耳环，目不转睛地盯着那位女员工。表演完毕，乌萨麦露出一脸满意的笑容。

其实，马志邦已敏锐地发现那个女员工就是那照片上的女子卢卡妮。晚宴结束以后，卢卡妮来到乌萨麦给他安置的房间里。马志邦掏出卢卡妮的耳环，微笑地道："今晚的宴会上，你的耳环落在了我这里。"卢卡妮沉默了一会儿，用汉语问道："你怎么会认识我？"

"塔勒哈。"

"我们这里的员工，每天除了在电厂工作，业余时间就练习飞镖，人人都会两下子。说正事，那天大风过后，我们找遍厂里每一个区域，都没有发现杨亮的影子。这里除了大厂房，只有一栋实验楼。半年过去了，既没有见到杨亮本人，也没有找到杨亮的尸体。"

马志邦很奇怪卢卡妮竟然会说汉语，但是没有多问。两个人就杨亮失踪一事攀谈起来。

第四章　比武大赛

马志邦很快就和在光伏电厂工作的同事打成一片。来到这里，他才发现，这里有几个精通武术的阿尔及利亚员工。为了丰富工人的业余生活，一天，乌萨麦决定举办"阿中武术交流大会"。

阿拉伯人有着传统的尚武精神，他们曾在冷兵器时代凭借骏马、弯刀征服了广大的中东和地中海沿岸，并将伊斯兰教传播到他们的征服地。阿拉伯人曾拥有自己的徒手格斗术，可惜由于中东地区战乱频繁，大多数已失传。现在流行于亚洲的四大武术流派之一的波斯派却得到广泛传播，并于明朝中期被一位尊为"查密尔"的西域武术大师引入齐鲁地带训练当地的兵民，以抗击倭寇。

他的技法丰富、招术飘逸、姿势优美、劲力合理、套路环环相扣，尤以弹腿为基本功，总结和编排了新的武术体系，从而形成最早的查拳基础。查拳是流传最为普遍的回族武术，也是正宗的"回回拳"和"教门拳"，有"从南京到北京，查拳出在教门中"的歌谣。除查拳外，回族还有洪拳、华拳、炮拳以及汤瓶功、阿里剑、天启棍、杆子鞭、哨子棍、心意六合拳、回回十八肘等武艺秘诀，为中华武术的丰富和发展做出巨大的贡献。

马志邦来到比武大会会场，看到自己的工友正在为即将来临的比武大赛准备着。这时，乌萨麦带着几个员工走到主席台上，对台下的武士们大声说道：“亲爱的武士们，今天，为了促进阿中武术文化的友好交流，我们举办盛大的阿中武术交流大会。我也喜欢武术，那么就由我来主持。现在，有请中国的功夫大师马志邦先生！”

顿时，台下响起阵阵掌声和欢呼声。在热烈的掌声中，马志邦缓缓走上比武台，紧接着，一名高大的来自突尼斯的员工也走上比武台。这位高大的武士名叫阿卜杜勒·哲巴尔，他精通波斯拳术和阿拉伯冷兵器格斗术，是个高明的武士。

马志邦和阿卜杜勒·哲巴尔走到比武台中央后，先转身向乌萨麦鞠躬行礼，乌萨麦微微点头后，两人转身相对并相互鞠躬行礼。完毕，乌萨麦宣布比武开始。

马志邦和阿卜杜勒·哲巴尔右手交叉，使得双方谁都无法占据主动攻击的优势。突然，马志邦左手将对方右手掰下，同时出右拳向对手面门方向打去。

这一突然的攻击令哲巴尔猝不及防，还没有打到他的面部，他就险些因躲闪而摔倒在地。不一会儿，两人重新摆好先前的姿势，马志邦再次用刚才的招式对付哲巴尔。哲巴尔越发焦急，马志邦突然佯攻其下部，迫使哲巴尔守下而暴露上面，然后一个手腕就将其扳倒。

马志邦见哲巴尔败局已定，便转身向乌萨麦鞠躬行礼后准备离开，哲巴尔却因接连失败而失去了理智。他恼怒地抽出别在身上的弯刀，发疯似的向马志邦冲去。马志邦未躲闪，反而用凌厉飞速的腿功将哲巴尔手中的弯刀踢飞，然后以一记闪电般迅猛的腾空飞踢击中哲巴尔的背部，将他踢倒。

马志邦直视着哲巴尔，乌萨麦无奈且尴尬地说道：“对于哲巴尔这种卑鄙的行为，我感到非常抱歉！”乌萨麦坐在主台上，后面站着即将参加比赛的员工们，其中也包括卢卡妮。

员工们窃窃私语着，卢卡妮把马志邦拉回到队伍中，给他翻译大家说的话——“这个哲巴尔每次都这样，上次和杨亮比赛，被杨亮打败后就一直耿耿于怀，暗中总是使坏！要不是他，杨亮也不会……”说到这里，说话的员工突然捂住嘴，不说话了。

卢卡妮马上走上前去，想问个究竟，刚才说话的那个员工却闪烁其词，但在卢卡妮的逼问下，他终于说出事情的真相："那天晚上，杨亮和哲巴尔比武。突然，沙尘暴袭击了这里，围观的工友都回宿舍休息了，只有杨亮和哲巴尔还在比武。我对武术比较感兴趣，就躲在厂房里想看看输赢。不知怎么，比着比着，一个铁皮架板从厂房房顶上掉下来，重重地砸在杨亮的头上。哲巴尔一直对杨亮怀恨在心，比武从来没有赢过他。当他看到杨亮受伤时，不但不把杨亮从地上拉起来，反而把脚踩在杨亮头上大笑，嘴里还说着什么。不一会儿，他把杨亮身上的架板拿掉，扶起杨亮。后面的事情我就不知道了，我以为他们也就是比比武术，打完就算完了。第二天听说杨亮失踪了，我一直纳闷，但是害怕惹祸上身，就没有多嘴。"

马志邦听完那个员工的话，气急败坏，向后弹跳一步，突然一记正蹬腿，击中哲巴尔的腹部。再一记鞭腿，击中其胸部。最后一记后摆腿，击中其太阳穴。哲巴尔猝不及防，被这招连环脚踢翻在地。马志邦迅速冲上去，想用锁技彻底击败对手，不料被乌萨麦突然抓住。马志邦无法挣脱身强力壮的乌萨麦。乌萨麦急忙劝道："住手，你就是要杀了哲巴尔，也得让他死个明白。"

乌萨麦命令哲巴尔说出事情的真相，哲巴尔只好说了："杨亮那天和我比武，被一块铁皮砸中脑袋。说实话我很高兴，因为我从来打不过他，他受伤，我反而解恨了。本来想让他死在铁板下，因为他的头部受重伤了。可是，他在铁板下对我说的话让我心软了。他说自己得了绝症——脑癌，即便不被铁板砸中，也活不长了。他说他没有完成的两个任务就是这个光伏电站还没有建成，以及没有把中国的武术传播到世界去。他说他希望我替他保密，并把他从铁板下拉出来。我动了恻隐之心，不想和一个病人较劲。于是，我就把他从铁板下拉出来。他神志清醒，也能走路，我看没大事就回厂房休息了。第二天我本来想和杨亮谈谈他的病情，但却听说杨亮不见了，大家都在找他。反正我又没有杀死他，所以不关我的事。"

听到这儿，卢卡妮赶紧跑到办公室，拿出员工外出看病的记录。她发现，大半年前，杨亮有一个去阿尔及利亚一家医院看病的记录。经与医院核实，卢卡妮才知道杨亮大半年前就发现自己得了严重的脑癌。杨亮的失踪依然是一个谜，所有人都在默默祝福他。马志邦为了杨亮的愿望，决定继续在电站工作。

2016 年 3 月 6 日，阿尔及利亚南部的撒哈拉沙漠中，奥莱夫电站前，中阿高层、华工以及阿尔及利亚人民汇聚在一起，共同庆祝奥莱夫电站成功并网，塔勒哈、马志邦和卢卡妮也在场。阿尔及利亚人民载歌载舞，以最大的热情庆祝“光明工厂”的建成。正在狂欢时，一位阿尔及利亚小男孩走到马志邦面前伸出右手，和他热情地行握手礼：“谢谢你，中国的叔叔!”马志邦听后，脸上露出灿烂的笑容。绚丽的阳光照亮了阿尔及利亚广袤的大地，照亮了中阿人民欢笑的脸庞。

四、故事分配

阿尔及利亚在电视台、报刊图书和绘画三个领域具有一定的优势，对故事《他乡寻人》的宣传具有推动作用。

（一）电视台

随着中国和阿尔及利亚两国间经济、贸易等活动的不断发展，两国文化交流也在不断加深。2017 年 3 月阿尔及利亚国家电视台就曾举办过中国电影展播周，同年 12 月阿尔及利亚第一颗通信卫星搭载中国长征三号乙运载火箭成功发射，为阿尔及利亚在广播电视、宽带接入等领域加强服务奠定基础。[①] 2019 年，阿尔及利亚国家电视台签署协议，正式加入由央视国际视频通讯社（CCTV +）发起的、联合非洲各国主流媒体建立的非洲视频媒体联盟，为阿尔及利亚媒体业发展注入新的活力。阿尔及利亚电视台数量较多，服务范围广泛，对故事《他乡寻人》的传播具有一定的促进作用。

（二）报刊图书

阿尔及利亚全国性报刊数量众多，阿拉伯语报纸受众数量较大。阿拉伯语报刊以《日出报》《消息报》为主，其中《日出报》是阿尔及利亚发行量最大的报纸且拥有一定的影响力。法语报刊较少，以《祖国报》《自由报》为代表。除拥有众多报刊外，阿尔及利亚的出版社同样数量众多，

① 中国驻阿尔及利亚使馆经商处：“我成功发射阿尔及利亚一号通信卫星”，http：//dz. mofcom. gov. cn/article/jmxw/201712/20171202683927. shtml。（采用日期：2019 年 12 月 29 日）

部分出版社在阿拉伯国家中有一定的影响力，其中以卡斯巴出版社、绿色图书馆出版社、巴尔扎戈出版社等为代表。依托阿尔及利亚较为发达的报刊图书产业，可加快故事在阿尔及利亚的传播速度。

（三）绘画

阿尔及利亚的绘画艺术在世界艺术领域占有重要地位。阿尔及利亚艺术气息浓厚，文化底蕴深厚，受多元文化影响，形成独具特色的绘画风格。阿尔及利亚艺术题材丰富，拥有众多著名民族艺术家，创造出许多反映阿尔及利亚不同历史时期人民生活的画作。阿尔及利亚人民喜爱艺术，政府也重视对艺术家的培养，部分阿尔及利亚画家曾前往中国进行交流学习。迎合阿尔及利亚人民对艺术的热爱之情，传播《他乡寻人》，有利于故事在阿尔及利亚的推广。

五、故事消费

故事《他乡寻人》分配渠道建立后，从电视台、报刊图书和绘画三个领域分别介绍故事消费的策略。

（一）电视台

在电视台领域的消费通过中国电影展播周、电视剧制作、互动环节三个策略实现。

1. 中国电影展播周

与阿尔及利亚主要电视台建立合作关系，开发中国电影展播周节目。电视台从李小龙、功夫巨星成龙和李连杰三人主演的经典动作电影中分别精选出最能展现中国武术、中国文化的优秀影片，在中国电影展播周期间播出。阿尔及利亚人民喜爱华人武打电影巨星李小龙、成龙和李连杰，通过收看阿尔及利亚主要电视台播放的这些动作电影，阿尔及利亚人民不仅能欣赏中国武术，还能进一步了解中国文化，为后续故事《他乡寻人》的推广奠定基础。

2. 电视剧制作

以故事为剧本改编电视剧，由中国和阿尔及利亚两国电视台联合拍摄制作。首先，聘请中国武术指导、阿拉伯武术家为电视剧设计武打动作。其次，选取阿尔及利亚著名旅游景点为拍摄取景地，营造出唯美的画面，使电视观众仿佛身临其境。再次，在拍摄过程中，融入阿尔及利亚的绘画艺术与传统舞蹈、阿拉伯细密画艺术等。

3. 互动环节

在每集电视剧播放结束后，邀请阿尔及利亚体育明星、武打明星、娱乐明星参与观众互动，互动形式包括分享观后感、有奖问答等。通过明星效应，不但可调动观众了解《他乡寻人》的积极性，而且可激发他们观看电视剧《他乡寻人》的热情。

（二）报刊图书

在报刊图书领域的消费通过设计、刊登、出版发行三个策略实现。

1. 设计

注重报纸的版面设计和出版图书的外观设计。在设计创意、色彩搭配、图片和背景等方面，不仅要体现新颖、创新等特点，还要尊重阿尔及利亚文化。只有全方位、多角度地精心设计，才能激发阿尔及利亚人民购买报刊或者图书的热情，从而吸引更多阿尔及利亚人阅读故事《他乡寻人》。

2. 刊登

与阿尔及利亚各大报刊进行合作，将故事刊登在重要板块。也可以刊登在与故事相关联的新闻报道旁边，作为补充阅读，如刊登在阿尔及利亚光伏电站、新能源领域或能源发展规划等相关报道旁边，以增加新闻报道的可阅读性和趣味性。

3. 出版发行

邀请阿尔及利亚优秀小说家将故事翻译成阿拉伯语、塔马兹特语和法语等版本，之后出版发行并配备相应的营销策略。例如，针对学校的营销策略。首先，邀请阿尔及利亚知名儿童书畅销作家来学校，面向学校全体师生介绍和解读故事。其次，邀请在阿尔及利亚的知名中国武术家傅彪先生或者热爱中国武术文化的阿尔及利亚武术爱好者在校园表演中国武术。再次，由出版社举办捐赠《他乡寻人》系列图书的仪式。在捐赠仪式上，可同时举办故事《他乡寻人》读后感征文大赛，荣获奖项的学生及指导教师将免费获得故事系列的珍藏本、典藏本。通过多样化、创新型营销方式，故事《他乡寻人》能够被更多的阿尔及利亚人所喜爱。

（三）绘画

在绘画领域的消费通过彩色连环画、新型绘画两个策略实现。

1. 彩色连环画

首先，邀请阿尔及利亚、中国两国著名的艺术家和画家，用中国传统艺术——连环画的形式呈现《他乡寻人》，但连环画的整体绘画手法要将阿尔及利亚和中国的绘画艺术风格融合起来，使阿尔及利亚人民不仅为本民族的文化艺术而自豪，还为中国的文化艺术而骄傲。其次，彩色连环画制作完成后，可举办画展，吸引更多的阿尔及利亚人参观。最后，将彩色连环画配以故事梗概，编辑成书，举办故事《他乡寻人》彩色连环画图书发布仪式，使更多的阿尔及利亚人民熟知故事。

2. 新型绘画

与阿尔及利亚政府相关部门、社会团体及美术馆展开合作，邀请阿尔及利亚及中国艺术家，在阿尔及利亚现代化的大都市街头、建筑中进行现场创作并举办画展。新型绘画形式包括：立体画、玻璃画、装饰画、新型油画等。新型的绘画形式多吸收 3D 立体技术，将故事中的武打场面刻画得惟妙惟肖，给人以极强的视觉冲击，使观众内心受到较强的震撼。通过新型绘画的手段展示故事，不但可使阿尔及利亚人民对故事产生好奇心，而且可激发他们阅读故事的热情。

六、中阿合作

中阿合作主要体现在助推光伏产业、共推食品工业和传承武术三个方面。

（一）助推光伏产业

阿尔及利亚除北部沿海地区外，大部分国土被撒哈拉沙漠所覆盖。南部撒哈拉地区炎热干燥，太阳辐射强烈，光照资源充足，拥有丰富的太阳能资源。然而，阿尔及利亚的太阳能资源开发不足，依靠天然气发电，能源供应单一。因此，光伏电站建设技术相对滞后，光伏建设方面的人才较匮乏，太阳能光伏产业整体发展缓慢。为减少对油气资源的依赖，基于能源安全等方面的考虑，阿尔及利亚政府及时调整能源发展战略，大力发展光伏、风力等可再生能源。当地政府通过制定一系列优惠政策，积极改善本国投资环境，吸引外资进入新能源市场。中国光伏产业历经十几年发展，技术革新迅速，产业结构合理，国际竞争力较强。为了发展海外市场，早在2015年，中国企业就已承建阿尔及利亚光伏电站项目并成功并网发电。2016年中国和阿尔及利亚两国政府签署加强产能合作的框架协议，[①] 为两国在新能源等领域深化合作奠定良好基础。如果中阿两国继续本着互惠互利的原则，在光伏产业等新能源领域展开大规模合作，将会对双方的光伏产业发展起到良好的推动作用。例如，阿尔及利亚可借助中国在光伏产业技术、光伏设备制造、光伏产业化等方面的优势，加快太阳能光伏电站的建设，不断培养光伏产业所需的技术、维护、管理等方面的人才，提高自身电力生产能力。同时，阿尔及利亚在保障国内电力使用的基础上，积极开展电力出口贸易，不但可增加国内经济收入，完善能源供应体系，而且能加快国内能源转型。除了阿尔及利亚获得发展，中国企业在合作过程中也不断提高自身光伏产业技术水平、企业管理能力，加大光伏组件等设备研发力度。由此，两国在光伏产业方面获得共同发展。

（二）共推食品工业

阿尔及利亚的总面积虽然位居非洲第一，但境内大部分区域被沙漠所覆盖，气候炎热干燥，全年降水量空间分布不均，水资源紧缺。受地形、气候、降水等因素影响，阿尔及利亚农产品产量不稳定，再加上经济结构不均衡、农业不发达、食品工业基础薄弱等原因，阿尔及利亚的粮食、奶制品、食糖产量无法满足本国市场的需求，大量依赖进口。阿尔及利亚政府制定各项优惠的投资政策，加大对农业、服务业等产业的助推力。中国食品工业虽然起步较晚，但历经几十年的发展，已拥有很强的竞争力。面对日益提高的食品品质需求，中国政府不断加强食品安全建设，实施食品安全战略，建立健全食品行业法律法规，持续完善食

---

① 一带一路能源合作网：“伙伴关系成员国——阿尔及利亚”，http：//obor. nea. gov. cn/pictureDetails. html？ id＝2622。（采用日期：2019年12月31日）

品安全监管体系，推动食品产业转型升级，在食品深加工、食品自动化机械设备、食品冷链仓储技术、食品生物技术化等方面取得较大进展。如果中国和阿尔及利亚在食品工业方面达成合作协议，一方面，阿尔及利亚可获得中国在资金、设备和技术人才等方面的帮助，借鉴中国食品工业发展的宝贵经验，推动本国食品工业的快速发展；另一方面，中国企业借助阿尔及利亚良好的投资政策，可进入阿尔及利亚农业市场，拓展自身在海外的农副食品生产、食品加工、食品包装印刷等领域的业务，推动两国在食品工业领域的共同发展。

（三）传承武术

受自然条件、地形地貌的影响，阿拉伯民族有很长一段时期都生活在沙漠中。为了获得更好的生活条件，阿拉伯民族在长期游牧和四处征战的过程中，积累了大量的骑乘作战、近身搏击及使用刀剑的实战经验。这些实战经验逐渐形成独具阿拉伯民族特色的搏击武术。阿拉伯人非常喜欢武术，这为中国武术走进阿拉伯国家提供了先天的优势。

中国武术不仅是一种强身健体的锻炼方式，而且是蕴含着深刻的中国传统哲学思想和伦理道德观念的文化体系。1949 年以后，中国致力于传承、弘扬和向世界推广中国的武术。随着中国武侠电影、武打电影在阿尔及利亚的播映，李小龙、成龙和李连杰等功夫明星被阿尔及利亚人民所熟知，阿尔及利亚也掀起学习中国武术的热潮。阿尔及利亚已开设多家武馆和武术学校，学员众多。其中，少林功夫、散打搏击和太极拳最受欢迎。随着大型武术赛事在非洲及阿尔及利亚本国的举办，中国武术越发受到阿尔及利亚人民的喜爱。中国和阿尔及利亚两国武术学校、民间团体的交流与互动，更加推动了中国武术在阿尔及利亚的传播和发展。中阿两国可在武术领域继续深入合作，通过举办各项武术赛事、民间武术交流互访等活动，增进两国人民间的相互了解。一方面，更多的阿尔及利亚人可通过武术体验、感受中国文化，进而学习中文，前往中国，了解真实的、发展中的中国；另一方面，中国人民可通过武术了解阿尔及利亚的社会、经济与文化状况。两国可以武术为桥梁，吸取各自精华，博采所长，逐步促进两国人民的民心相通。

第五章　对科摩罗传播的话语体系构建

一、科摩罗概况

科摩罗全称科摩罗联盟，也被称为“月亮之国”和“香料之国”。官方语言为科摩罗语、法语和阿拉伯语。人口数量约为 80 万，主要由阿拉伯人后裔、卡夫族、马高尼族、乌阿马查族和萨卡拉瓦族组成，其中 99% 的居民信奉伊斯兰教。科摩罗是印度洋上的岛国，位于非洲东侧的莫桑比克海峡北端入口处，面积为 2236 平方公里（包括马约特岛）。科摩罗群岛属湿热海洋性气候，年温差变化不大，雨量充沛。

科摩罗无矿藏资源，水力资源匮乏。森林面积约 2 万公顷，占国土总面积的 15% 。渔业资源较丰富。国内无铁路，岛上交通工具为汽车，岛际交通工具为轮船和飞机。科摩罗独立以来，政府用于交通运输方面的投资占全部经济建设资金的一半以上。

科摩罗奉行独立、睦邻友好、不结盟的务实外交政策，重视与印度洋邻国的团结与合作，主张建立印度洋和平区，积极发展同阿拉伯国家关系。科摩罗强调外交为发展服务的理念，继续实行全方位对外开放政策，促进对外合作关系多样化。

课题组设想的中国和科摩罗的合作主要体现在粮食产业、香料和基础设施三个方面，所以仅对这三个方面进行介绍。

（一）粮食

科摩罗是世界上经济最不发达的国家之一，有 80% 的人口生活在农村，70% 的劳动力从事农业生产，全国可耕地面积为 7 万多公顷。2009 年，农牧渔业产值占国内生产总值的 51.9% ，农产品出口占出口总额的 99% 。主要粮食作物为水稻、玉米和薯类。但科摩罗粮食不能自给自足，每年需进口 3 万多吨大米。

（二）香料

香料在科摩罗外贸经济中占重要地位，其中，香草、丁香、鹰爪兰为三大出口香料，主要出口国包括法国、土耳其、希腊等。科摩罗外汇收入的主要来源是香料出口。

（三）基础设施

科摩罗政府提出 2030 年的经济发展战略，始终致力于基础设施的建设。尤其是在通信技术方面，科摩罗政府引入具有创新技术和实力的外企在本国进行基础设施建设。科摩罗政府还在电力、公路等基础设施的建设上加大投资力度，有效改善了民生。

二、故事背景

科摩罗群岛被称为“月亮之国”。月亮精灵作为正义的一方守护着科摩罗群岛。恶魔撒旦憎恨一切神灵所庇护的事物，总是想显示他的能力比神灵强大。在邪灵的蛊惑下，撒旦决定摧毁神灵所喜爱的“月亮之国”——科摩罗，以示他的能力强于神灵。于是，撒旦催动岩浆从科摩罗海里的小岛迸发而出，科摩罗顿时陷入一片火海。

三、月亮之国

第一章　科摩罗的灾难

海风轻拂科摩罗大地上的植物，太阳的光芒普照着科摩罗的每个角落。在神灵的眷顾下，科摩罗人民热爱生活，崇尚团结、正义、进步的精神。这里的人民自豪地称科摩罗为“月亮之国”。

但是魔鬼撒旦不喜欢科摩罗，因为科摩罗是神灵所喜爱的地方，撒旦最爱与神灵唱反调。只可惜撒旦喜不喜欢科摩罗这个国家又能怎样呢？一切事物的发展都不可能以撒旦的意志为转移，他的邪恶从未战胜过神灵的正义，为此撒旦很是气恼。

有一天，撒旦途经科摩罗前往莫桑比克散播瘟疫。当他看到科摩罗的人民脸上洋溢着幸福的微笑时，内心又不舒服了。撒旦心想：“难道我就不能打败神灵一次吗？”他带着怒气在莫桑比克的上空撒下了瘟疫病毒，随后返回了他在地狱的寝宫。撒旦身边的邪灵看出撒旦的心事，对撒旦说道：“万恶之王啊！您有世间最敏捷的才思、最善变的内心、最狠毒的手段。”

“你的赞美我非常喜欢。”撒旦说道。

“我的王，我接下来的话可能会令您不快，但是我绝对没有对您不敬的意思，我只是想为您分忧，给您出谋划策。”邪灵说道。

“那你先说说看，我有什么忧愁？”

“您这么英明神武，但是人类却不愿意服从于您，我想这就是令您不快的事。”邪灵没等撒旦开口，继续说道，“人类不服从您的原因在于，您没有做一件让人类发自内心害怕您的事。”

“哦，那你说我做一件什么样的事可以让人类都害怕我、服从我？”撒旦微笑着问道。

“我尊敬的王呀！您可以毁灭科摩罗，因为科摩罗是神灵所喜爱的地方。”邪灵说道。

“哈哈哈，我明白你的意思。如果我顺利地摧毁了科摩罗，惩罚了科摩罗的人民，就等于我战胜了神灵，证明了我的实力，是吗？”

“是的，我英明的王。”

“但是神灵将科摩罗看护得很好，你说呢？”撒旦阴森森地说道。

“科摩罗海里有隆起的小山，我们地狱里的烈焰可以从海底流到科摩罗海里的小山下，等烈焰聚集后，再汹涌喷出，整个科摩罗都会在火海里沸腾的。”邪灵邪恶地笑着说道。

“这是一个很好的主意。当火焰吞噬科摩罗时，你就去科摩罗散播瘟疫吧！”撒旦大笑着说。

撒旦和邪灵很快就将他们邪恶的计划付诸于行动，科摩罗的人民第一次看到炙热的烈焰从山顶喷溅而出。这滚滚的岩浆像怪物一样吞噬着一切事物。人们惊叫着，哭喊着，祈祷着，美丽的科摩罗不复存在。

第二章　月亮精灵

精灵们为奔逃的人们指引方向，人们互相搀扶着爬到地势高的地方，或者逃到海边乘船出海。当人们逃到安全的地方，才有了喘息的机会，他们相互检查着伤势，相互安慰着。但是危险远没有过去，岩浆还在流淌，灼热的空气炙烤着人们的皮肤。邪灵又来到科摩罗，他大笑着传播瘟疫，旋即又呼啸着离开了，撒旦和邪灵都在等着看科摩罗的灭亡。

科摩罗由人间天堂变成人间炼狱。神灵阻止了火山的喷发，天使们冷凝了地面的岩浆，精灵们降低了灼热的温度。

月亮的清辉照在科摩罗的焦土上，空气中弥漫着死亡的气息。瘟疫以极快的速度在这里蔓延，考验科摩罗人民的时刻到了，少数还没被传染上瘟疫的人照顾着生病的人。团结而勇敢的科摩罗人民没有退缩，他们相信神灵会救助他们，正义一定会战胜邪恶。

事实上，神灵手下的四位天使正在商讨如何帮助科摩罗人民渡过难关。

米卡尔首先说道："我们可以用法力消除人们的病痛，恢复他们的家园。"

亚兹拉尔说道："不可以这样做，这样违背了创造人类时定下的规矩。人类所遇到的一切灾害都是考验，人们必须独立面对和解决困难。"

吉布列说道："是的，神灵造人时确实定下了这样的规矩。但是，现在科摩罗的人民遭到毁灭性灾难，我想他们已经无法靠自己的力量渡过难关了。"

伊斯拉菲尔说道："对呀！只有少数人还没有被传染瘟疫，我们谁能确定这些人最终不会被传染呢？如果科摩罗的所有人都得了瘟疫，那么他们不可能自救，所以我们要帮助他们。"

吉布列又说道："瘟疫很快就会夺去人们的性命，我们必须快点想出办法。"

米卡尔说道："我有一个提议，科摩罗的守护者是月亮精灵，让月亮精灵来想办法救助科摩罗的人民吧！"

天使们都很赞成这个办法，于是召唤月亮精灵前来。

伊斯拉菲尔对月亮精灵说道："科摩罗的守护者啊！现在科摩罗的人

民需要你的帮助。"

"我愿意帮助科摩罗的人民渡过难关，但是我不知道应该如何做?"月亮精灵说道。

伊斯拉菲尔又说道："月亮精灵，你应该先找到治疗瘟疫的良药来治愈科摩罗的人民，然后再帮助科摩罗的人民重建家园。你也知道，在遥远的东方有个华夏国，那里的医生有自己独特的诊病方式，而且他们善用动植物制药，医治效果很好。你可以去华夏国寻求那里医生的帮助。"

"我知道华夏国是个繁盛、富强的国家，但要请华夏国的医生冒着被传染的危险来为科摩罗的人民治病，我怕会有困难。华夏国的人们常说'来而不往非礼也'。我从灾难中抢出数量不多的香料和香料种子，华夏国的医生可能会用到这些香料制药，所以我想带一点到华夏国，送给愿意为科摩罗人民治病的医生，也权当是诊费了。"

四大天使同意月亮精灵的做法，事不宜迟，月亮精灵告别了天使们，出发前往华夏国。

第三章　华夏国太子

月亮精灵一路向东北方向飞去，但在从马尔代夫飞往斯里兰卡时，她遇到狂风暴雨，只得浑身湿淋淋地在暴风雨中前进，可还没飞几下就被狂风吹得倒退了几里。

没办法，月亮精灵只得退回马尔代夫稍作休息，等待暴风雨过去。天气稍有好转时，她继续飞行，她知道自己在跟时间赛跑，科摩罗的瘟疫还在蔓延，科摩罗人民的病情还在恶化，多耽误一会，就会少救很多病人。

当月亮精灵的小翅膀再也扇不动的时候，她已经飞到华夏国的都城。不知为什么，平日里热闹非凡的都城，此时看起来有些压抑。街上的小贩也不大声叫卖了，酒肆里的客人说话也低声细语了，一切都和月亮精灵平日里在月亮上看到的华夏国都城不太一样了。

月亮精灵心想：我就两天时间没待在月亮上，竟不知华夏国的都城发生了什么。我先找个地方休息一下，再顺便打听一下名医住在哪里。

娇小的月亮精灵走进一家饭馆，无人发现她，她看见饭馆里有一盆花开得正盛，就跳上花瓣吸食花蜜。当一朵朵花里的蜜汁被月亮精灵吃光时，她听到两个吃饭的人在小声交谈着："哎，皇上正在为太子的病烦恼不已，名医张景虽然诊出了太子的病情，但是苦于缺少一味良药和一味药引，无法根治太子的病呀！”

“是呀！太子病情反复，长期卧床休息，无法帮助皇上处理政务，皇上甚是焦急。这不，皇上下令全国搜寻那个带着良药和药引的神仙，也没有结果，皇上更心急呀！”

“对呀，对呀，皇上发布的搜索神仙的命令搞得人心惶惶，热闹的都城都冷清了不少。你说钦天监的神官推算得准确吗？”

“这就不知道了，反正到现在也没找到这个神仙，弄不好这个神官要丢了脑袋呀！”

月亮精灵从这段对话中获得两个重要信息：一是华夏国的王子病了；二是名医在王宫里。休整好了的月亮精灵振动着翅膀从窗子飞了出去。

月亮精灵在天空观察了一会儿，发现一处占地很广的建筑群，那里有高墙围绕且有重兵把守，处处显示着威严与神圣。月亮精灵飞向那里，她确信那里就是华夏国的王宫。飞进高墙里的月亮精灵看见一位贵妇在花园里哭泣，贵妇身边的几个人都在劝慰她。

“皇后娘娘，您也不要太着急，张景医术高超，现已将太子的病情控制住了，就等……”

没想到这句话使皇后的眼泪掉得更快了，她哽咽地说道：“我要去看太子，张景可在太子身边看护？”

“回禀皇后娘娘，张景医生在太子身边。”一个姑娘回答道。

月亮精灵乘人们不注意时，藏到皇后宽大的袍服下，决定跟着皇后去看看太子和名医张景。走了一段距离后，众人来到一处雅致的院落，其他人都留在了院子里，皇后抬脚走进一间屋子，一股药味扑鼻而来。

屋内的几人见皇后前来，纷纷跪拜。皇后搀扶起一位中年男人，示意其他几人也起来。

皇后问中年男人：“张景，太子可有醒来过？”

原来这位中年男人就是名医张景，月亮精灵高兴得险些暴露了。

“回禀皇后娘娘，太子苏醒了小半刻，喝了口水就又睡着了。”张景回答道。

“张景大夫，是不是一日找不到鹰爪兰和金黄色头发入药，我的皇儿就一日无法痊愈？”皇后问道。

“是的，皇后娘娘。”张景答道。

“鹰爪兰？金黄色头发？”月亮精灵惊得喊出了声。

“谁？是谁在大声说话，惊扰太子休息？”皇后厉声问道。

月亮精灵见自己已经暴露，索性从皇后的礼袍下飞出，站在了皇后面前的方桌上。包括皇后娘娘在内的几人都惊呆了，只见方桌上站着一个金发的、长着翅膀的、肉乎乎的小女孩，十分小巧可爱。

“你，你……是谁？”皇后磕巴地问道。

“我是月亮精灵，从科摩罗国来华夏国找名医。”月亮精灵继续说道，“你们的谈话我都听见了，我能帮助你们治愈王子，哦，不对，你们称他为太子。”说着，月亮精灵用胖乎乎的小手指了指床榻上昏睡的青年。

“你能救我的孩儿？”皇后惊喜地问道。

“是的，因为我有鹰爪兰和金黄色的头发。”月亮精灵边说边可爱地眨着眼睛。

皇后喜极而泣，竟说不出一句话来。

“你能把鹰爪兰给我看看吗？”张景医生问道。

月亮精灵从自己身上解下一个小口袋放在桌子上，说来也奇怪，那口袋一挨到桌子就变大了好几倍。月亮精灵跳到口袋里翻找了一会儿，又跳了出来，手里捧着一株花。

“看，这就是科摩罗盛产的鹰爪兰。”月亮精灵说道。

张景医生连忙小心翼翼地接过月亮精灵手里的植物仔细观察，半晌后，说道：“这就是鹰爪兰，花朵为淡黄色。花瓣长圆形或披针形，形似鹰爪向内卷曲，花香四溢。此花和我在《异邦医典》中看到的一样。”

“那太好了，我儿子能痊愈了。”皇后擦干眼泪，对月亮精灵说道，“月亮精灵，你可否将此花送予我，再给我一些你的金色头发？”

月亮精灵说道：“如果太子苏醒，您可以答应我两个请求吗？”

“你现在就可以提出你的要求。”皇后边说边示意张景医生为太子医治。

“我想请这位张景医生去我守护的科摩罗国，为那里的人民治疗瘟疫。我还需要贵国给我一些粮食，科摩罗的食物几乎被赤焰烧光了，那里的人们马上就要挨饿了。”月亮精灵说完，从自己的头上揪下几根金色的头发递给了张景。

“粮食我可以给你，但是……”皇后迟疑着没说完话。

在一旁开好药方的张景医生将药方递给仆人，叮嘱他等药快熬好时将金色头发丢到药中，用大火再煮十分钟，就可以把药端来给太子服用了。

仆人领命下去煎药了，张景医生才转身说道：“我听明白了。我愿意随月亮精灵去科摩罗救治病人，因为如果我治愈不了太子的病，我的命就没了。精灵对我有救命之恩，我愿意通过这一方式报答精灵。况且，科摩罗的老百姓遇难，如果我能够尽绵薄之力，拯救科摩罗人民，是一件积善积德的大好事。”

“可是，你走了，太子的病谁医治?”皇后问道。

“启禀皇后娘娘，太子待会儿喝下煎好的药，立刻就会苏醒，不会再出现晕睡现象。我再给太子开个新药方调理，太子再喝两个疗程的药，就可以痊愈了。”张景说道。

“那就好，既然你愿意帮助月亮精灵，那我无话可说。”皇后说道。

当仆人端着黑漆漆的药汤准备喂太子服下时，张景医生命人把鹰爪兰也搬到太子的跟前。这时，幽幽花香飘进太子鼻子里，太子嘴里药汤的苦涩似乎也没那么浓了。

服完药后，太子大汗淋漓，汗液里竟有隐隐的香气，很是神奇。

不一会儿，太子渐渐醒来。

第四章　治愈瘟病

太子醒来后，侍卫跑着向皇上禀报了这一好消息，皇后更是喜极而泣。张景医生开了新药方交给仆人后，便悄悄从房间里退了出来，月亮精灵也跟了出来。

张景医生说道：“钦天监神官说会有神仙送来良药和药引，竟是真事。我现在就去向皇上辞行。我再派人去雇佣马车，采买药材。一切事情办妥后，我与你前往科摩罗。”

“时间紧迫，我怕我们去晚了，瘟疫会要了科摩罗所有人的命。我的小口袋可以装下许多药材，我也可以带着你飞到科摩罗。”月亮精灵严肃地说道。

“我需要大量药材，你的小口袋未必装得下呀!”张景说道。

“那我们先装够能控制瘟病的药量，你救治的同时我再返回华夏国采买药材，带走皇后许诺的粮食。”月亮精灵说道。

这时，一个洪亮的声音响起：“月亮精灵，我替我的皇儿感谢你。你告诉我去往科摩罗的路线，我会多派一些医生去科摩罗协助张景医生为当地人民治病。当然，我也会送去大量的药材和粮食，以表示我对你的感谢。”

闻声，张景立刻跪下：“谢我皇隆恩。”

月亮精灵这才知道站在面前的这位便是华夏国的皇帝。有了皇帝的帮助，大量的药材一天之内就买齐全了。月亮精灵的小口袋装得鼓鼓囊囊，她准备带着张景医生出发了。

临行前，月亮精灵绘制了一张航海图交给皇帝，希望他能尽快送医药和粮食到科摩罗。华夏国的皇帝答应了。月亮精灵当着皇帝的面从身上拿出一块方布，抖了几下，方布竟变大了几十倍。

月亮精灵让张景医生坐到上面，然后轻声念起咒语，这块布竟然载着张景医生飞了起来，在场的众人无不惊讶万分。随后，月亮精灵和张景医生飞走了。

当月亮精灵和张景踏上科摩罗的土地时，距离月亮精灵上次离开科摩罗已经六天了。张景看到的景象是焦土一片，人们衣不遮体地躺在大地上，痛苦地呻吟着。有些老人和孩子已经死去，但是没有足够的人手去掩埋他们。

张景和未患病的人借助月亮精灵的魔力，将死去的人按当地习俗尽快掩埋，以防腐尸产生新的病毒。然后，张景配制解毒的药粉，让月亮精灵撒到饮用水的源头，以确保饮水的安全。

做完这些，张景立刻为病人们看病。月亮精灵为了方便张景询问病情，赋予了他听、说当地语言的能力。

在张景忙碌的同时，华夏国皇帝信守诺言，派大臣从都城周边的城池采买了大量的药材和粮食，随后装船顺河而下，日夜兼程地送到能出外海的城池。这些药材和粮食终将安全地送到科摩罗。

月光照在科摩罗的土地上，张景和月亮精灵顾不上休息，看着架在火上的三口大锅里翻滚的药汤，掌握着火候。张景给数十人诊断过后，发现科摩罗的人得的是同一种瘟疫，所以大家喝同一种药即可，只是人数众多，需要日夜制药。喝过汤药的人们，病症明显减轻，这说明张景的医术的确高超。

“月亮精灵，我们带来的药材也就够所有染病的人喝一次，粮食也马上要吃完了。从我国到科摩罗路途遥远，我国的物资难以快速抵达。请你稍作休息，再去一趟华夏国，带些药材和粮食回来。”张景建议道。

“好的，我还可以找华夏国的皇帝帮忙吗？”月亮精灵问道。

“那是当然，我国皇帝是仁义之君。”张景回答道。

第二天，月亮精灵再次前往华夏国寻求帮助，这次她轻车熟路地来到王宫，向皇帝禀明情况。皇帝命令大臣立刻去置办粮食和药材。月亮精灵的小口袋再次大显神威，装下大量物资后迅速飞回了科摩罗。

月亮精灵带回来的新药材，经过张景的重新配伍，再次发挥了意想不到的疗效，许多身体强壮的年轻人已经能自己站起来了。

第五章　友好往来

正当科摩罗的人们为病情好转而兴奋不已时，邪灵将科摩罗的现状告诉了魔鬼撒旦。撒旦不能容忍有人破坏自己的阴谋，很是恼怒。

“我的王，我打听到华夏国国王送了一船的药材和粮食给科摩罗人。这艘大船正在全速前进，日夜兼程地向科摩罗赶去。如果我去把这艘船的物资毁掉，那么科摩罗人就会再次陷入困境。”邪灵建议道。

“这个主意很好，你去做吧！”撒旦愉快地说道。

邪灵得到撒旦的首肯，便化成一股黑烟飞走了。

他在塞舌尔附近的海域找到了华夏国的大船，便动用魔力在平静的海上掀起层层巨浪，华夏国的大船被巨浪拍打得上下颠簸、左右摇摆。眼看这艘船就要被巨浪倾覆之时，四大天使出现了，解救了华夏国的大船。

“邪灵，你坏事做尽，将会被关入火狱，清算你的罪孽。”天使亚兹拉尔话音刚落，也不给邪灵狡辩的机会，天使米卡尔、吉布列就将邪灵制服了，用有魔力的布袋子将他装起来，封死，以防他逃跑。

另一边，天使伊斯拉菲尔则使用魔力悄悄地将偏离航向的华夏国物资船引回正确的航道。随后，四大天使押着邪灵去往火狱。邪灵一定想不到撒旦也在火狱里等着他，原来撒旦早已被投入了火狱。

华夏国的大船来得太及时了，刚断粮断药的科摩罗人民又迎来了新的希望。几个随船来的华夏国医生一下船，也不顾舟车劳顿，就开始为科摩罗的人民诊断病情。押运物资的华夏国大臣则组织押运士兵搬运粮食和药材。

几位华夏国医生将诊断结果汇总到一起，与张景讨论后得出的结论是——所有患病的人再吃三天的药就可痊愈。张景将这个好消息告诉了月亮精灵和科摩罗人民，大家满心欢喜，既感谢张景医生的救命之恩，也感谢华夏国皇帝的援助。

三天时间很快就过去了，科摩罗人民正如华夏国医生们所说的那样，全部康复了。华夏国的人要离开了，送别时，科摩罗的人民跳起了当地的舞蹈，以示祝福。

科摩罗人将华夏国送的一部分粮食和月亮精灵保留下来的植物种子都种到了地里。一年以后，科摩罗又恢复了生机，土地上覆盖着绿色的庄稼和植物。勤劳的科摩罗人民开始重建家园。

他们知恩图报，被推选出来的年轻国王决定亲自带上自己国家的香料、鱼干等特色物品前往华夏国拜访。月亮精灵赋予科摩罗国王听、说华夏语的能力，并指引科摩罗船队穿过马六甲海峡到达华夏国后又经过陆路到达华夏国都城。

科摩罗国王找到名医张景，经由张景引荐，华夏国皇帝决定宴请科摩罗国王。科摩罗国王一到华夏国宫殿，就被这里独特的建筑风格所吸引，小桥流水、九曲回廊、亭台楼阁，无不让他惊叹。

宫宴上，华夏国太子和科摩罗国王聊得很是投机。科摩罗国王向华夏国皇帝说出了他的请求——希望华夏国可以派工匠到科摩罗修建房屋，并每年提供给科摩罗一些不同种类的粮食种子。作为交换，科摩罗则每年给华夏国提供大量的香料。华夏国国王欣然同意了。从此，两国开始了互通有无的商贸之旅。

四、故事分配

科摩罗在电视台、报纸和生活日用品三个领域具有一定的优势，对故事《月亮之国》的宣传具有推动作用。

（一）电视台

科摩罗电视台主要由国家电视台和私人电视台组成。科摩罗的电视台电视信号稳定、播放效果良好，覆盖科摩罗全国大部分地区。中科两国早在2006年就已开展广泛而务实的合作。中国不仅援建了科摩罗国家广播电视大楼，还在数字电视技术等方面给予科摩罗帮助，以加快科摩罗广播、电视媒体业的发展。随着科摩罗与中国在广播电视传媒业合作的逐渐深入，科摩罗人民可以收看中国中央电视台法语频道等的节目。借助科摩罗多家电视台，故事《月亮之国》可在科摩罗加快传播。

（二）报纸

科摩罗官方报纸《祖国报》的年发行量近40万份，主要在科摩罗国内发行，部分在法国进行销售，近一半科摩罗人都在阅读《祖国报》。科摩罗当地媒体经常报道中国在政治、经济等领域的发展动态。依托科摩罗较为发达的报刊业，将故事《月亮之国》进行推广，可引起科摩罗人民较大的兴趣。

（三）生活日用品

科摩罗轻工业基础薄弱，人民生活的日用品主要依赖进口，中国是科摩罗生活用品进口来源国之一。通过向科摩罗出口生活日用品，宣传故事《月亮之国》，可使科摩罗人民在接触这些生活日用品的同时，逐渐了解故事。

五、故事消费

故事《月亮之国》分配渠道建立后，从电视台、报纸和生活日用品三个领域分别介绍故事消费的策略。

（一）电视台

在电视台领域的消费可通过微电影和电视剧制作两个策略实现。

1. 微电影

与科摩罗当地影视拍摄公司或者知名动漫公司合作，将故事拍摄、制作成微电影或者动漫版的微电影。前期利用报刊、广播、电视台等媒体进行宣传，使故事《月亮之国》受到科摩罗人民的广泛关注。可在科摩罗各电视台播放或转播，也可在科摩罗一些地区通过公众放映、公益放映的形式向当地人传播。

2. 电视剧制作

聘请专业的翻译人员将故事翻译为科摩罗语、阿拉伯语、法语等版本。翻译完成后，请科摩罗当地著名的电视剧编剧完成剧本的创作，并邀请科摩罗知名导演和演员进行电视剧的拍摄和制作。在电视剧制作过程中，选择科摩罗人民喜爱的音乐进行配乐，从而拉近故事与科摩罗观众之间的距离，使他们对故事产生共鸣。与科摩罗知名电视台合作，购买该电视台黄金时段的节目播放权，播放故事《月亮之国》。通过细腻的情感刻画、曲折的剧情、强烈的画面冲击感，让科摩罗人民在欣赏电视剧的同时，逐步加深对故事的理解。

（二）报纸

在报纸领域的消费，通过连载和连环画两个策略实现。

1. 连载

与科摩罗经常报道中国政治、经济等最新发展动态的报刊进行合作，在刊登中国相关新闻报道的板块旁边增设故事、中科合作及留言等板块。在故事板块，可刊登多语种版本的故事《月亮之国》。在中科合作板块，报道中科两国在经济、文化和医疗等领域合作的相关新闻。在留言板块，则刊登读者的来稿，这些来稿可以是阅读故事后的感想，也可以是针对中科两国合作提出的意见和建议等。从读者来稿中选择优秀的稿件给予奖励，用以不断激发科摩罗人民阅读故事的兴趣。

2. 连环画

与科摩罗当地动漫公司合作，将故事设计制作成连环画，在报纸上进行刊登。连环画的旁白不仅要简明扼要，还要幽默生动，使受教育程度不同的科摩罗人民能轻松阅读。在销售印有故事连环画的报纸时，附赠一份精致的书签或者明信片。可将中国的风土人情印制在书签或者明信片上，这样有助于科摩罗人民更加直观地领略中国的锦绣山河，感受中国文化的魅力，从而提升阅读故事《月亮之国》的兴趣。

（三）生活日用品

在生活日用品领域的消费通过儿童用品和家居用品两个策略实现。

1. 儿童用品

从科摩罗人民的审美视角出发，以故事《月亮之国》为设计灵感，将故事内容贯穿于儿童用品的整体设计方案中，制作出儿童用品的内外包装、成品图案等。中国厂商按照设计方案在中国进行批量生产后，再出口至科摩罗。品种多样、设计美观的儿童用品可使科摩罗青少年一代在接触产品的同时，逐步加深对故事《月亮之国》的理解。

2. 家居用品

首先，设计出集实用性与时尚感于一体的家居用品。家居用品上的图案包括故事中的人物形象、描述的美景、故事场景、中国和科摩罗美丽的自然风光、著名旅游景点等。在家居用品的外包装上以文字、动漫或连环画的形式展现故事的片段。家居用品使用频率高，人们在使用过程中，会被各种有创意的设计所吸引，从而扩大阅读故事《月亮之国》的受众。

六、中科合作

中科合作主要体现在共建粮食产业、共推香料产业和共建基础设施三个方面。

（一）共建粮食产业

科摩罗是位于印度洋的火山岛国，地形以山地为主，可耕地面积少，再加上工业基础薄弱，农业生产方式、农业技术和基础设施等滞后，其粮食生产长期难以自足，高度依赖进口。科摩罗政府为加快农业发展，制定了相关法律法规，给予免收捐税等相应优惠政策，以吸引外商前往本国投资。中国是世界上的粮食生产大国，于 2020 年初步建成现代化粮食产业体系。在粮食产业方面，中国和科摩罗可展开合作。一方面，中国帮助科摩罗加快农业灌溉等相关配套设施的改造及升级，引导科摩罗发展有机农业、节水农业，逐步协助科摩罗转变农业生产方式，不断提升农业生产效率，提高粮食生产能力。中国可在科摩罗持续开展现代农业技术培训，为科摩罗培养一批农业技术人才，有效解决制约科摩罗粮食产业发展的关键问题，助力科摩罗粮食产业获得进一步发展。另一方面，中国不断加强自身农业技术研究，尤其是加强在科摩罗海外农业设施设备和粮食生产等方面的科研投入，以此促进中科两国在粮食产业方面共同发展、共同进步。

（二）共推香料产业

科摩罗的海岛气候、日照、土壤、降雨等自然条件，非常适合香料的生长。科摩罗是香草、丁香、依兰依兰等香料的传统产区，是世界上非常重要的香草生产国。科摩罗所产的香料品质优良，受到国际市场的青睐。香料出口始终是科摩罗外汇收入的主要来源。科摩罗通过设立全国香料节、建立健全相关机制，不断提高香草的产量和质量，以推动本国特色香料产业的发展。但由于工业基础薄弱、电力不足等因素，科摩罗的香料蒸馏、精油提取等深加工技术等发展受限。香料在中国各行各业应用广泛，但受地理、气候、土壤等的影响，中国香料种类少、产量低，大部分香料依赖进口。中国对香料需求量大，市场前景广阔。如果中国和科摩罗在香料产业方面达成合作：一方面，中国与科摩罗在香料作物的育种栽培、种植技术、引种、香料深加工、精油提取以及香料衍生产品的开发等方面可交流经验；另一方面，两国深入合作，能带动科摩罗高档香料产品的研发，提升科摩罗香料深加工技术水平，提高香料产品的附加值，增加科摩罗的外汇收入，促进科摩罗经济的增长。

（三）共建基础设施

科摩罗是以农业为主的国家，工业基础薄弱，基础设施发展滞后，经济发展依赖国际援助。[①] 为加快经济发展，科摩罗制定了“2030 新兴国家”发展战略，提出大力发展基础设施建设，着力改善电力等民生问题。

---

① 商务部国际贸易经济合作研究院、中国驻科摩罗大使馆经济商务参赞处、商务部对外投资和经济合作司：《对外投资合作国别（地区）指南——科摩罗（2018 年版）》，参赞的话。（采用日期：2019 年 9 月 22 日）

为吸引、鼓励外商参与基础设施的建设，科摩罗放宽投资政策，鼓励外商在科摩罗设立独资企业，对于进驻农业、新技术领域等给予相应的优惠政策。中国于1975年与科摩罗建交，自1976年开始，中国持续不断地对科摩罗提供各项援助，已逐步参与完成科摩罗供水、电力、广播电视和交通运输等多个领域基础设施的建设，得到科摩罗人民的认可。中国和科摩罗可在基础设施领域继续深入合作：一方面，在能源方面，中国可帮助科摩罗开发本国太阳能、风能等可再生资源，以缓解科摩罗电力不足的局面；在港口建设方面，中国可协助科摩罗扩大各主要港口的规模，更新完善港口设施设备，提升科摩罗各主要港口的吞吐和转运能力，提高港口的管理水平等。另一方面，中国可不断提升中国企业拓展海外市场的能力等。

第六章　对吉布提传播的话语体系构建

一、吉布提概况

吉布提共和国是位于非洲东北部的临海国家，与索马里、埃塞俄比亚、厄立特里亚三国毗邻，国土面积2.32万平方公里。吉布提全境大部分为火山岩物质的高原山地，沿海多为平原和高原。由于受地壳板块运动的影响，处在东非大裂谷末端的吉布提地壳厚度比邻近地区薄，加之全境大部分地区由火山岩物质构成，吉布提地震的频率较高，国内火山岩分布广泛。因此，吉布提拥有“地质学上的活标本”之称。

课题组设想的中国和吉布提的合作主要体现在农业、盐矿资源和港口贸易三个方面，所以仅对这三个方面进行介绍。

（一）农业

吉布提全国有十万余人直接或间接从事农业生产。吉布提农业以畜牧业为主，种植业较薄弱，仅在首都吉布提附近种植谷物和蔬菜，耕地面积约32万平方米。目前，全国仅有1000多个农户耕种200余平方米水浇地。随着季节的变化，牧民在林地和草地之间往返迁移，以奶、肉畜产品维持生活。近几年，由于受持续的干旱气候的影响，许多牧民沦为灾民。吉布提粮食不能自给，每年从欧盟、日本等接受粮食援助约1.3万吨。

（二）盐矿资源

吉布提有一个非常著名的咸水湖——阿萨尔湖，湖面低于海平面157米，为非洲大陆最低点。湖周多荒漠和火山，湖区气候干燥，湖水蒸发量大。湖水盐度高达34.8%，即湖水每升含盐量高达348克，与死海相似。这取之不尽的盐库至今没有被充分开发利用，贩盐工人仍用手工开采。千百年来，盐贩赶着骆驼队，冒着酷热，踏着崎岖的山路，一步一步地从非洲的最低点爬上埃塞俄比亚高原，将盐运销到需要的地方。

（三）港口贸易

吉布提自然资源匮乏，工业发展缓慢。吉布提因海岸线长，地理位置上又处于东非大裂谷末端，所以建成深水港。这一资源优势使吉布提港口货运量大增，贸易往来频繁。

二、故事背景

清晨，太阳渐渐浮出海面，一个上了年纪的渔夫来到海边。渔夫放下鱼笼，卷起破旧的衣袖，下到海岸边细细布置一番，然后把渔网撒在水中。等了一会儿，渔夫收起网，网中却只有几块零零散散的石头。再撒下网，起网时只有些废弃的瓶罐。渔夫继续撒下网，然而第三次网中却只有稀稀拉拉的几块盐晶。渔夫对着漫无边际的大海叹息着。

三、海的女儿——迪玛

第一章　接受任务

渔夫望着一无所获的网，心里感到一阵苦闷，于是吟道：

“日夜挣扎在饥饿与危险中的人啊，
白天与烈日相伴，
夜晚与波涛相搏，
却仍旧渔网空空、食不果腹、衣衫褴褛，
难道不曾有人看见，
波涛怒吼的海面上，
渔夫一线单薄身影，
星光璀璨的天空下，
渔夫深深地叹息，
觥筹交错的桌边，
一道道盛宴，

是渔夫的血和泪。”

渔夫吟罢，深深地叹了口气，拿起其中一块盐晶放在布满裂纹的手中，自怨自艾道：“我俩同是窘迫之时，怨这不公的命运。”说罢，渔夫的眼泪一滴又一滴地落在手中的那块盐晶上。

“唉！”渔夫叹了口气，背起鱼笼，拿起渔网，转身离开，随手把那块沾有眼泪的盐晶扔在海滩上。

夜晚来临，一阵风浪卷起那块扔在海滩上的盐晶，盐晶随着汹涌的波涛滚入深海。

日复一日，那块沾有人类情感的盐晶不断吸取从深海涌出来的能量。渐渐地，盐晶有了人类的思想和语言，她给自己取名——迪玛。迪玛畅游在海里，与柔软的海草嬉戏，与欢快的鱼儿说知心话。不知为什么，迪玛渴望摆脱海洋的束缚，想浮出海面，踏上陆地，看看陆地上的世界。

这种内心的渴望使迪玛不停地积聚着幻化成人形的能量，她也在努力地飘向浅海。终于，在一个微风徐徐的夜晚，在内心强烈欲望的驱使下，迪玛体内聚集的巨大能量终于把她幻化成人类。

这突如其来的变化，促使迪玛激动万分地游出海面并高声唱道：

“感谢这世界，
赐予我生命与灵魂，
感受这新奇的世界，
披着月光，
戴着星辰，
与轻风起舞，
与海浪共飞，
与一切万物生灵，
享受这美好的时光。”

迪玛停止了悠扬的歌声，因为她被眼前的景象深深地吸引了——灯火闪烁的港口，几艘商船已闪起出发的灯光，点点灯光倒映在海面上，宛如遗落在大地上的颗颗繁星。一声声汽笛打破这静谧的夜，岸边早已歇息的海鸟群被悠远的汽笛声惊吓得四散而去。

迪玛兴奋地向四周张望，新奇地打量着眼前的一切。陆地上的世界对于长期漂流在深海里的她来说是那么的陌生而奇妙。远处港口又闪起几点灯光，迪玛小心翼翼地向停靠在岸边的商船游去。

“那真是太奇妙了！”忽然，一道浑厚的声音传来，迪玛不由得竖耳倾听。

“是啊，世界之大，无奇不有。在我去过的国家中，遥远东方的华夏国是最奇妙的国家之一，那里地大物博、物产丰富，南边是柔柔水乡，北边是荒芜沙海，还可以在那里体验五十六个民族的五十六种风情……”另一道尖细的声音说道。

两人的对话使迪玛展开无限的遐想，仿佛自己已置身于那个神奇的国度，她不时地小小惊呼一声，又不时地露出微笑，眼睛在水面上闪闪发光。终于，海面重归平静，港口上的灯火也变得稀少起来。迪玛折身隐在水里，离开商船快速地游出港口。不知过了多久，迪玛终于浮出海面，高声唱了起来：

“我心向往，
一个美丽而神圣的国度，
那里的和平繁盛，
那里的千年文明，
那里的万里风光，
都令我神往，
我要带着那颗探索的心，
勇敢探求。”

曲罢，海面上忽地翻起一个巨大的浪花。迪玛一惊，却见身边多了一位长发披肩的美丽女子，正轻声而悠长地唤着她的名字。

迪玛惊讶地问道：“你怎么知道我的名字？”那位女子笑道：“我不仅知道你的名字，连你的来历都一清二楚。”迪玛又问道：“你究竟是谁？”“我是海洋之神，而你就是吉布提阿萨尔湖城召唤的使者，你要完成拯救阿萨尔这个城市的使命。”迪玛惊呼起来：“使命！”海洋之神叹口气，耳语着将事情的原委一一讲给迪玛听。

第二章　精灵之战

海洋之神静静地诉说着发生过的一切："在很久很久以前，我的家乡美丽富饶，人类、水部落和植物部落和平共处。那个时候，土地总是被大片大片的绿色覆盖着，小河每天都在土地上欢乐地奔跑着，小鸟每天都快乐地唱着歌。这里的人类，邻里和气，安居乐业。而我们精灵世界有着不同的物种，形成不同的部落，例如植物部落、水部落、盐晶部落等。在精灵世界，随着植物部落的精灵越来越多，他们的力量也越来越强大。植物部落不但没有因自己的强大而欺压其他部落，而且经常帮助弱小的部落。就这样，精灵世界也迎来了太平盛世。长此以往，植物部落受到大家的认可与喜爱。直到有一天，植物部落里的一个树精灵对他们的族长说：'族长，水部落本来没有我们强大。他们依靠我们不断强大，万一有一天他们的力量超越了我们，我们植物部落的生存可离不开水部落，必须要居安思危啊！''不会的，我们一直是朋友，而且我们都热爱着这片土地。'植物族长回答道。树精灵听后便默默地退下了。

这一天，太阳高高地挂在天空，炙烤着大地，天气似乎比平时更热，植物部落里却发生了一件不寻常的事。族长最疼爱的小女儿得了一种怪病，她的身体开始变黄、变软。没有精灵知道原因，大家都焦急地想着办法，族长的脸上也好几天不见笑容。这时树精灵说：'族长，听闻水部落里有一种神奇的水滴能治百病，我们可以向他们寻求帮助。'于是，族长便派树精灵前往水部落寻求帮助。

树精灵见到水精灵部落的族长后，说明了来意。水族长听后，满脸遗憾地对树精灵说：'我很理解你们的心情，也非常想帮助你们植物部落，治好公主的病。但是，你们想要的这个水滴关系到我们整个水族部落的命运。如果我把它给了你们，我们部落的精灵也都活不了了，很遗憾不能帮助你们，但请一定要向你们的族长表明我的心意和难处。'

树精灵听后，只能回去了。在回去的路上，他想到上次向族长建议要小心水部落，族长没有理会，这次他必须让族长意识到自己谏言的重要性。回去后，当族长急切地问他有没有从水部落借到那个神奇的水滴时，树精灵装作非常愤怒的样子说：'族长，我去向水族部落的族长借水滴，

他不但没有给我，还说区区一个植物部落的精灵，值得我帮助吗?’

植物部落的族长听后，一想到女儿痛苦的样子，勃然大怒道：‘没想到水部落族长竟然是个见死不救的人，枉我平时还那么相信他。’

见状，树精灵趁机煽风点火：‘族长，我早就看出水部落对我们不满了，我们植物部落平时给了他们那么多帮助，他们却连一个小小的水滴都不愿意给我们。您必须向他们表明您的态度，不然随着他们的势力日益强大，总有一天会威胁到我们植物部落啊。’

对女儿的过度担忧，让植物部落族长失去了理性：‘这个水族长真是太过分了，不给他点厉害看看，他还以为我们好欺负呢!’

于是，植物部落向水部落发起了战争。水部落是后起之秀，力量还无法与植物部落相抗衡，没有打几个回合，就败下阵来。

战争结束后，水部落的族长和精灵们非常伤心，他们没想到平时那么信任的植物部落会向他们发动战争，致使他们失去了家人和朋友。

水部落的精灵们十分痛苦，于是水族长带着他的精灵们离开了这个伤心地。

起初，植物部落很高兴他们战胜了水部落，但是好景不长，随着水部落的离开，植物部落因缺水而生病的精灵越来越多，整个植物部落也渐渐失去了生机。

植物族长找到树精灵想问他有没有什么解决的办法，没想到树精灵也开始枯萎和衰老了。

植物族长只能看着他的精灵们整日生活在病痛的折磨中却无计可施。土地上的绿色越来越少，大家都生活得非常痛苦，整片土地都被一种悲伤的气氛笼罩着，再也没有了往日的生机与活力。

渐渐地，这场危机开始蔓延至人类社会，河流干涸，绿色逐渐被一片片黄土所覆盖，数月不见雨水，干旱随之而至。人们为了寻找水源，四处迁徙，国家也陷入一片惶恐混乱之中。不少人在这场灾难中生病而死去。”海洋之神讲完这段经历，又深深地叹了一口气。

迪玛听后，疑惑地问道：“可我只是一个小小的盐晶精灵，能力有限，该如何完成拯救吉布提阿萨尔湖城的使命呢?”海洋之神道：“不必担心，你既然能幻化成人形，就说明你身上有着非同寻常的能力。而你是盐精灵，盐遇水则化，所以你要与水精灵或者冰精灵保持距离。不过，它们同系一脉，在你需要它们的时候，只要它们在场，就会随时帮助你。首先，你必须亲自用手雕刻出水精灵族长的雕塑，然后拿着雕像对着他唱歌，只有你的歌声才能召唤他回来。而只有水精灵族长才能唤醒其他水精灵。有了水精灵，这里才能重现生机。其次，你要找到耐旱的植被帮助植物部落重获生机。经过这次灾难，很多植物死去了，必须重新种植。”

迪玛问道：“那我既不会雕刻技术，也没有见过水精灵族长，也不知道耐旱植被在哪里，怎么才能帮助吉布提呢？”

海洋之神看向东方，轻声念出那个名字：“华夏国。”

“华夏国？”迪玛喃喃自语道。忽然，蓝光一闪，海洋之神幻化出一个画着水族精灵族长的木牌，对迪玛说：“这是水族族长的图像，按照这个图像雕刻出它的样貌就行。”

迪玛连忙伸手接过木牌保存好。

“呜——”一阵悠长的汽笛声响起，海洋之神轻声对迪玛说道：“去吧，迪玛，拯救阿萨尔的使命就交给你了。”海洋之神说完，就消失在那片大海之中。

迪玛静静地回望着那片曾孕育她的海湾，终于转身踏上了一艘商船，开启了一段崭新的旅程。

第三章　扬帆启程

商船经过两周的颠簸漂流，停靠在阿曼的一个海湾。

清晨时分，迪玛独自走在甲板上。船的护栏上放着一对栩栩如生的小动物摆件，迪玛不由得走近，拿起其中一个，发现原来是一只极其可爱的小猴子，那只小猴子正在对着她招手微笑。忽然，一阵脚步声从后面传来，迪玛连忙放下手中的小猴子向旁边挪了几步。

她看见一个黄皮肤、黑头发、身材高大的男人向身边的朋友道别后，一路走到小摆件旁。一坐下，他就拿起手中的工具对那两个小摆件进行雕琢。迪玛不由惊讶地问道：“请问，这是您雕刻的吗？”

那个男人抬头微笑着，用阿拉伯语对答如流：“是的，我是个雕刻家，正在雕刻十二生肖。”

“十二生肖？”

那个男人看着迪玛疑惑的表情，慢慢地解释道：“是的，分别是鼠、牛、虎、兔、龙、蛇、马、羊、猴、鸡、狗、猪。”

“哇，”迪玛不禁失声感叹道，“真是太可爱啦。”

雕刻家笑道：“这只是我们国家传统文化的一部分，我们华夏国还有更多博大精深的文化。”

“您来自华夏国？”见雕刻家点点头，迪玛的情绪有些激动，“太好了，我此次正是要去华夏国。若您愿意，可否给我介绍一下华夏国？”

雕刻家爽快地道：“我刚好要回华夏国，我们结伴而行，交个朋友吧！能交到你这个朋友是我的荣幸。”

“那真是太好了，有了您的帮助，我这次一定能有所收获。”

迪玛说着，又疑惑地问道：“您既然是华夏国人，为何如此精通阿拉伯语？”

雕刻家笑道：“这几年我常游历于阿拉伯各国，与当地人交往得多了，自然就会说阿拉伯语了。”

迪玛了然地点点头，目光下移，又看见另外两只小动物摆件，不由心生欢喜，说道：“我能在旁边看您雕刻吗？我想学习雕刻。”

雕刻家点头同意了。迪玛便坐在一旁，静静地观赏。

夜晚静悄悄地来临，仿佛生怕惊扰了雕刻家手中即将诞生的“生命”似的。片刻后，雕刻家停下手中的工作，但迪玛还没从雕刻家带给她的惊奇中缓过神来。这时传来一阵嘈杂声，迪玛一下子回过神来，望向那声音发出的方向——只见一个衣衫褴褛的小女孩跑到迪玛和雕刻家身边，用乞求的语气说道：“请帮帮我吧。”

雕刻家皱了皱眉，询问道：“发生了什么事？”

那小女孩哽咽地说道：“他们误会我偷了东西，可是，我什么也没有拿。”

迪玛这时急忙走到她身边，询问道：“那你为什么不向他们说明这一切？”

小女孩声音颤抖地说：“我解释过，可他们不相信我，我虽然贫穷，但我从不做违背良心的事，我……”小女孩还未说完，愤怒的人群已经冲向他们三人，这时迪玛勇敢地站出来高声唱道：

“世界赐予我们以生命，

从未有过高低贵贱，
贫穷不是丑恶，
可怕人心蒙蔽，
罪恶的灵魂终将被世人所贬斥，
而高尚的灵魂也终将被世人所赞美。”

迪玛唱完，厉声问道：“你们为什么说是她偷了东西，难道仅仅是因为这个孩子的穿着吗？倘若她偷了东西，正义自会惩罚她，倘若她没偷东西，自然心中坦荡，你们不能根据穿着来判断她的人品。”

迪玛说完，周遭一静，众人陷入了沉思。片刻后，周围响起阵阵议论声，声音越来越大。终于，一个男人红着脸，走上前，拿出那件丢失的东西低声说道：“是我偷了这件东西，我请求宽恕。”人们见状，也纷纷惭愧地低下了头。

终于，这件事情水落石出了，小女孩怯怯地对迪玛说道：“谢谢你。”

迪玛真诚地对小女孩说：“没关系，你是从哪里来的？”

“我的家乡发生了灾难，干旱席卷了整个部落……”小女孩停顿了一下，接着又难过地说道，“我只好背井离乡来寻找生计，可是我的家人、朋友还生活在痛苦之中。我上这艘商船的时候，他们都来送我，期盼我能为他们寻求一个充满希望的城市，但现在看来……”小女孩还没说完，就流下了悲伤的眼泪。

迪玛听后，像是想起了什么，缓缓地问道：“你的家乡可是吉布提的阿萨尔湖这个城市？”

小女孩惊奇地道：“你怎么知道？

得到答案后，迪玛想起海洋之神给她的嘱托。没想到精灵之战带来了这样大的灾难，作为精灵中的一分子，她更要担负起拯救吉布提阿萨尔湖城的责任。想到这，迪玛开口道：“我十分同情你的遭遇，我们来自同一片土地，现在家乡有难，我作为其中的一分子，有同样的责任和义务帮助阿萨尔湖城渡过难关。”

小女孩走后，雕刻家走上前问道：“你怎么知道那个小女孩没有偷东西？”

“人的眼睛是不会骗人的，眼睛是这个世界最神奇的东西。”迪玛说道。

雕刻家赞许地点点头，接着说道：“你想学习雕刻？你愿意去我的家乡吗？我家乡的雕刻很出名，我可以系统地教你雕刻的知识和技巧，也会一同帮你寻找解决问题的办法。”

迪玛沉思了一会儿，答应了他。

经过一段漫长的路途，船终于抵达华夏国，迪玛和雕刻家一起收拾好行囊下了船。就这样，迪玛开始了一段崭新的生活。

迪玛和雕刻家直到寒冬时节才抵达他的故乡。雕刻家的故乡在华夏国的东北部，那里的冬天漫长而寒冷，因此被称为冰雪之城。勤劳智慧的华夏人将大自然恩赐的冰雪雕刻成形态各异的冰雕作品。

迪玛在雕刻家的家里休息了几天，便迎来了当地颇负盛名的冰雕展，雕刻家迫不及待地带着迪玛赶往冰雕展。

在之前那段漫长的航行中，迪玛在好奇心的驱使下向雕刻家学习了一些简单的雕刻技艺。虽然只是粗略的接触，迪玛却早已被那精妙的雕刻艺术深深吸引。但当迪玛真正看到眼前展会所陈列的展品时，才明白了雕刻家在船上的时候为什么会对自己家乡的冰雕那样赞不绝口了。

首先映入迪玛眼帘的是一只不知名的做腾飞之势的巨大神兽。不知道是不是由冰做成的缘故，神兽修长的身躯上似有一弧冷光划过，隐隐地透出威严之态。

迪玛不明白为什么会有冷光划过神兽的身躯？也许是因为冰是由水凝成的晶体，与自己的本体属于同族同系吧。望着眼前这座威严的神兽雕像，迪玛心中似有所感，但这感觉却又虚无缥缈、无从捉摸。

就这样想着，迪玛不禁停留在雕像前久久无法移动。此时雕刻家的声音在她耳边响起：“这是龙，是华夏民族的图腾，古书有载：‘角似鹿，头似牛，嘴似驴，眼似虾，耳似象，鳞似鱼，须似人，腹似蛇，足似凤。’这条龙雕刻得栩栩如生，想不到在我离开家乡这段时间，冰雕能手已经如此之多了。”

迪玛被这一连串描述弄得迷迷糊糊的。雕刻家似乎也看出迪玛的迷茫，笑着挠挠头，说道：“抱歉，我应该解释得更直白一些，解说得文绉绉的，可不是一个好向导。”

迪玛听到这话，也笑着说：“没关系，这正是我所感兴趣的。”说着，迪玛便开始向里面走去，她姑且抛下心中的疑惑，想先去探索这个令人倍感惊奇的冰雕世界，身后的雕刻家也跟了上去。

“咦？这是什么？”迪玛指着眼前的一座冰雕问道。“这是我们华夏国传统婚礼中的新郎新娘。在传统的华夏国婚礼中，新娘需凤冠霞帔，新郎需十字披红。”雕刻家回答道。

迪玛接着问道：“那他们旁边的小盒子又是做什么用的呢？仔细看的话，上面还有一只……”雕刻家回复道：“这是聘礼，上面是一只大雁，因为大雁一生只寻一次偶，因而我们也将聘礼称作‘雁币’，以此表达美好的寓意。”

明月高悬，迪玛独自坐在门前的石阶上，回味着这一天观看冰雕展的新奇经历。忽然，她感到鼻尖有一点冰凉，还以为是水滴落在上面，正要伸手去擦，却听到一阵稚嫩软糯的童声：“哎呀呀，别碰我！”

迪玛一惊，正起身间，突然感到一粒小小的凉凉的东西从鼻尖掉下来，落在了自己的手背上。迪玛抬手一看，只见一个犹如黄豆大小、身体清透的冰精灵正狼狈地坐在自己的手背上。迪玛怔愣间，手中的冰精灵已站起来整理自己的衣物。这时迪玛才看清，这个冰精灵所穿的似乎是华夏国少数民族的服装，还梳着长长的辫子，戴着圆圆的小盖帽，再配上那肉嘟嘟的小脸蛋儿，竟然平添了几分可爱，令人对她顿生好感。

“呼……刚才可吓死我了！你是？”迪玛不解地问。

“我是东北水凝成的冰精灵。冰精灵、水精灵同族，可以相互转化。咱们都是精灵，有特异功能，可以听懂任何精灵的语言，所以我们能听懂彼此的语言哦！”冰精灵说道。

迪玛惊奇地道：“你竟然知道我的……”

“是的，我知道你是盐晶化成的，而且……”冰精灵皱起鼻子闻了闻，“你的家乡在遥远的非洲大陆上，还在海边，对吧？”

迪玛更惊讶了：“想不到在这里还能遇到和我一样的精灵朋友！”带着难言的欣喜，迪玛唱起了歌：

“远方的朋友啊，
你是一片溶溶的月光，
宛若再次梦回故乡，

你是一缕柔柔的轻风，
宛若我心头的思念，
你是黑夜中的星光，
带给我希望和勇气。”

迪玛悠扬的歌声渐渐停止，冰精灵的脸上已满是陶醉之色。此时，迪玛又疑惑地问道：“冰精灵啊，冰精灵，你是如何知道我在这里的呢?”

“我在冰雕展览上看到了你，而且我们可以相互感应、相互召唤。也就是说，我想你来到我的身边，只要你愿意，你就可以见到我。”冰精灵说道。

迪玛恍然大悟：“啊！冰雕展览……那时候我心中似有所感，是你吗?”

“是的，我当时感受到你的存在，想要和你对话，但是你似乎正忘情于冰雕作品之中，没能回应我。”

迪玛笑道：“是啊，我对华夏国的冰雕技术十分感兴趣，最近正在钻研这门手艺。”

“学习冰雕技艺吗？那你可算是找对人了！我是冰凝成的精灵，要是论起冰雕技术，还有谁会比我更厉害呢？不瞒你说，在这次的冰雕展上，我就偷偷放了几件作品进去。人们看了，都赞不绝口呢!”冰精灵得意地说道。

“是吗?”迪玛听到这个消息，十分惊喜，“那真是太好了！有了你的指导，我相信我一定能制作出精美的冰雕作品!”

冰精灵很开心地道：“当然!”

转眼间，迪玛已向冰精灵学习了两周的冰雕。在这两周里，迪玛的雕刻技艺大有进步，也渐渐对古老华夏国的文化有了更深的理解。

“其实，无论冰块保存了多么久，抑或被雕刻得多么精致，其最终的结局都是重新化作水，渗入泥土，重新回到江河湖海中去。”冰精灵语重心长地说道。

在接下来的日子里，迪玛在跟着雕刻家学习雕刻技术的同时，也对华夏国有了更深的认识。华夏国就像一个求同存异的大会场，包容而开放地对待每一个来到华夏国的朋友。交流、通商、贸易等等，一切都在这里有条不紊地进行，各国五花八门的产品也在这里互换互通。每当看到这样的集会，迪玛都会想到自己的国家——自己的国家如果能够这样繁荣昌盛，该有多好啊！

长期和雕刻家在一起学习、生活，盐精灵慢慢地爱上了雕刻家，雕刻家也义无反顾地爱上了盐精灵。雕刻家知道盐精灵的任务，因此为了让盐精灵专心学习雕刻技艺，他答应帮她寻找耐旱的植被。

六个月一晃而过，在冰精灵的指引下，迪玛不仅提高了自己的冰雕技艺，还可以独立完成冰雕作品。迪玛深知离别的时刻将要来临，她向冰精灵告别，冰精灵打趣道：“没关系，我们都是精灵，如果你需要我，只要我在，就会帮助你。”

最艰难的时刻到来了，她要向自己深爱的雕刻家告别了。在这段时间里，雕刻家给了她无私的帮助和悉心的照顾，带她来到华夏国，将她带上冰雕之路。现在，她要和这位亦师亦友亦恋人的男人分别了，心中充满了不舍。

“雕刻家先生，我可能再待几天就要走了。”迪玛眨了眨眼，“和你在一起的这段日子很愉快，也很幸福。没有你，我也不会有机会学到雕刻，谢谢你。”

“没什么需要道谢的。”雕刻家轻轻地拍了下迪玛的头，“去实现你的梦想吧，只是我还有东西要送给你。”

迪玛抬起头安静地看着他。

“迪玛啊，带着这些耐旱的种子回到你的国家吧，那里有很多黎民百姓等着你去救援。你是个坚强的女孩，因为你敢独自一人来到这异国他乡。你有抱负，也有责任心。我知道你一直念念不忘你的国家，你有见识和能力去改变现状，所以你一定要担当起自己的责任。”雕刻家温柔地看着她，继续说道，“傻丫头，记着我说过的话。你随时可以来找我，我会等你的。你知道我有多爱你吗？你善良、美丽、聪明、好学。不论你遇到什么困难，都不能放弃。你不要畏惧，也不要逃避，勇敢一些。”迪玛点了点头。

虽然雕刻家先生心中有不舍，但是他仍然对迪玛表示支持和鼓励。迪玛接过种子，深情地和雕刻家相拥在一起。此时，迪玛隐约听见种子包裹里有声音。她知道里面有精灵，于是打开来看个究竟。原来包裹里面有高粱精灵，她从袋子里走了出来，幻化成一个美丽的女子。年龄相仿的两个女孩子一见如故，高粱精灵更是上前一步，说："我想我可以帮助你。我本来就是耐旱的植物。我可以跟你去你的国家，一同解救植物精灵。我们先让植物部落的精灵们恢复，其实植物部落和水部落都是善良的精灵，原本就和睦地生活在一起，肯定是误会导致他们关系破裂的。我们可以一起努力，消除植物部落和水部落的误会，让你们的国家再次重现生机与活力。"

迪玛听了以后，非常感动，她对高粱精灵表达了谢意后，就开始计划自己和高粱精灵如何回到吉布提了。

第四章　返回家乡

经过几天的跋涉，商船停靠在科摩罗，迪玛和高粱精灵走下船稍事休息，凉爽的风吹来，使她们精神一震。这时迎面走来一个小女孩，她热情地向迪玛打招呼。两人一聊才发现，这个女孩子是吉布提人，在华夏国做医药生意，前不久，听说家乡干旱，民不聊生，她这才带着药材赶赴家乡。

两人一见如故，迪玛也向这个女孩说出自己的境遇，并希望她能和自己一起回到吉布提去帮助那里的人们。就这样，两个女孩和高粱精灵一同踏上了返回吉布提的路。

终于，迪玛带着高粱精灵和那个吉布提女孩回到了吉布提。女孩先去看望父母，再打算和两位精灵汇合。迪玛顾不得休息，立刻去拜见了植物部落的族长。谁知，植物部落的族长已奄奄一息，正等待着死亡的来临。

迪玛见状，便拿出自己雕刻好的水部落族长的雕塑，对着他唱起动听的歌。不一会儿，水部落族长缓缓地走过来。植物部落的族长为之一震——眼前竟是许久不见的水部落族长。水部落族长也惊奇地问迪玛："盐精灵，有什么事情吗?"

植物部落的族长还未等迪玛开口，便面带愧色地说："是我的错。我受到恶人蛊惑，让两个部落遭受了这般灾难，甚至波及到无辜的人类。我向你们水部落表示歉意，希望能取得水部落的原谅。"

水部落族长听到这，也心生感慨："不，我也有错。我早已听说这里生灵涂炭，我不应该赌气，我来晚了。事不宜迟，既然现在我们已冰释前嫌，就应该协力合作，重新找回我们丢失的家园。”

植物部落的族长大为感动，说道：“是，我们本就是互相扶持的一体，遇到困难就更应该团结合作、同舟共济，而不是相互指责、彼此埋怨。”迪玛听了这一番话，更是赞同不已、连声附和。就这样，水部落族长带领着众精灵重新回到那片土地。

在植物部落族长的带领下，高粱精灵将一大袋耐旱种子撒播到土地里。在水精灵的帮助下，种子很快成长起来。几个月后，这片土地又出现了生机勃勃的景象。

高粱精灵看到自己为这片土地带来的变化，深深地感受到自己的价值。在众精灵的恳求下，高粱精灵决定留在异国他乡，为这个国家做贡献。她带领着精灵们走遍全国各地，帮助许多干旱地区种植耐旱植被。就这样，这片大地又开始出现植物的身影。

但水精灵们由于元气大伤，不足以浇灌大面积的植被。不久，一些植物还是枯萎了。迪玛一筹莫展，她看着远处的高山，忽然想起回国途中看到的华夏国贺兰山脚下的农业灌溉场景。灌溉的水在压力的作用下通过管道上的洞，像喷泉一样向四面八方分成细小的水流。这种灌溉方式既可以节省水精灵的灵气，又可以照顾更多的植物，一举两得。迪玛将这一想法告诉水精灵部落的族长后，族长赞不绝口。不出一个月，在人类的帮助下，这种方法就广泛使用起来，使大量的植物受益。

就这样，水部落和植物部落重新回到和谐的状态，流离在外的居民也回归了故土。吉布提女孩带来的华夏国药材也帮助人民恢复了健康。虽然这个地方干旱的现状还在持续，但是一切都会越来越好。至少，整个国家的精灵和人类都坚信无疑。

迪玛也受到这个部落的尊敬，她不但把自己在华夏国学到的雕刻技术传授给当地居民，还通过雕刻家的帮助为当地居民打开了通商贸易的新道路。

天有不测风云，一天，由于遗留下来的隐患，这个部落再次发生干旱，人们又陷入了恐慌，迪玛不得不想办法去解决。忽然，她想起了在华夏国的冰精灵。她在心中默默地祈祷，睁开眼后却惊喜地发现冰精灵正站在她的眼前。

冰精灵说：“不要惊讶，我只是感受到你的召唤。”迪玛激动地用手托起冰精灵。冰精灵沉思后说道："我有一个办法。"迪玛急切地看着她，冰精灵接着说道："我们身体里的水晶相结合可形成水源，只是如果这样做，我们就会失去生命。"

迪玛听完，毅然地说道："这是我的使命啊，这才是我生命的意义。冰精灵，你会愿意帮我吗?"

冰精灵温柔地看着她，点点头，说："我没有问题，因为只要我流到温度低的地方，就会变回原形。只是你，需要花很长很长时间，才能变成盐晶。"

当人们听闻后，急忙赶来，却只看到迪玛和冰精灵已化作一片湖泊，人们纷纷围在湖边高声哭道：

"圣洁的灵魂啊，
代替我们承受灾祸，
你终将被世人所铭记，
爱戴，
召唤。"

由于迪玛的无私奉献，吉布提人民不仅运用迪玛所教授的雕刻技术发展了特色手工艺产业，还通过通商过上了安居乐业的生活。

后来，为了纪念迪玛，人们不约而同地把那片湖称为迪玛湖。

四、故事分配

吉布提在报刊、互联网和留学生这三个领域具有一定的优势，对故事《海的女儿——迪玛》的宣传具有推动作用。

（一）报刊

吉布提目前覆盖面较广泛的媒体是报刊杂志，其中周报多为阿拉伯文和法文报纸，部分报纸已开通门户网站，如《非洲之角》《吉布提民族报》等。《非洲之角》是吉布提第一份阿拉伯语报纸，该报综合性较强，内容多元化。而《吉布提民族报》作为吉布提唯一的官方报纸，发行量较大且涉及领域广泛，有一定的群众基础。[①] 通过报刊领域的宣传，读者能更快进入人物角色，深入理解故事《海的女儿——迪玛》的内涵，引起共鸣。

（二）互联网

2015 年，吉布提电信开通光纤业务，由于网络传输速度提高，吉布提国内使用互联网的人数不断增加。吉布提政府致力于加强与中国在通信领域的合作，对电信业的发展十分重视，以期进一步推动互联网在吉布提的普及。借助吉布提快速发展的互联网，能够快捷而有效地推广故事《海的女儿——迪玛》。

（三）留学生

从 1986 年开始到现在，前往中国留学的吉布提留学生人数逐渐上升。这些赴华的吉布提留学生大多具有较高的文化素养，对中国文化也有较高程度的了解。吉布提留学生在主客观上，更愿意也更具备能力推动故事《海的女儿——迪玛》在吉布提的传播。通过吉布提留学生具有亲和力、说服力的宣传，吉布提人民更易接受故事《海的女儿——迪玛》。同时，借助吉布提留学生的帮助，更多的吉布提人民能够了解并准确地理解故事的内涵。

五、故事消费

故事《海的女儿——迪玛》分配渠道建立后，从报刊、互联网和留学生三个领域分别介绍故事消费的策略。

（一）报刊

在报刊领域的消费通过宣传、刊登和合作营销三个策略实现。

1. 宣传

将故事《海的女儿——迪玛》中的人物形象融入儿童用品的广告设计

---

① 马晓霖、韩博：“亟待振兴的吉布提新闻传播业”，《对外传播》2018 年第 5 期，第 75—78 页。

中，拍摄制作成广告并上传至吉布提主要报刊的门户网站。借助广告的高曝光率、丰富的表现手法和镜头的渲染力等，吸引吉布提人民了解故事《海的女儿——迪玛》。

2. 刊登

通过前期的广告宣传，使故事《海的女儿——迪玛》在吉布提拥有一定的受众群体。将故事刊登在吉布提各主要报刊，并针对不同读者设置不同的阅读版面，如儿童漫画版、青少年故事版、成人阅读版等。与此同时，报刊专门开设交流板块，接受吉布提人民关于故事的意见、建议和读后感等。定期进行有奖评选，从而引发对故事《海的女儿——迪玛》的热烈讨论，深化吉布提人民对故事的理解和思考。

3. 合作营销

以故事《海的女儿——迪玛》为蓝本，与吉布提礼品厂、玩具厂等企业合作，设计生产出故事系列小礼品或玩具。凡是订阅刊登故事《海的女儿——迪玛》报刊的读者，即可获赠一份精美的故事系列小礼品。凡是购买故事系列小礼品或玩具的消费者，即可随机获赠一个月的刊登了该故事的报纸。通过不同的营销策略，进一步扩大故事的覆盖面。

（二）互联网

在互联网领域的消费通过搜索引擎、电子邮件、线上互动三个策略实现。

1. 搜索引擎

与吉布提网络公司合作，建立以故事《海的女儿——迪玛》为主题的网站。利用 SEO（搜索引擎优化）技术，不断优化故事网站的搜索关键词、主题内容等，提升故事在搜索引擎中的自然排名，增加故事的点击量。利用搜索引擎广告中的 PPC（点击付费广告），与各大门户网站或者吉布提访问量较多的网站进行合作，设置有效的关键词，吸引读者点击广告，随即广告界面便跳转至故事《海的女儿——迪玛》的网页。读者通过浏览故事网页，可进一步阅读故事《海的女儿——迪玛》。

2. 电子邮件

先将故事简介通过电子邮件免费发送给互联网用户，有意向阅读故事的用户可以订阅邮件，从而初步确定故事的读者用户群。订阅故事的读者前期可以免费试读，而随着剧情的不断推进，想要继续阅读后面章节的内容，则需要付费购买。按照购买章节数量给予读者折扣优惠，逐步使故事《海的女儿——迪玛》拥有固定的读者群。

3. 线上互动

在故事网站中设置留言板网页，在其上开展以故事为主题的知识竞答等活动，与吉布提的读者进行线上互动、交流。这样，不仅可以拓展吉布提读者的知识面，不断激发他们阅读《海的女儿——迪玛》的兴趣，还能提高网站浏览量，逐步扩大故事的受众群体。利用互联网媒体、社交平台等，可举办录制故事观后感视频大赛等线上活动，引导吉布提读者进一步深入了解故事的内涵，扩大故事在吉布提的影响力。

（三）留学生

在留学生领域的消费通过比赛、舞台剧、演出三个策略实现。

1. 比赛

在吉布提举办在华留学生读后感征文比赛。将多语种版本的故事原文及晋级决赛的优秀原创读后感作品同时刊登在吉布提各大报刊杂志，或者发布在 Facebook、Twitter、WeChat（微信）、新浪微博等社交平台上，并展开热线电话和网络投票。获得票数最高者给予现金奖励，以此提高故事《海的女儿——迪玛》的知名度。

2. 舞台剧

邀请中国文化传媒公司，中国和吉布提两国知名舞台剧编剧、制作团队和导演，两国文化学者以及留学生合作，将故事《海的女儿——迪玛》改编为不同类型的剧本。对吉布提留学生展开集中培训，从中选拔部分留学生与职业舞台剧演员共同在吉布提剧院演绎故事《海的女儿——迪玛》。此类舞台剧包括话剧、歌剧或音乐剧等，可最大限度地吸引吉布提不同年龄段的人群观看舞台剧《海的女儿——迪玛》。

3. 演出

在吉布提各级各类学校、人流量密集的公园、著名的旅游景点，以及文化节、艺术周等活动上演出。通过舞台剧极具视觉冲击力的场景设计、演员真挚的情感诠释、绚丽多彩的舞台灯光特效，观看者可融入角色，仿佛置身于故事中，与主人公一起经历神秘惊险的历程。频繁演出将会扩大故事的受众，增强吉布提人民对故事《海的女儿——迪玛》的理解。

六、中吉合作

中吉合作主要体现在共推农业、共享盐矿资源和加强经贸合作三个方面。

（一）共推农业

吉布提常年少雨，土地干旱，农业生产受到气候、降水等条件的限制，加之吉布提农业技术、设备较为落后且现代化农业人才缺少，其粮食产量无法满足本国人民需求，农产品大量依赖进口，吉布提农业持续发展面临巨大挑战。中国不仅是世界人口大国，还是粮食生产大国，已基本实现粮食自给自足。近年来，中国粮食出口量持续增长。随着中国现代农业科技的进步，中国在节水农业、农业种植技术、农业机械设备、农业科研和现代农业技术人才培养等方面均取得长足发展。如果中吉两国在农业方面达成合作，中国粮食出口吉布提，可以缓解吉布提粮食紧缺问题。同时，依托已有经验和成果，中国可协助吉布提培养高级农业技术人才，提升农业科研水平，改进农作物育种、种植技术，加快节水农业发展以及构建完善的现代化农业体系。而中国在助推吉布提农业发展的过程中，也可扩展自身粮食出口的海外市场，不断增加外汇收入。

（二）共享盐矿资源

阿萨尔湖位于吉布提中部，盐湖面积为 50 多平方公里。阿萨尔盐湖蕴藏着 20 亿吨盐矿资源。盐不仅在食品、航天、农业等领域应用广泛，还是化工产业的基础，与国民生活、国家发展息息相关。因此，阿萨尔湖的盐矿具有巨大的经济开发价值和战略意义。由于吉布提盐矿开发技术、盐矿运输设施设备、盐湖周边的交通运输等方面较为滞后，吉布提在阿萨尔湖盐矿的开发、销售和运输，以及盐产品深加工等方面发展受限。中国盐矿资源储量丰富，盐矿开采历史悠久，盐产品种类多样，在盐矿开采、制盐技术、盐深加工技术等方面有着丰富的经验、成熟的技术和完善的装备。如果中吉两国在盐矿资源开发方面达成合作，不但可使阿萨尔湖盐矿资源得到科学、合理、有效的开发，而且可加快吉布提盐业生产、运输等相关配套设施设备的建设步伐，逐步提高吉布提盐深加工技术水平，从而推动吉布提的制盐工业化进程。与此同时，中国盐业企业也可不断提高海外盐矿开采和开发能力。

（三）加强经贸合作

吉布提地理位置优越，国内政治稳定，治安环境良好，近年来经济发展逐步趋于平稳。[①] 吉布提社会环境包容开放，政府欢迎外资投资，颁布许多优惠政策积极招商引资，为吉布提营造良好的经济贸易投资环境。从1979年中吉两国建交至今，两国在医疗、教育、基础设施建设、工农业等方面保持良好的双边关系。如果中吉两国在经贸方面继续深化合作，越来越多的中国企业将进入吉布提市场寻找合作机遇，如在吉布提投资建厂、参与吉布提经济建设等。中国借助吉布提优越的地理位置以及港口运输方面的优势，可不断发展中转贸易，将更多的产品通过吉布提销往非洲和欧洲市场。中国企业进入吉布提市场，也可为吉布提青年提供职业技能培训，不断为吉布提经济快速发展储备人才，以带动地方经济的快速发展。

---

① 商务部国际贸易经济合作研究院、中国驻科摩罗大使馆经济商务参赞处、商务部对外投资和经济合作司：《对外投资合作国别（地区）指南——科摩罗（2018年版）》，第10页。（采用日期：2019年9月22日）

第七章　对摩洛哥传播的话语体系构建

一、摩洛哥概况

摩洛哥与西班牙隔直布罗陀海峡相望，右接阿尔及利亚，左邻大西洋。摩洛哥气候宜人，在这个被称为“北非后花园”的国度里，可以体验到独特的北非风情。神秘的撒哈拉沙漠，雄伟的阿特拉斯山脉，时而狂啸、时而安静的大西洋等每年吸引着世界各地的游客到此探访。在漫长历史长河的沉淀中，摩洛哥形成自己浓郁的阿拉伯风情。

课题组设想的中国和摩洛哥的合作主要体现在阿甘树和旅游业两个方面，所以仅对这两个方面进行介绍。

（一）阿甘树

摩洛哥地处赤道地区，年太阳辐射量位于非洲前列。地表植被稀少，但阿甘树却适应了摩洛哥的气候，在当地广泛种植。阿甘树产阿甘坚果，其果实品质优良，富含对人体有益的维生素 E、脂肪酸等微量元素。

（二）旅游业

蓝色和白色的舍夫沙万小镇、红色的马拉喀什城、浪漫的非斯以及因爱情电影而被世人所熟知的卡萨布兰卡，摩洛哥的每一处景点都有着让人们向往的理由。异域风情使摩洛哥充满神秘、热情、浪漫、安静的美，去过摩洛哥的游客都有不一样的感触，但都有着同样流连忘返的心情。

二、故事背景

在亚洲大陆的东方有一个美丽而富饶的国家——华夏国。华夏国的国王老来得女，他的王后为他生了一个可爱的小公主。在公主的满月礼上，国王大宴宾客，一个外邦巫师预言公主将在成年之时遇到一场磨难，希望国王和王后不要干预，因为这是公主成长的必经之路。

三、公主的遭遇

第一章　因缘

华夏国的宫殿里，各国使节和王公大臣来来往往，宫内到处充满喜气洋洋的气氛。

国王坐在宝座上，看向王后怀里的小公主，满脸的喜悦：“我竟能在此年岁得此可爱的公主，这真是福泽啊，今天又是七月初七，那我的公主就叫七七公主吧。”

就在大家恭贺国王喜得公主之时，殿外忽然飞进一群黑色的怪鸟，它们嘴里喷着蓝色的火焰，尖叫着冲向王后怀里的公主。国王急忙站起身环抱住王后和公主，竭力保护着怀里的妻女，并大声呼喊着侍卫去射杀这群怪物。

可是，由于这群黑鸟来得让人猝不及防，又带着邪恶的力量，一时竟无法控制，大殿里顿时一片慌乱。就在这时，一位受邀的外邦女巫站了出来，从怀中掏出一块灰色的石头，嘴里念起一串陌生的咒语。

忽然，一道强光亮起，那群黑色的怪鸟尖叫几声后化为了灰烬。

片刻后，大殿里又恢复了平静。国王看向大殿中那个勇敢的女巫，问道：“你叫什么名字？今天你在众人面前展示出自己的智慧与勇气，保护了所有人，我要重重地奖赏你。”

那个女巫操着一口不太标准的华夏语，回答道：“尊敬的国王陛下，我叫扎西拉，很荣幸收到贵国礼部送发的请帖，我今天是特意来为公主的生辰送祝福的。”

“看你的容貌不是我华夏国人，不知你来自哪里？”

“我来自遥远的摩洛哥，随商队来到华夏国，至今已有三年。”

国王思考片刻，说道：“原来是这样，你今日保护了王后和公主，我十分感激，不知你是否愿意留在王宫做七七公主的老师，和其他老师一起教授她知识，我定会用重金酬谢你。”扎西拉回道：“尊敬的国王陛下，即使您不说，我也会陪伴在公主身旁，只是还有一件事我需要向您说明。”

国王听了这话，虽然疑惑，但仍然说道："但说无妨。"

"一年前，由于种种原因，我遭到另一名巫师的陷害，是您出手相助，揭穿了那名巫师的真实面目，我的命才能得以保全。今天，我看到这群黑鸟，就知道这一定是那名巫师的报复。现在可爱的七七公主已经出生，她将会集万千宠爱于一身。但是，她在成年之时将会面临一场巨大的磨难，您不能加以干涉，只能由公主自己去克服，而七七公主只有克服了这个难关，才能获得幸福。"

"那该怎么办呢？我的孩子本应该无忧无虑地过一生才对啊，我可怜的孩子会有怎样的遭遇呢？"国王担忧地问道。

"公主要经历的磨难我无法告知您，我唯一能帮您的就是送予七七公主这个守护符。"

扎西拉说着，便轻念咒语，只见殿中白光一闪，飞出一只白鸽。

"这是我对您的报答，这只白鸽会在公主需要的时候帮助她。尊敬的国王陛下，幸运会追随七七公主的。"扎西拉郑重地说道。

时光荏苒，转眼间，七七公主已经六岁了。因为扎西拉接到来自遥远家乡的信，只得启程回国了。

扎西拉牵着在后花园玩耍的公主，不舍地对她说道："可爱的公主啊，我将要离开这片土地，回到自己的国家，这条项链请你要一直贴身佩戴。当你遇到困难的时候，一定要来找我，这条项链会为你指引方向的。我可怜的公主，当你遇到困难的时候，请你一定要坚强，不要放弃，我会想念你的。"

"扎西拉老师，这条项链真好看，我真舍不得您。"七七公主的眼中噙满不舍的泪水，紧紧地拥抱住扎西拉。

扎西拉也流下了不舍的眼泪，但她依然离开了王宫。

十二年后，七七公主已经成年，出落得亭亭玉立，有着又黑又直的长发、笑起来像弯弯月牙的大眼睛、白皙的皮肤、红润的嘴唇，美丽极了。

正当七七公主在她父王母后的呵护下幸福成长时，不幸却悄悄降临了。自从严师扎西拉离开王宫后，国王和王后更加溺爱七七公主，王公大臣无人敢劝诫，致使七七公主越来越骄纵。

七七公主在书法课堂上不仅不勤加练习，还指使伴读捉弄老师，老师非常生气，向国王禀告。国王原本要严厉地批评七七公主，但当他看到自己可爱漂亮的女儿时，便立马消了气，只是轻描淡写地说了几句。

七七公主见国王不再斥责自己，便撒娇道：“父王，我想去宫殿外面看看，我整天待在宫殿中，快要闷死啦。”

“不行，你还太小，不能一个人出去！”

七七公主撅着嘴，耍赖道：“我都已经成年了，您不放心的话，就让侍卫跟着不就好了吗？如果您不让我出去，我就绝食。”

国王哪里拗得过他疼爱的公主，只好答应了。

这一天，七七公主起了个大早，打扮成平民女子的模样，带着侍卫离开了宫殿。

出了宫门，沿街两旁满是林立的商铺，有卖小玩物的，有卖画本的，还有卖各地小吃的……这些对于七七公主来说都十分新鲜。她着了迷，东瞧瞧，西看看，但只要她一想上前仔细把玩那些新奇的小玩物，侍卫们就拦在她前面做一番检查，稍有问题便阻止她触碰，这令她心烦意乱、十分生气。

于是，七七公主便勒令侍卫们不要紧跟着她，侍卫们只得远远地追随着。没有了侍卫的约束，七七公主又是一身平民装扮，便越发自得地穿梭在人群中。

这时，七七公主忽然看见一只金色的蝴蝶在空中飞舞，漂亮极了，她便一路跟随着那只蝴蝶往前走去，渐渐偏离了主路。而侍卫们的视线中也没有了公主的身影。

慢慢地，天色转黑，玩得不亦乐乎的七七公主这才惊觉自己不仅和侍卫走散了，还迷失了方向。不知不觉中，七七公主走到一个幽暗的森林里，她越来越害怕，不知怎样才能回到宫殿，也不知怎样才能找到自己的侍卫。

正当七七公主不知所措，焦急地四处张望时，发现一个衣衫褴褛的老婆婆瘫坐在树下，她却假装没看见，想要赶快绕过老婆婆继续寻找返回王宫的路。

“孩子，我的脚好痛，可以扶我回家吗？我家就在前面不远处。”老婆婆哀求道。

但是，七七公主假装没有听到老婆婆的哀求，加快脚步继续往前走。

“孩子，看你着急的模样，是在找什么东西吗？”老婆婆继续问道。

这时，七七公主停下脚步，回答道：“是呀，你可以帮我找到回家的路吗?”

老婆婆和蔼地说道：“我可以给你指路，但是你得先把我扶起来。”

七七公主思考片刻，嫌老婆婆脏，便捡起路边的枯枝递给老婆婆，把她拉了起来。

七七公主拿着树枝牵引着老婆婆走向森林。然而，此刻的七七公主并不知道自己的磨难才刚刚开始。

还没走出多远，刚才还慈眉善目的老婆婆转眼间已变成一个美艳的女巫：“你这个倨傲的公主，虽然拥有绝世的容貌、尊贵的身份，但是你一点都不爱护你的子民，你不配成为华夏国最美丽的女子。”

女巫说着，嘴里开始念起咒语，向七七公主施了巫蛊之术。在巫术的影响下，七七公主晕了过去。

再次醒来的七七公主感觉浑身无力，又饿又渴。她艰难地爬起来，走向附近的小溪，正当她想从小溪中捧点水喝时，却发现倒映在水中的自己已变成一个白发苍苍、面目丑陋的老太太，身上的衣服也破破烂烂的。

“那个可怕的女巫对我做了什么?”她大声尖叫起来。

七七公主在慌乱中四处寻找出路，想要逃离这个可怕的地方。

荆棘丛划伤了七七公主的皮肤，森林中时不时飞出几只黑色的怪鸟，并传出几声尖利的叫声，前路幽深莫测，这些都让她恐惧万分。

不知走了多久，七七公主来到森林中一片开阔的地方，空地中间有一间又破又小的屋子，她希望能在小屋找到食物和水，最好还有能帮她恢复容貌的方法。

她连忙走进屋子，但令人失望的是，屋里空无一人，仅有一张旧桌子，上面放着一面积灰的镜子和一块破布。七七公主看向镜中的自己，满心悲伤却又无计可施，只得抖了抖那布上的灰尘，披在头上挡住自己丑陋的面容。

第二章　黑魔法

炎炎夏日，七七公主衣衫褴褛、步履蹒跚，佝偻着腰走在熙熙攘攘的街道上，街上的人看到她，都在小声议论着。

“这个老婆婆怎么这么奇怪，天气这么热，她还包裹得严严实实的，难道是得了什么奇怪的病吗？”

七七公主听到人们的议论，心里很难受，她想着：“天啊，为什么要让我承受如此大的伤害，命运为什么偏偏选中了我。我本该幸福地生活着，可现在呢？我变成这副样子，父王和母后不认识我，我被三番五次地赶出宫殿，还要整天忍受别人的奚落和议论，忍受别人看我如同看怪物的眼光。我活在这世上还有什么意义呢？”

七七公主越想，情绪越低落，轻生的欲望也就越强烈，就在这时，她好像听见了那个邪恶的女巫蛊惑般的声音：“七七公主，你看，现在你的父王和母后不认识你，就连街道上与你毫无相干的人都把你当成怪物看待，你只有离开这个世界，才会得到解脱，才不会这样难过。”

七七公主心中五味杂陈，流下了悲伤的泪水，暗想着：“或许我真的只有离开这个世界才不会这样难过，也不用这样苟且地活着。”

就这样，七七公主精神恍惚地走在路上，又饿又渴，可是又有什么办法呢？她身无分文，当初她跟贴身侍卫在外游玩的时候，身上没有携带一丁点儿银两。以前只要是她想要的，侍卫都会给她买来，可现在她却沦落到这般田地。

这几天，就算她饿得实在受不了，也只能在夜里出来找吃的，可是那时只有集市过后的残羹剩饭，然而她是绝对不会吃这些东西的。

正当七七公主饥饿难耐、口干舌燥之时，她发现自己已在不知不觉间走到湖边，湖水清澈晶莹，湖中的鱼儿游来游去、自由自在。七七公主无比羡慕这些鱼儿，心想自己要是一只鱼儿该有多好啊。

七七公主慢慢地靠近湖边，想捧一点水喝，正当她将手伸进水里时，湖中的鱼儿却纵身一跃，溅了她一脸水。七七公主很疑惑，不解地问道：“可爱的小鱼儿，我真的好渴啊，想喝点水，你为什么不让我喝水？难道是这湖里的水不能喝吗？”

鱼儿很不屑地回答道：“才不是。你看你那么老、那么丑，还喝什么水啊，赶快离开这里。”

七七公主很失落，根本没有意识到自己能够听懂鱼儿的语言，她自言自语道：“就连鱼儿都如此讨厌我，我还有什么理由活下去呢？”

七七公主绝望地跳入湖中，边下沉边心想：“这下我再也不用忍受别人异样的眼光了，再也不会被别人嫌弃了。只是父王和母后啊，女儿再也见不到你们了，你们会不会想我呢?”

七七公主的眼泪就像断了线的珠子，与湖水融为一体。她感觉自己的身体越来越轻。恍惚中，她彷佛看到以前的自己——活泼可爱的她在父王的怀里笑得那样幸福，母后就在旁边一脸宠溺地看着她，宫中的侍卫、宫女对她谦恭顺从，她每天都过得那样幸福、快乐。

七七公主想永远留在这样的梦境里，不想醒来。可这时，她感觉自己的脸正被什么东西蹭着，她微微睁开眼，看见一只白鸽正静静地凝望着她，她很疑惑地问道：“美丽的白鸽啊，是你救了我吗?”

白鸽缓缓地回答道：“我以为你会很坚强、很勇敢地面对这次磨难，没想到你竟这么懦弱，幸好我一路跟随你，发现你跳湖后，就催动魔法让湖中的鱼儿将你托起，不然你就真的沉没湖底了。你要知道，自甘放弃的人，命运将不再眷顾她，无论如何，你都不应该走上这条绝路。”

七七公主不解地问道：“你为什么要一路跟着我，又为什么要救我?为什么我能够听懂动物的语言?”

白鸽慢慢地说道：“你还记得扎西拉老师吗?”见七七公主点点头，白鸽接着说道：“她曾预言你会在十八岁时有一场磨难，所以让我留在你身边保护你，帮助你渡过这次磨难。她还赋予你一个新的能力——能够听懂动物的语言，以便于我们相互交流。”

“竟然会有这样的事情，怪不得父王总是不肯让我出宫。”七七公主说着，面露悲伤，“可是，我终究还是没能躲过这场磨难，亲爱的白鸽啊，我究竟该如何是好呢?”

“答案就在扎西拉老师留给你的那条项链里。”七七公主低头摸向那条项链，心中一亮，仿佛迷途之人终于寻得方向。

白鸽看向低头不语的七七公主：“公主，你要坚强、勇敢地面对接下来的生活，你放心，我会在必要的时候出现，帮助你渡过这次难关。”

有了扎西拉老师留下的项链和白鸽的鼓舞，七七公主的心情逐渐好转，并暗自下定决心，不论结果如何，她都要怀着一颗积极勇敢的心努力寻求破解巫术的方法。

天渐渐黑了，七七公主在湖边找了一处空地。经过这几天的磨难，她身心俱疲，早早地就睡下了，而白鸽则在一旁静静地看着她。

或许是因为身边有白鸽的陪伴，七七公主睡得很香，嘴角不时地微微上翘，估计是做了美美的梦。等到七七公主睁开眼的时候，天已大亮，她看到白鸽在旁边熟睡着，就叫醒了它，笑盈盈地对它说："我们去寻找破解巫术的方法吧！我想见到扎西拉老师，也想去更远的地方看看。"

白鸽欣慰地答道："好。"

七七公主和白鸽离开湖边，走在街道上，如今就算路人以别样的眼光看着她，她也不会因此而感到自卑了。

第三章　沉沦

几经流浪，辗转过许多城邦，早已形同乞丐的七七公主向着一片沙漠挺进。她听人们说，穿过沙漠就离扎西拉老师的家乡更近了。然而，沙漠中的天气说变就变，原本晴空万里的天，忽而就风沙骤起，黄沙飞扬，天昏地暗。

七七公主任由风沙吹打着自己的脸庞。沙漠里蒸腾的热浪好像瞬间能把人蒸干似的，脚下的流沙一波一波地推进，不一会儿，流沙就埋到七七公主的小腿上，她的双腿仿佛被岩浆烫了一般。

七七公主感觉呼吸都变得困难了。突然，风沙聚集在一起，冲向七七公主，并对她说道："快点离开这里，这里不欢迎你，你看上去就如同一个怪物。"

"我不是怪物，我只是……"七七公主已经没有力气去解释，她转头去找白鸽，可是怎么也找不到，她不知道该怎么办，晕倒在沙漠中。

不知过了多久，七七公主终于恢复了神志。一片绿洲呈现在她的眼前，就犹如一块镶嵌在沙漠边缘的璀璨的宝石。七七公主高兴极了，颤颤巍巍地站起来，嘶哑着声音叫喊起来。这时，一个高大的男人听见声音，走向她："你好啊，老婆婆，你现在感觉如何？"

七七公主转身看向那个高大的男人："我感觉好多了，是你救了我吗？""是的，我是一个商人，我是在带领商队运送货物的途中发现了晕倒在沙漠中的你，便把你带到了这里。"

一番交谈后，七七公主才明白原来她在沙漠中遇到了沙暴，与白鸽走散了，又加上缺水和饥饿，她才会感到不适而晕倒了。七七公主对商人充满了感激之情，连声道谢。

后来，商人对七七公主说了很多有关他和他家族的故事，七七公主也很想对商人说自己的故事，可是一想到自己的模样，她就低下头不知道说什么了。商人好像感觉到什么，就问七七公主："老婆婆，你是有心事吗？为什么不开心？"七七公主欲言又止，有苦难言，脑海里只有自己丑陋的模样。她不知白鸽去了哪里，也不知该怎么向商人讲述自己的事情。

商人看出七七公主有心事，也不好勉强她说什么，就说道："老婆婆，我看你孤身一人在沙漠里，是要去哪里吗？或许我们可以同行。"

七七公主犹豫着说道："十分感谢你的帮助，但走出沙漠后，我或许就不能与你同行了，因为我要去摩洛哥找我的一位故友。"

"摩洛哥，你竟然要去那么远的地方。我们要去伊斯坦布尔，我们陪你一程。你过了伊斯坦布尔，只需要乘船就能到摩洛哥了。"

七七公主不由得万分惊喜："真的吗？太好了，有了你的帮助，我一定能得偿所愿的。"

这时，白鸽也找到了七七公主，它扑闪着翅膀落在她的肩头，七七公主激动地向白鸽转述了她与商人的谈话，白鸽也很开心七七公主能够克服困难并交到新朋友。它又展开翅膀盘旋在空中道："七七，我很高兴你有了新的方向，我也会在必要的时候出现在你身边，但现在是时候告别了，记住，永远不要放弃，努力去找到真正的自己。"它说着，便展开翅膀消失在沙漠尽头。

这时，远处传来几声呼喊，商人看向七七公主，轻声道："走吧，老婆婆，我们要启程了。"

就这样，他们踏上了前往伊斯坦布尔的征程。日复一日，七七公主不知道他们走了多久，只知道他们一直行走在沙漠中，她越来越难以忍受沙漠中的天气，还好有商人在身边照顾她，不嫌弃她又老又丑。他为她找来遮挡风沙的衣服，体谅她年迈，还让她骑在骆驼上赶路，留一份水和食物给她……商人的善良仿佛春风化雨一般感动着七七公主的心，让她越发为自己以前骄纵的行为而感到愧疚。

一天，七七公主正在休息时，发现到脖子上的项链突然闪出一道微弱的绿光，但却转瞬即逝。七七公主并不知道这道绿光意味着她离扎西拉老师又近了一步。

第四章　历险

经过数月的艰难跋涉，七七公主终于到达伊斯坦布尔。分别之际，商人留给七七一些钱币，并祝福她早日找到自己的朋友。七七公主十分感动，心中默念着如果有机会，一定要报答商人的恩情。

她和商人分别后，独自走在伊斯坦布尔的街道上。空气中散发着躁动的气息，车水马龙的市场里人头攒动，让人眼花缭乱。七七公主迷茫地看向四周，随着拥挤的人群往前走去，一路不停地打听去往摩洛哥的船停靠在哪里。

又走了许久，七七公主终于看见远处那片海，她激动不已，拖着疲惫的身体竭尽全力地向远处那艘船走去。

哪知七七公主刚走到上船的地方，就被身后涌来的人群推挤上了船。她察觉到周围嫌弃的眼神，垂首颤颤巍巍地走到角落里，只求能早日到达摩洛哥。

慢慢地，随着天色转黑，七七公主有些困乏，只得裹紧衣服缩在角落里稍作歇息。不久后，船上忽然弥漫开来一阵奇异的香气，七七公主努力地想要睁开眼，可脑袋却越来越沉重，随即就陷入昏迷之中。

等七七公主再次睁开眼睛的时候，发现自己正被五花大绑得动弹不得。她的身边还有一些乘客，他们也被捆绑在一起，满目惊恐。被占领的船桅杆上正飘着海盗旗，七七公主叹了口气，明白自己的路途又要变长了。

只见一个头戴船帽、面目狰狞的中年男子拔出剑来吼道："你们的命在我们手上，谁敢逃跑，大海就是你们的归宿！"

刚刚还晴朗的天空霎时乌云密布，雷声隆隆，那位中年男子下令："提高航速，远离暴风雨！"

船在暴风雨中猛烈摇晃，雨水砸向船只，众人心中默念："我们一定要活着离开啊！"

待船终于离开暴风雨，海浪较平和时，一艘大船驶向他们，众人想着有救了，便大喊道："快救救我们吧！"

闻声而来的大船不断靠近，一个高大英俊的男子手持宝剑，带领着一群士兵跳上了这艘被海盗占领的船。经过一番搏斗，高大英俊的男子将利剑刺入海盗头目的胸膛，随后他又转过身斩断绳子，释放了众人。在士兵们的奋力搏杀下，海盗全军覆没。

年轻俊朗的面容映入众人眼帘，那位高大英俊的男子轻叹了一口气："终于解决了。"

正当众人欢呼雀跃时，身后突然站起一个浑身是血的男子，他手持利刃，冲向那名高大英俊的男子。七七公主惊叫一声，起身挡在那个男子的身后，结果匕首刺进了她的胸膛。周围响起一片惊呼，那男子转身接住跌落的七七公主，宝剑一挥，斩向偷袭者，鲜血四溅。

七七公主强忍着疼痛，用力捂住伤口。

一名士兵说道："王子，剩下的海域交给我们来巡逻，您尽快回去吧，让神医为她医治。"

王子点点头，说道："老婆婆，你救了我的命，我万分感激，请跟随我回到王宫，我会请最好的医生为你医治。请原谅我的唐突！"没等七七公主回答，王子就抱起受伤的她启程返回宫殿。

回到宫殿后，守卫王宫的侍卫看见王子怀中抱着的老婆婆，纷纷惊呼道："殿下！殿下！发生什么事情了？"

王子焦急地道："快请神医！"

"是！"

神医匆匆赶来。

王子神情焦虑："您一定要医治好她，她是我的救命恩人！"

"是，殿下，臣一定全力以赴！"

两个小时过去了，神医推开门，舒了一口气，说道："幸好伤口无大碍，我已经用药止住了血，只要老婆婆好好休息，过一段时间就会康复。"

不久后，七七公主终于缓缓睁开眼睛，英俊的男子急切地望着她："老婆婆，你现在感觉如何？还有哪里不舒服？"七七公主嘶哑着声音问道："这是哪里？"

"这里是我的家乡，摩洛哥，你为我挡剑受了伤，危在旦夕，所以我就立刻把你带回宫中进行医治，希望你能原谅我贸然行事。"

听见那三个字，七七公主眼中忽然亮起希望的光芒，惊喜地道："摩洛哥！我终于到摩洛哥了。"

"你看起来不像是我们国家的人，不知你是从哪里来的？"

七七公主叹了口气：“我是从遥远的东方而来，跋山涉水，历经艰难，想要来摩洛哥寻找一位故友。”

“原来老婆婆是要找人，这好办，我是这个国家的王子。老婆婆大可告诉我那人的名字、样貌，我定会帮老婆婆寻得那人。”

“真的吗？你真是一个善良的人，有你的帮助，我一定会找到扎西拉的。”

王子微笑地道：“是你的勇敢帮助了你自己。”

第五章　重逢

半个月后，七七公主的身体恢复了许多。久卧病床，她感到万分无趣，所以当王子再一次来探望她时，她小心翼翼地提出自己的要求——希望王子能带她到王宫外面看看。王子很爽快地答应了她的要求，决定陪她一起出宫。

当七七公主走出房间，再一次看到这个奇妙的王宫时，感觉无比新奇。以前她觉得自己父王建造的宫殿是最美丽、最繁华的，没有想到这里的宫殿更加美丽、耀眼，一切看起来都是那么的美好。

出了宫门，街上到处是杂货店，那些小玩意儿一直吸引着七七公主的目光，她想买一些送给扎西拉老师，可是一想到不知何时才能再见到老师，她又不禁啜泣起来。

王子看到七七公主这么伤心，不禁为自己迟迟寻不到扎西拉而感到愧疚，于是安慰道：“我带你四处看看吧，街上有好多小东西呢，它们可都是摩洛哥勤劳的人民制作的，你别伤心了，好不好？”七七公主听后，擦干眼泪跟上了王子的步伐。

一路上，王子细心地照顾着七七公主，给她介绍街上的东西，如精美的手工地毯、各式各样的手工制品，还有摩洛哥特产的阿甘果、椰枣和仙人掌。

走到一个卖手镯的小铺，七七公主眼尖地发现一只绝美的镯子。在她看来，没有比这个镯子更好看的物件了，设计简单而不失华美，图案细致，纹路清晰。

王子看到七七爱不释手的样子，就掏钱帮她买下了这个镯子。七七公主十分感谢王子，连带着心情也变得无比美妙。她觉得自己马上就能见到她的老师了，可人生就是这样坎坎坷坷、事与愿违。

看到小铺的项链时，七七公主禁不住伸手摸向扎西拉老师赠予她的项链。她小心翼翼地掏出项链，想看看它能不能给她什么提示，因为扎西拉曾说过，项链可以指引自己找到她。于是，七七公主拿出项链，却发现项链正发着绿色的光。

七七公主激动地对王子说："你快看啊，原来我的项链真的会发光。"

王子惊异地道："你项链上的绿宝石竟然会发光，好神奇呀!"

"我的朋友曾经说过，这个项链会指引我找到她。我之前并不知道绿光代表什么含义，现在看来，这个绿光应该是提示我离我的朋友更近了。"

"你一定会找到你的朋友的。"王子的安慰让七七公主释然了许多，她又露出喜悦的神色。然而，两人没有发现的是，就在离他们不远的地方，有两个人正阴险地看着七七公主脖子上的项链，一路尾随着他们。

就在王子离开去给七七公主买当地美食的间隙，那两个人冲过来，一个捂住七七公主的嘴，另一个一把拽掉七七公主的项链，之后迅速消失在人群中。

七七公主被那两个凶神恶煞的抢匪吓到了，大哭起来，王子连忙跑回来紧张地问道："发生什么事情了?"

七七公主哽咽着说道："我的项链被抢走了，这下我再也找不到我的朋友了。"

王子听后，一边安排人把七七公主送回王宫，一边则亲自带着一队人马四处搜寻那两个强盗。

七七公主在王宫内坐立不安，一想到失去了唯一能找到老师的信物，她的内心就悲痛不已。

终于，房门打开了，王子拿着那条七七公主心心念念的项链回来了。七七公主激动不已，连忙伸手接过，连声道谢。

王子看着七七公主喜悦的模样，终于放心了："今天在集市上，这条项链发出了光芒，说明你要找的人就在不远处，如今你的身体已经好得差不多了，今晚好好歇息一番，明日一早我们便出发去寻找扎西拉。"七七公主连忙点头应允。

夜深了，在梦里，七七公主跟着项链的指引走进一个蓝色的小镇，从走进这座小镇开始，楼梯、台阶、墙壁、门板、窗台、花架、邮筒……目光所及之处都是蓝色的，有天蓝、藏蓝、湖蓝、普鲁士蓝……小到一粒石砂，大至一面墙，都是蓝色的，一眼看去，仿佛天空的颜色垂落下来，一层一层延伸到地上，纯净而梦幻，宁静而美好，让人不由自主地放慢脚步去细细感受这里的静谧之美。

七七公主慢慢地走着，看着，这里的小巷弯弯绕绕的，仿若一个巨大的迷宫。但每一条小巷都有着独特的风格，有的墙上挂着精美奇特的手工艺品，有的台阶上摆放了各色娇艳的花朵，有的巷边放着各式各样的编织品。眼前的一切为这个小镇增添了几分与众不同的趣味。

七七公主沿着小巷一直往上走，终于到了最高处。她向下看去，才发现这座小镇竟坐落在一片宽阔的山谷中，就像一个被母亲拥在怀里安然入睡的孩子。

正在七七公主感叹之时，忽然听见身后传来一声轻轻的呼唤，她转过身就看到了最想看到的人——敬爱的扎西拉老师。

第六章　和平

七七公主从梦中惊醒了。她一醒来就立马去找王子，并且问他哪里有蓝色的小镇。王子开始有些不明白，但看着七七公主着急的模样，他突然想到蓝色的小镇就是舍夫沙万，便立马动身带着七七公主去了那里。

随着他们距离那个蓝色小镇越来越近，七七公主手中的项链也越来越亮，就在他们到达的时候，项链竟然化为一个绿色的精灵，带着他们来到了扎西拉的门口。

七七公主简直不敢相信自己真的找到了她的老师。扎西拉一看到七七公主，就激动地抱住了她。七七公主向老师讲述了她的遭遇，扎西拉看到七七公主如此模样，心疼不已：“是命运让你找到我的，我会让你恢复原来的样貌，我可怜的公主！”

扎西拉立即着手准备为七七公主解除巫蛊的药材。

扎西拉把药坛放在炉子上，把精油果磨成粉末倒在坛里煮，同时把青苹果的皮和牛奶也倒入坛中。

随即，扎西拉念道：“神奇的命运啊，请再给我一次力量，也请赐予我魔法吧。”

这时，坛里的水变成黄色。扎西拉将坛里的水倒入杯子里，递给七七公主，就在公主喝药的时候，扎西拉默念着解除巫蛊的咒语。等到七七公主喝完药，扎西拉就屏退众人，独自照料着公主。

清晨，当第一缕阳光照射进屋子时，七七公主从床上慢慢坐起，揉了揉疼了一夜的头。这一夜漫长得就像过了一个世纪，她做了一个梦，梦中的她仿佛置身于巨大的火炉中，浑身无力，整个人被炙烤得疲惫不堪。

当她觉得自己快要支撑不下去的时候，忽然感到手心有一股清凉，将她从炽热中解救了出来。七七公主苏醒了，下意识地去寻找手心的那份凉意。原来是扎西拉老师在握着她的手，看到老师正一脸惊喜地望着自己，她苍白的脸浮现出几缕笑意。“感谢命运，你终于醒了。七七公主，这一夜可真漫长，所有人都在担心你。”扎西拉兴奋地说。

“谢谢你，扎西拉老师。”七七公主一发声，才惊觉自己的声音恢复了少女特有的清脆。她试探着摸向自己的脸，扎西拉看见七七公主的动作，笑着递给她一面镜子。镜中的她明眸皓齿，又恢复了以前的美貌。

她惊喜地叫了声老师，扎西拉望着她，了然地笑了。

七七公主看向镜中的自己，脑海里又闪过以前那张苍老丑陋的面孔，不禁垂首悔悟道：“扎西拉老师，我经历了这场磨难，才知道以前的自己是多么的傲慢任性。身为公主，我更应该明白自己的责任，帮助父王和母后守护好华夏国，爱护体谅自己的子民，而不是整天浑浑噩噩地度日，只知道依赖父王和母后。”

听了七七公主的话，扎西拉欣慰地点点头道：“公主，你本性不坏，只是国王和王后的溺爱让你迷失了自我。老师很高兴这场磨难让你找回了真正的自己。”

七七公主感激地说道：“老师，谢谢你。”

扎西拉笑着拉住七七公主的手，对她说道：“快去找你心爱的王子吧！他放心不下你，已经在屋外等了一夜，去看看他吧。”

七七公主害羞地笑着，眼中充满了甜蜜的爱意。洗漱后，七七公主推开门，王子正焦急地在院子里走来走去。抬眼看到七七公主从屋里走出来，他一时有些怔然，竟不知该如何是好。七七公主一步步走过去，面带红晕：“王子，是我啊，七七。”

王子手足无措地道：“我，我知道，扎西拉老师已经大致向我说了你的遭遇。你怎么样，还有哪里不舒服吗？”

七七公主害羞地说：“别担心，经过扎西拉老师的医治，我已经痊愈了。”

两个人凝视着彼此的双眼，心里又甜蜜又幸福。

七七公主望着王子充满血丝的双眼，心疼极了：“快去休息，一整夜都没睡，肯定累坏了。”

王子拉起她的手：“可是我有一件事情想现在就告诉你。昨天夜里，你昏睡了一夜，听了扎西拉老师讲述你的经历，我也想了一夜，有一件事我一直放在心底，可是现在我想把它告诉你……”

王子说着，毫不犹豫地单膝跪地，可是他颤抖的双手却暴露了他紧张的情绪：“亲爱的七七，不论贫穷富有，不论我们彼此身份如何，我永远都不想和你分开，嫁给我好吗？”

七七公主双眼含泪，她想起此前自己因容貌而隐瞒身份的事，再看看眼前勇敢向自己表白的心上人，不禁又感动又羞愧，终于忍不住流下了泪水。

“我愿意！我愿意！”

于是，在阳光明媚的午后，两人相拥在院中，七七公主重新向王子讲述了自己华夏国公主的身份，并向他讲述了自己被下蛊后的曲折经历。他们互诉衷肠，不知不觉就到了晚上，两个相爱的人对彼此的了解更加深刻了，彼此之间也更加亲密无间了。

“王子，七七，来吃饭啦。”扎西拉在屋里喊道，这时两人才意识到已经到了傍晚。

“扎西拉老师，谢谢您为我解除了蛊毒，您一定会健康长寿的！”七七公主感激地看着扎西拉。

“没想到七七公主竟然来自遥远的、曾经帮助过摩洛哥的华夏国。老师，我想去那里向她的父王提亲。”王子紧接着说。

看着两人如胶似漆的模样，扎西拉笑了：“不过……遥远的东方强大而富足，不知道带些什么去才能让她的父王同意你们的婚事呢？”

说到这里，七七公主不禁皱起了眉头：“说起这件事来，我发现老师制作的精油纯而不腻、芳香馥郁且用途广泛——能够保护皮肤、护理头发、制作药物、治疗冻疮……而我们华夏国地域辽阔，有的地方处在大漠，常年的风吹日晒让人们皮肤干裂粗糙；有的地方天气寒冷，人们的手脚易生冻疮。而老师的精油如此神奇，相信一定会让人们的皮肤恢复嫩白细腻。可是，老师年纪大了，如何制作那么多精油呢?”

七七公主的话让王子茅塞顿开：“对啊，精油！我怎么没想到呢？我们摩洛哥到处是精油果树，宫殿里的匠人们制作精油的手艺娴熟，再加上老师在一旁指导，相信很快就可以制造出一大批各式各样的精油让我们带去华夏国!”

想出办法的王子的眉头瞬间舒展开来，他立马叫来自己的手下吩咐任务。

经过一个多月的准备，王子准备了充足的精油、样式精美的毛毯、工艺独特的皮革、各式各样的金属工艺品以及大量的金银珠宝作为聘礼，带着随从和车队走海路向华夏国进发。经过数日的海上航行，王子又转了陆路，继续行进。经过连日的奔波，一行人终于来到华夏国边境。

自从数月前得知七七公主失踪的消息，华夏国国王就夜不能寐，全国上下也在为这位美丽的公主而担忧。可几日前国王竟收到一封来自远方的神秘信件，说要向他的女儿七七公主求婚，国王十分奇怪，全国上下也议论纷纷。

当天，国王派遣大臣在边境迎接王子，众人远远地看见一路气势恢宏的驼队、马车队向这边走来。王子带着七七公主从马车上下来，大臣一看见七七公主，立马激动地将消息报告给国王。国王把他们连夜请进了王城，全国上下都为归国的公主而感到高兴。

七七公主向父王讲述了自己被人下蛊以及遇到摩洛哥王子并最终由扎西拉老师给自己解蛊的过程。国王十分赞赏这位勇敢的王子，听说他跟自己的女儿两情相悦，立马同意了他们的婚事，并为他们举办了订婚仪式。

七七公主将王子带来的精油送给城里的人民，大家使用了一段时间之后，皮肤果然有了很大的改善。一时之间，精油供不应求。正好七七公主和王子准备带着华夏国的丝绸、瓷器、茶叶、珍贵的药材、地域特产等献给摩洛哥的国王，于是华夏国国王便决定派遣商队和匠人随他们一同前往摩洛哥学习精油制造手艺。就这样，七七公主和摩洛哥王子不仅结成一段美好的姻缘，还为两国的友谊奠定了深厚的基础。

两年后，在七七公主和摩洛哥王子的推动下，两国的交往越发密切。这一天，七七公主在奖励的来摩洛哥经商的华夏国商人中，忽然发现一个熟悉的身影，正是当初帮助她去往伊斯坦布尔的那位商人。

七七公主激动不已，询问一番才得知，这两年，华夏国和摩洛哥交往频繁，已开拓出一条新的商路，不仅惠及了两国，连沿线的国家也纷纷受益，主动加入了这场贸易交流会，越来越多的商品正运送在这条路上。而这位商人和他的家族也抓住了机遇，扩大了自己的贸易市场。

七七公主听后，十分高兴，自知是时候报答这位商人的恩情了，便赐予这位商人使者的名号，让他为这条商路做出更多的贡献。

四、故事分配

摩洛哥在报刊、文化咖啡馆和Facebook三个领域具有一定的优势，对故事《公主的遭遇》的宣传具有推动作用。

（一）报刊

摩洛哥的报刊业发展迅速，以《新闻报》《撒哈拉晨报》《舆论报》等为代表的报刊达560多种，[①] 分为阿拉伯文版和法文版。报刊类型多样，涉及领域广泛，读者众多。将《公主的遭遇》依托摩洛哥较为发达的报刊业进行推广，会使故事得到广泛宣传。

（二）文化咖啡馆

文化咖啡馆是流行于摩洛哥的一种新兴的文化体验与休闲娱乐相结合的休闲场所。文化咖啡馆的运营理念不仅丰富了消费者的文化体验，还可在价值观上与现代消费者的理念形成共鸣。因此，摩洛哥的很多年轻人都喜欢参与文化咖啡馆举办的各种文化沙龙、艺术活动，还喜欢在文化咖啡馆阅读、写作或者开展其他艺术创作。借助文化咖啡馆这一平台推广故事，将会提升摩洛哥人民尤其是年轻人对故事《公主的遭遇》的兴趣与关注度。

---

① 商务部国际贸易经济合作研究院、中国驻摩洛哥大使馆经济商务参赞处、商务部对外投资和经济合作司：《对外投资合作国别（地区）指南——摩洛哥（2018年版）》，第13页。（采用日期：2019年9月20日）

（三）Facebook

摩洛哥通信系统完善，全国互联网覆盖率较高，移动电话的使用非常普及。其4G网络覆盖范围较小，但发展潜力巨大。随着互联网的普及，社交软件也逐渐兴起。越来越多的摩洛哥人选择并使用社交软件Facebook来表达情感、沟通交流。将故事《公主的遭遇》依托方便、快捷的社交软件Facebook进行宣传，将会扩大故事的受众面。

五、故事消费

故事《公主的遭遇》分配渠道建立后，从报刊、文化咖啡馆和Facebook三个领域分别介绍故事消费的策略。

（一）报刊

在报刊领域的消费通过与以摩洛哥为首的多国报刊业合作、出版发行两个策略实现。

1. 与以摩洛哥为首的多国报刊业合作

摩洛哥的通讯社不仅与中国的通讯社，即新华社签署了交换新闻的协定，还与其他国家的60家通讯社签署了合作协定。这些合作协定的签署，将进一步促进摩洛哥新闻媒体业的发展和新闻信息传播速度的提升。借助摩洛哥的通讯社、报刊业宣传《公主的遭遇》，将进一步提升故事在摩洛哥乃至阿拉伯国家的知名度。

2. 出版发行

邀请摩洛哥和中国著名作家、翻译家，将故事《公主的遭遇》进行改编，翻译为短篇小说出版发行。小说上架销售后，可在摩洛哥各大报刊、杂志连载故事简本，不断提高故事在小说、报刊和杂志领域的销售量和阅读量，吸引更多的读者阅读故事，加快故事在摩洛哥的传播。

（二）文化咖啡馆

在文化咖啡馆领域的消费通过开设中国图书专柜、促销和互动三个策略实现。

1. 开设中国图书专柜

与摩洛哥当地知名出版社与文化咖啡馆建立合作关系，开设中国图书专柜，将故事《公主的遭遇》及介绍中国的相关书籍放置在专柜中，使文化咖啡馆成为促进中国和摩洛哥两国文化交流的平台，使摩洛哥人民了解故事《公主的遭遇》，认识中国。

2. 促销

根据故事《公主的遭遇》的章节或者截取精彩片段设计出与故事相匹配的咖啡系列产品。通过会员折扣，每一款咖啡配送相对应的故事章节卡片，激发读者阅读整本故事的兴趣。凭借金卡，会员可享受超低折扣，品尝新品咖啡或者享受第二杯半价等优惠。凡是享受折扣的订单均附赠故事卡片，以此引起读者对故事《公主的遭遇》的兴趣。

3. 互动

在文化咖啡馆内设置留言板，邀请咖啡馆里的读者根据故事留言，谈谈体会和建议。获得优秀评论的顾客，将获赠印有故事《公主的遭遇》的咖啡优惠券或者以故事为主题制作的系列小礼品。通过各类互动活动，进一步加大故事的宣传力度，使故事得到更广泛的传播。

（三）Facebook

在 Facebook 领域的消费通过宣传、设置两个策略实现。

1. 宣传

建立以故事《公主的遭遇》为主体的 Facebook 公共主页，并在摩洛哥商场、电影院等人流量密集的地方张贴海报进行宣传，宣传海报上印制故事的 Facebook 公共主页账号。在摩洛哥商场或电影院宣传故事的活动现场，凡是搜索故事 Facebook 的账号并关注故事公共主页者，即可获赠有关故事的创意小礼品。通过礼品赠送，吸引摩洛哥人民关注故事 Facebook 的公共主页，从而逐步扩大故事《公主的遭遇》的覆盖范围。

2. 设置

一是内容设置。鉴于故事《公主的遭遇》在文学体裁上属于童话故事，可将故事以图文并茂、短小精炼的漫画呈现出来。每天定期发布或推送故事《公主的遭遇》的漫画版内容，并附带一些摩洛哥图片、旅游宣传视频、中国的旅游宣传片以及中国与摩洛哥友好交流等方面的新闻报道。

故事 Facebook 公共主页推送的内容要时时更新，不仅可让摩洛哥人民对故事产生共鸣，还可加深两国人民间的认识与理解。二是章节阅读。将故事设置为章节阅读，前五章为免费阅读，阅读后续章节必须将故事链接分享至 Facebook 朋友圈或其他社交平台。例如，将故事简介分享至 Twitter、WeChat 等社交平台的朋友圈，截图后可在故事 Facebook 主页评论区上传并留言，便可继续阅读故事的后续章节。故事被不断转发与分享，可逐渐形成阶梯效应，扩大故事《公主的遭遇》在摩洛哥的受众，提高故事的知名度。

六、中摩合作

中摩合作主要体现在共享阿甘油、共推旅游业两个方面。

（一）共享阿甘油

阿甘树是摩洛哥的特有树种，种植范围广泛。从阿甘树坚果中榨取的阿甘油更是摩洛哥的三宝之一，其在食用、药用和美容护肤等多个领域应用广泛，深受世界各国人民的喜爱。阿甘油也因此成为摩洛哥出口的商品之一，给摩洛哥带来较大的经济效益。然而，在阿甘树果实的采摘、收集、晾晒、去壳和萃取过程中，摩洛哥普遍采用传统手工工艺，生产工序繁多，加工时间长，加工技术尚不成熟，因而摩洛哥在阿甘油的深加工和研发阿甘油衍生化妆品方面发展缓慢。随着中国经济的快速发展，加之中国人民生活条件的提高和消费理念的转变，越来越多的中国人开始注重个人生活品质与个人形象，从而越来越青睐天然护肤品牌。中国的化妆品消费市场潜力巨大，而摩洛哥的阿甘油就是纯天然的护肤品。如果中摩两国在阿甘油领域达成合作意向，基于摩洛哥丰富的阿甘油资源，依托中国天然护肤品深加工和研发技术，可生产出阿甘油系列护肤品，再将其推向中国市场乃至国际市场。这不仅可促进摩洛哥经济的发展，还将革新摩洛哥的阿甘油深加工及化妆品研发技术。同时，中国依托摩洛哥阿甘油在世界的知名度，可不断推动中国民族护肤品品牌走向国际市场。中摩两国发挥各自优势，强强联合，定可推动两国经济共同发展。

（二）共推旅游业

摩洛哥历史悠久、风光怡人、文化多元，是世界著名的旅游度假胜地。旅游业是摩洛哥重要的支柱性产业之一。为大力发展旅游业，摩洛哥政府不仅积极鼓励外资进入旅游业，还着力高速公路、铁路等基础设施的发展规划和建设，为旅游业及相关产业的发展奠定了良好的基础。伴随着中国经济的快速发展，中国旅游业的发展也步入新阶段，出境旅游人数持续上升。中国多次在全球出境游国家排名中高居榜首。自"一带一路"倡议提出并实施后，中国游客对"一带一路"沿线国家的关注度不断提高。随着摩洛哥在旅游签证、文化交往等领域与中国的交流日益频繁，越来越多的中国人把摩洛哥作为旅游目的地。如果中摩两国在旅游业领域不断加强合作，将会进一步加大中国企业对摩洛哥旅游业及相关产业的投资，加快摩洛哥酒店、交通等旅游相关配套设施的建设，提高摩洛哥旅游接待服务能力，加强其旅游产品的研发与营销等，推动摩洛哥旅游业及关联产业的发展，从而吸引更多的中国游客前往摩洛哥旅游。在推动摩洛哥旅游业发展的同时，中国企业也可不断提高拓展海外旅游市场的能力，加大海外旅游产品的研发力度，增加中国的外汇收入。

第八章 对索马里传播的话语体系构建

一、索马里概况

索马里全称为索马里联邦共和国，首都是摩加迪沙。索马里位于非洲大陆最东部的索马里半岛，北临亚丁湾，东濒印度洋，西临肯尼亚和埃塞俄比亚，西北接壤吉布提。海岸线长 3200 公里，总面积为 637660 平方公里。索马里官方语言为索马里语和阿拉伯语，通用语为英语和意大利语。

课题组设想的中国和索马里的合作主要体现在香料、骆驼和轻工业三个方面，所以仅对这三个方面进行介绍。

（一）香料

索马里盛产乳香和没药两种香料。自古以来，索马里就以“香料之邦”著称。公元前 17 世纪以前，索马里建立了以产香料著称的“邦特”国。索马里人有在日常重要活动中，比如做礼拜、婚庆仪式或者招待客人时，点燃香料的习惯，燃烧的香料会散发出特有的清香，充满室内，经久不散。

（二）骆驼

畜牧业是索马里主要的经济支柱，索马里也是世界上人均占有牲畜最多的国家之一。索马里以游牧或半游牧方式饲养牛、羊、骆驼等。索马里也是世界上饲养骆驼数量最多的国家。索马里牧民计算财富，以家里饲养的骆驼数量来定，骆驼为索马里牧民提供了生活必备品。骆驼奶和骆驼肉是索马里人的常备饮料和食品，骆驼皮革可制鞋，可以说骆驼浑身都是宝。

（三）轻工业

索马里以畜牧业为主，工业发展滞后。索马里自 1991 年开始内战不断，治安情况恶化，原有的中小轻工业企业被迫停工，这导致索马里生活必需品短缺，物价飞涨，居民生活没有保障。

二、故事背景

很久很久以前，在非洲东部的半岛上有一个古老的王国——索马里。这里的国王和王后孕育了四位王子，在他们的悉心教导下，王子们个个英勇帅气，善良果敢，兄弟间相亲相爱。这个国家的子民勤劳勇敢，善良老实，人民生活安定美满，整个国家呈现出一片祥和、欣欣向荣的景象。

然而，好景不长，在一个看似平常的日子里，黑暗降临了。一群带着面具的巫师踏上了这片美丽的土地，他们嫉妒这个国家的安定和谐。于是，这群巫师施展邪恶之术挑拨离间，将这个国家的子民变得不再善良，人与人之间的信任荡然无存。他们将国王和王后囚禁，让王子们为争夺王位而自相残杀。一时间，王宫内外一片混乱，人心惶惶。

在王子们两败俱伤后，巫师们又用邪恶的巫术控制了王子和宫人们，占领王宫，囚禁了所有人。小王子奋力反抗，咒骂巫师残暴、凶狠、恶毒、邪恶。巫师恼羞成怒，将小王子变成一个残暴凶狠的人，一旦产生怜悯之心，他就会心痛无比，除非遇到一个真心对待他、真心对他笑的人，咒语才能解除。

被控制本性的小王子逃出王宫，带着追随他的侍卫们成为海盗。但当小王子怜悯他人时，他就会心痛无比。有一次，小王子在激烈的抢夺战中不幸受伤，流落海滩。

三、美女与海盗

第一章　初次相见

沙漠中的一个小部落里，旗帜飘扬，鼓声震天。即使在这样隆重的日子里，部落里每个人的脸上却充满了悲伤，因为又到了这个部落献祭的时候。自从三年前一群邪恶的巫师占领了王宫，他们便下达命令，要求每个部落每年选出一名少女献祭给沙漠里的守护神，否则就会受到严厉的惩罚。所以，为了避免灾祸，每年这个时候部落都会选出一名少女，将她捆绑在祭台上，等到献祭仪式结束后，再把少女带到沙漠的深处，将她一个人放置在那里，以敬献守护神。而这次选出的少女是部落首领女儿木娜的好朋友，自宣布结果的那一刻起，木娜就一直留在房中，陪伴在她好朋友的身边。

木娜看着好朋友紧张不安的模样，心里也五味杂陈。木娜想了许久，终于开口对她的好朋友说道："不然我帮你偷偷溜走吧，这样你就不会被丢弃在沙漠里，也能活下来！"但好朋友却认为木娜的话是在亵渎守护神，因此拒绝了木娜的提议，并让木娜不要再胡言乱语，免得招惹祸患。木娜只好悲伤地离开了。

木娜走出房门，看着眼前为这次献祭而忙碌的众人，不禁想到："如果下一次被献祭的是我，我又该如何是好呢?"木娜心里涌起一阵苦涩：好朋友还有自己陪伴，如果下一次轮到自己，又有谁来陪伴她呢?

献祭仪式结束后，夜幕降临，到了要送少女去沙漠的时候。木娜不舍得自己的好朋友，于是牵着一头骆驼，悄悄地跟在送行的队伍后面，打算送自己的好朋友最后一程。

由于天色已晚，看不清路，加上木娜以前从没有到过沙漠深处，走到半路她就跟丢了送行的队伍。木娜本想让骆驼带她回到部落，但在夜色中，骆驼也迷失了方向，只带着木娜走出沙漠，来到靠海的一座悬崖下。

木娜牵着骆驼在悬崖下慢慢地摸索着前行，想找一个避风的地方。突然，木娜觉得脚下好像被什么东西给绊住了，就朝脚下摸索，发觉是一个人，随之这个人发出一声闷哼，"疼"。

木娜吓了一跳，向旁边踉跄了几步，犹豫一番后，又鼓起勇气慢慢靠近躺在地上的那个人。她小心翼翼地靠近那个人，却借着朦胧的月色发现那个人衣服上有血。

木娜本想立即带这个受伤的人返回部落进行医治，但却找不到回去的路，只能让骆驼先将这个受伤的人驮到一个避风的地方稍做休息。木娜一直陪伴在这个受伤的人身旁，并不断祈求他平安无事。终于，天色稍明，木娜将这个受伤的男子带回部族，又请一位医术高明的长者为他医治。

木娜站在医师身旁，紧张地看着那个躺在床上昏睡的男子，看着他英气的容貌，觉得这个男子一定不是一个平凡的人。其实，这名昏睡的男子就是曾经的王子奇克。

第二章　奇妙的相遇

不知过了多久，王子大汗淋漓地醒来，不断地喘着粗气，即使已经醒来，梦中的场景依然浮现在他眼前。缓缓下沉的船，搏杀而死的随从，飘浮着的尸体，海面上扩散的血水……一切的一切被卷入大海，又消失于茫茫的海面之上。

这时，王子忽然注意到有一个曼妙的身影徘徊在眼前，并且随着身影的走动，时不时地传来阵阵幽香。

“你们是谁？这又是哪里？”王子沙哑着声音问道。

“你好，我叫木娜，这是我的父亲达瓦依，是我们骆驼部落的族长。这里是我们部落一位医师的家。你受伤晕倒在靠海的一座悬崖下，是我救了你。”木娜说道。

王子看向眼前这位婀娜多姿的长发少女，不禁被她身上沁人心脾的香味所吸引。这香味令王子感觉浑身的疼痛好像减缓了不少，他不禁问道：“这是什么味道？好香。”

木娜甜甜地笑了，笑容如阳光一般明亮。

“这是我从小就有的，从小时候开始，母亲让我用一种神秘的香料泡澡，结果我就拥有了这样的味道。”木娜害羞地笑着，笑容比之前还要醉人。

“对了，你叫什么名字？”木娜问道。

“沙亚。”王子轻轻吐出个名字后就不再言语，疲倦地闭上了眼睛。不平凡的经历让王子无法说出自己真实的名字。

王子在医师家中休养了三天后，木娜的父亲就将沙亚带回了他的家中，并为他专门安排了一间房间养伤。

之后的时光里，木娜为使王子开心，不断地说着她所知道的一切：部落、父亲、自己，甚至是她们部落最神奇的动物——骆驼，它不仅能产出香浓的驼奶，而且驼毛还可以制成毯子，阻挡热浪的侵袭。

然而，沙亚只是静静地听着，有时会看着木娜发呆，有时会看着窗外的飞鸟和沙丘，有时会不由自主地回想起木娜告诉他的那些过往。

“这是索马里的最南端，是沙漠中的一个小绿洲。而我们的部落就在这片绿洲上。我发现你的时候，你躺在靠海的一座悬崖下昏迷不醒，受了伤，是我将你带回部落进行医治，你当时昏迷了三天才醒过来。”木娜说。

有时，王子也会孤身一人坐在房中，拿着一面国王送给他的魔镜沉思，这面魔镜既可看过往，亦可通世间百语。可惜，自宫变的那天起，王子就再也没有使用过它。

半年后，王子终于肯走出房门，他抬头看向蔚蓝的天空。也就是在那一天，王子开口说出来到这里的第四句话：“天真的好蓝！”

之后的时间里，王子不再像过去那样忧心忡忡、沉默寡言，而是积极地与部落中的人交流，为他们做力所能及的事。

自然，他与木娜的关系也更加融洽了。他们经常坐在沙丘上仰望天空，看满天闪烁的星星。木娜很喜欢笑，经常用爽朗的笑声将王子从那些痛苦的回忆中拉回现实。她会笑着告诉王子今天部落里发生的琐事，告诉他伊萨差点烧了粮食。

有一天，木娜早早地来找王子，“沙亚，今天晚上我们去东边的沙丘上看星星，好不好？”木娜似乎很高兴，不住地问。

“好。”沙亚脸上带着淡淡的微笑，缓缓地说道。木娜听后竟然一下子跳起来，蹦跳着围绕着沙亚欢呼道：“今天晚上你一定要来啊，我等你啊。”木娜说完就蹦蹦跳跳地走了，边走还边喊着：“你一定要来啊！”

沙亚微笑地看着她走远了。

沙亚按照约定的时间来到沙丘，他并没有看到木娜的身影，而是看见一群骆驼。沙亚走近骆驼，并爱惜地抚摸着它们。这时，族长达瓦依和木娜慢慢地走近沙亚，对他说：“木娜下午在给你准备惊喜的时候对我说，她很想和你交朋友，但却不知道你的来历，有所顾忌，我们骆驼家族希望你们可以成为无话不说的好朋友。”

沙亚看着木娜，真诚地说：“我知道你们一直很想知道我是谁？来自哪里？到底是好人还是坏人？我现在就向你们一一说明。我原本是这个国家的王子，你们是我的臣民，我原本的名字叫奇克，但是为了安全，请你们依然叫我沙亚。三年前王宫内发生动乱，一群邪恶的巫师占领了王宫，我的兄弟们在巫师邪术的蒙蔽下丧失了本性。他们为争夺王位而自相残杀，一时间王宫中尸体遍布、血流成河。”

说到这，沙亚将眼睛闭上，身体微微地抖动，似乎挣扎着想把这恐怖的景象从脑海中赶出去。

片刻后，沙亚恢复了平静，睁开眼缓缓地说道：“我在随从们的帮助下逃了出来，他们帮助我在海边建了房子，从那之后，我们就在海边以当海盗为生。但是我渐渐地发现，只要我对着他人表现出一丝的关怀，我的心中就会疼痛无比，会一遍又一遍地梦见那天在宫殿里发生的事，有个声音会在我耳边一遍又一遍地说：‘往后的日子里你只能以残暴的面目示人，这是我对你的诅咒，直到你遇到一个真心对待你并发自内心对你微笑的人。’”忽然，沙亚直直地看向木娜：“直到我遇见你，当你第一次对我笑的时候，我就知道我身上的魔法一定会由你来解除。”听了沙亚的话，木娜的眼睛里噙满了泪水。

沙亚接着说道：“你身上的香味让我可以静下心来，在你们的部落里，我感受到前所未有的温暖，每次疼痛感袭上心头，只要想起你，疼痛感就会减轻许多。”

木娜听到他说的话，开心得就像个孩子，又露出明媚的笑容。这时，远处忽然传来几声呼唤，木娜拉着沙亚的胳膊笑着说道：“跟我来。”

沙亚随着木娜翻过一座小山丘。这时，沙亚才看见山丘下聚集了一群男女老少——女人们身着彩衣，男人们身着白色宽衣，孩子们正围在篝火边嬉戏玩闹，脸上洋溢着幸福的笑容。

沙亚看到这一幕，脸上也不由得露出笑容，他跟随着木娜一步步走进那个欢腾的队伍……

第三章　厄运降临

转眼半年过去了，又到了部落献祭的时候，部落里所有的人都来参加这个仪式，所有人都知道今天是一个重要的日子——将有一位少女为此献出她宝贵的生命。

今天，被选定祭祀的少女是木娜，木娜身上奇特的体香让她成为这次献祭无可替代的人选。

献祭仪式开始，所有人都为木娜感到惋惜痛心。沙亚也不例外，他不想木娜就这样结束年轻的生命，想将她救下来。沙亚围绕着人群转了一圈，发现只有在木娜被解下祭台，送往沙漠献祭守护神的途中，他才有可能将她救下。沙亚暗自下定决心，一定要救下木娜，不能让她就这样白白送命。

沙亚这样想着，双膝跪地，闭上眼睛，开始虔诚地祈祷。

木娜看着离自己仅有几步之遥的沙亚在跪地乞求，心中五味杂陈。

献祭仪式结束后，木娜被带出祭台，乘上骆驼，走向遥远的沙漠深处。木娜走后不久，沙亚悄悄地跟了上去，他要趁那些人不注意的时候将木娜救出。

夜渐渐深了，今晚的天空显得十分深沉，只有一轮圆圆的月亮照耀着大地，照耀出地上缓缓而行的骆驼和人们。周围的景色在这样的照耀下，都显得无比苍凉，好像所有的景物都在为木娜送行，悲伤的沙亚一直跟在他们身后。终于，机会来了。

夜色更深了，天空的颜色显得更加深沉。连续赶路已经使所有人十分疲倦，他们决定停下来休息，等到天亮了再出发，沙亚等的就是这样的时刻。他继续在一旁静静地等待，渐渐地，周围的人都睡熟了，他轻轻地走近木娜叫醒她。

木娜睁开眼睛，呆呆地看着沙亚，突然反应过来："沙亚，你怎么来了?"沙亚没有回答木娜的问题，低声说道："跟我走。"木娜虽惊诧于沙亚的做法，但却十分感动。她没有拒绝，而是跟随着他的步伐，在夜色的笼罩下越跑越远，远离了死神的呼唤。木娜觉得她从未像今天晚上这样高兴过，她一步一步踏着脚下的土地，拉着沙亚的手，拼命地往前跑。

等到两人都感到疲倦的时候，他们终于停了下来，气喘吁吁地望着对方，就那么静静地看着，谁也没有说话。

片刻后，木娜问道："沙亚，你今天为什么来救我?"

沙亚看着远处黑沉沉的天空，又想起下午族长达瓦依对他说的话："沙亚，木娜是我唯一的女儿，可为了部落，我只能眼睁睁地看着她被献祭而毫无办法。我知道，这半年来你一直在竭力寻求打败巫师、解救众部落的办法，这让我很欣慰。你即使遇到再多挫折，也从未放弃。我希望，为了以后不会有更多像木娜这样无辜的孩子被献祭，你得振作起来，为解救你的子民而不懈奋斗。"

木娜看着沙亚沉默不语的模样，担忧地道："我们就这样逃了出来，部落里的人该怎么办呢?"

沙亚终于出声了："木娜，我们不能就这样一直屈服在巫师的威胁下，是时候该反抗了，你愿意和我一起背负拯救国家、拯救部落的使命吗？”木娜点点头，眼中充满希望，语气坚定地说：“我愿意。”

第四章　新的开始

天边透出一丝光亮，太阳渐渐升起，沙亚与木娜坐在沙丘上，看着升起的太阳。

“沙亚，我们现在该去哪里呢？”木娜问道。

沙亚抬起头，望着太阳升起的方向说：“木娜，我第一次见到你的时候，你身上的幽香就吸引了我，但也是这个味道，为你招来杀身之祸。我想知道你身上为什么会有这个香味？”

木娜看着沙亚，说：“我身上的味道来源于一个古老的偏方，部落里原来有一个从外地来的药师，他看见了年幼的我，便给了我母亲那古老的方子，后来母亲一直用它帮我沐浴，渐渐地，我身上便有了这样的味道。”

“既然如此，我们就先去寻找那名药师，抹去你身上的香气，说不定那名药师还有办法破解宫中巫师的邪术。”沙亚说道。

“好。”木娜轻轻地说着，眼神里充满了信任。

“我们出发！”沙亚高喊道。

太阳已经完全升起，照耀在沙亚与木娜前进的路途上。

他们向着前方走去，向着他们心中的“终点”走去。几天后，他们随着商队走进一个国家，那里与他们说着同样的语言，就是发音有些许不同。经询问，他们得知所到之国是阿曼。阿曼人热情好客，遇到陌生人会主动打招呼。因此，人们见到木娜和沙亚，十分热情，邀请他们去家里做客。

木娜和沙亚在感激之下，跟随一位和蔼的老爷爷来到他的家中。饭后，木娜在老爷爷孙女的带领下，来到书房。

“沙亚，快来看这是什么。”突然，木娜喊道。

沙亚快步走过去，看到一本布满灰尘的书，他轻轻地将它拿下，拍了拍上面的灰。翻开之后，书中时不时地穿插着一些奇怪的文字。他们仔细阅读，越读越觉得奇怪。

一瞬间，木娜瞪大了眼睛，一脸惊奇地说：“沙亚，这就是我们一直寻找的那个古老秘方。”

“真的吗?”沙亚问道。

“真的，我一定不会认错的。”木娜肯定地说。

他们急忙去询问老爷爷：“这本书是从哪里得到的?”可老爷爷却回答：“我也不知道这本书是从哪里得到的。”

随后，老爷爷很慷慨地将那本书送给木娜和沙亚，并告诉他们村子里有一个游历过很多国家的老人，他们可以去问问他。

木娜与沙亚十分高兴，急忙赶去那位老人的家里，老人也很热情地招待了他们。

“老爷爷，您能看看这本书吗?我们很想知道关于它的事情。”沙亚恭敬地问道。

老爷爷将书拿起来端详了很久，慢慢地说：“这本书来自古老的东方国度——华夏国，它上面写了许多神奇的秘方，十分珍贵。你们是从哪里得到这本书的?”

“我们是从刚刚招待我们的那家主人那里得到的，是他送给我们的，我们想拿着这本书去寻找写这些秘方的人。”木娜说道。

老爷爷笑着说道：“孩子们，这可不是一件容易的事，你们要加油啊。”

“嗯，我们知道了。”木娜与沙亚的脸上露出灿烂的笑容。

第二天一早，木娜和沙亚就收拾行囊，准备出发。出发之前，老爷爷给了他们一些粮食，并告诉了他们一些防身的方法。“孩子们，一路走好。”老爷爷喊道。

“知道啦，谢谢您!”木娜和沙亚知道部落里的人正在追捕他们，不敢过多停留，再次挥手向老爷爷及村民们道别，然后就出发了。

木娜和沙亚踏上了去华夏国的路。

日子一天天地过去，天气渐渐地转冷。有一天晚上，木娜和沙亚蜷缩在山洞的一个小角落里，心里想着：“部落的人有没有追赶他们?追到哪里了?”他俩每天都挑人多的道路走，晚上便躲进不起眼的角落里，因为害怕族人们发现他们，每天都提心吊胆的。他俩已经两天没有好好地睡一觉了。木娜将身体紧紧地蜷缩在一起，渐渐地睡着了。沙亚也将身体缩起来，慢慢地睡沉了。

早上，沙亚睁开眼睛，阳光照射进来，刺得他本能地向后一躲。

“木娜去哪里了?”沙亚心中突然一惊。

他的身旁早已空无一人。冰凉的感觉侵袭上来，沙亚瞬间想到的就是去寻找，可刚一回头就发现木娜正急匆匆地向他跑来。

“沙亚，快跑，部落里的人追上来了。”木娜急促地说着，拉起沙亚的手就向外跑去。这段时间里，他俩已经不止一次遇到这样的情况了。沙亚一回头，就看见当初送木娜去沙漠的那几人正在后面追赶着他们。

“他们怎么这么快就找到我们了？”沙亚已经顾不得去找原因，拉着木娜向前跑，只想着如何甩掉这些人。

沙亚和木娜跑着跑着，前面出现一个三岔路口，他俩向中间的那条路跑去，后边追着的那几人无法判断，只好分成三路去寻找。这样，追他们的人自然就减少了。经过几个路口后，沙亚回头发现就只剩下两个人，又看见前方有几个筐子，便急切地说道：“木娜，你躲进去，我去引开他们！一定不要乱跑，我会到这里找你。”

“我知道了，你要早一些回来。”木娜担心地说。

沙亚将木娜藏进筐子里就向前跑去，一边跑一边看着后面的人。他刚跑进一条小巷子，就发现追他们的人迎面跑了过来。

“站住，你把木娜藏到哪里去了？快把她交出来。”那两人喊道。

沙亚并没有停下脚步，转头就向着相反的方向跑去。

“站住，快把木娜交出来，不然部落就会受到守护神的惩罚。”追着沙亚的人高声呼喊道。

沙亚停顿了一下，又向前跑去，边跑边想着：“我们一定能够战胜一切邪恶力量。”

沙亚向前跑着，看到一家小店，便灵机一动跑了进去。小店里有许多客人，沙亚找了一张人多的餐桌坐下，假装是来吃饭的客人。

追沙亚的人以为他已经从后门逃走了，便直接从后门出去继续追捕，并没有注意到藏身在人群中的沙亚。沙亚见他们向后门跑去，便迅速从正门跑出去寻找木娜。

木娜提心吊胆地躲在筐子里等沙亚来汇合。

看到木娜后，沙亚说：“木娜，我们快离开这个地方，甩开他们。”木娜点点头。他俩向着前方的路快速跑去，为了防止被人发现，还特意换了衣物。

随后，他俩幸运地遇到一路商队，便与之同行，远远地甩开了那些追捕他们的人。

夜晚很快降临，他们已经赶了一天的路。沙亚与木娜找了个地方，随便吃了点东西又继续赶路。经过几个月的长途跋涉，他们终于到达华夏国的边境。之后的几天，只要进入华夏国，他们就可以去寻找那个写书的人了，他们的脸上露出久违的、轻松的微笑。

第五章　异国风情

几天后，他们如愿进入华夏国的一个城镇。

宽阔的街道两边，林立着各式各样的商铺、酒楼、药铺、钱庄、古玩店……看得沙亚和木娜眼花缭乱。来往的人群穿行在街道上，显得十分热闹。人们都穿着长衫，不仅女子，男子也留着长发，看起来别有一番风情。

他们走进店铺，里面热闹极了，很多人在吃饭、喝酒、聊天，十分惬意。他们刚找了两个座位坐下，便有一个男人拿着牌子走过来问他们要点什么。那男人看见木娜和沙亚满脸疑惑的表情，思考片刻，便用手比划出吃饭的动作。

木娜和沙亚这才反应过来，有些不好意思地微笑着，指指对面桌上的饭菜。那男人点点头，转身离开，片刻后，饭菜端上来，色香味俱全，引得饥肠辘辘的两人将眼前的饭菜一扫而空。周围的人们见到他们这样，都笑了起来。接着就有人问他们从哪里来，但沙亚并没有言语，而是不慌不忙地拿出魔镜念了句咒语，魔镜便“嗖”的一下化成两道亮光，附在了沙亚和木娜身上。

这之后沙亚才告诉他们，他俩来自遥远的索马里，又解释了刚刚不言语是因为没有听懂他们的话。他们的国家所用的语言和这里的完全不一样，他只有借助魔镜才可以正常交流。

接着，沙亚问其中一个紫衣男子：“为什么你们要留长头发呢?”

对面的人哈哈大笑起来，说：“留长发是我们华夏国的传统，在这里，男子留长发是很正常的事。小兄弟，你也应该留一头长发了。”紫衣男子朝沙亚打趣道，周围的人也跟着笑了起来。

沙亚显得有些不好意思，便挠挠头说：“我还不是很需要，不好意思。”

其余的人又大笑起来，接着那紫衣男子又问："你们千里迢迢地来到这里是为了什么呢？据我所知，这里离你们那里可是有好远的路程呢。"

沙亚急忙拿出书，并回答道："善良热情的人们啊，请你们帮我看一看这本书，你们知道这本书是谁写的吗？我很想拜访他，我有一些事想寻求他的帮助。"

紫衣男子翻看了几眼便说没见过，又将书递给身边一位身形高大的男子，那位高大的男子看了几眼，饶有兴致地说："好巧不巧，我家也有同样的一本书，它出自我国大贤公孙先生之手，更巧的是，我认识公孙先生。"

"请问你知道公孙先生在哪里吗？我们真的很想找到他。"木娜按耐不住激动的心情，问道。

那位高大的男子回答道："知道，那个地方就在离这里不远的花城，但是公孙先生很少见客，许多人去到那里，根本见不着公孙先生就又回来了，你们还是不要去了。"

"不，我们一定要去！"沙亚的回答坚定而有力，他看了看木娜，心中更加坚定了自己的想法。

那名身形高大的男子说："既然你们这么坚持，那就祝你们好运。我能做的就是告诉你们公孙先生的住处。"

沙亚与木娜十分感激这些善良友好的人："非常感谢大家对我们的帮助。"沙亚更是冲着那名高大的男子说道："也非常感谢您对我们的帮助。"

那位高大的男子摆摆手说："不必客气，看你们的年纪也不是很大，竟能一路行至此地，勇气可嘉。这样吧，我派一辆马车送你们过去，如何？"

木娜和沙亚听后，更加感激，连声道谢。

那位高大的男子笑道："如此甚好。"说完，便招手让随从准备马车。不一会儿，马车就准备好了，那名高大的男子目送他们上了马车，摆摆手道："后会有期。"沙亚与木娜异口同声地应了男子，三人相视一笑，便分别了。

"终于可以找到祛除木娜体香的办法了。"沙亚坐在马车上想着，但脸上却充满了忧愁，急得木娜一直问他怎么了。沙亚只得笑着说："这位好心人真是帮了我们大忙啦，我在上马车前无意间瞥见部落的人已追到此地，我们现在坐在马车里，他们就没办法知道我们的行踪了。”听到这个好消息，木娜的心情又好了起来。渐渐地，两人都在马车的颠簸中睡着了。

已是傍晚时分，沙亚从颠簸中醒过来，突然听见“吁”的一声，车夫在外面说道：“花城到了。”沙亚十分高兴，急忙跳下车，发现这里的风光与之前的地方相比又有很大的不同。他兴奋极了，急忙叫醒木娜。

车夫说：“前面有一家客栈，我们就先在此投宿。”木娜和沙亚齐齐地应了一声好，车夫便带着他们去住店。

第二天一早，沙亚与木娜便出发去拜访那位公孙先生。

公孙先生住在一片竹林里，这片竹林位于一座小山的背面。木娜看到这样的景象后，禁不住赞叹了一声：“好美啊！”

“是啊，的确很美，宛如仙境一般，看来你很喜欢这里？”一个苍老的声音从两人身后传来。

沙亚闻声，惊讶地回头，却发现他们身后不知何时已站了一位精神矍铄的老人。

老人微笑着问道：“你们是谁？从哪里来的？为什么会来到这里呢？”

“我们来自一个遥远的国家，我叫沙亚，她叫木娜，我们是很好的朋友。我们来拜访住在这里的公孙先生，有一些事想请教他，老爷爷您认识那位公孙先生吗？”沙亚恭敬地问道。

老人微微一笑，接着说道：“我只是住在附近的一个普通人罢了，我怎么会知道什么公孙先生呢？不过我倒是知道前面的那片竹林里住着一个人，是不是他我就不知道了。你们找他是有什么事吗？”

木娜轻声说：“我们有一本书，上面记载了许多方子，其中有一个方子是我自小就在用的，因为我从小就用这个方子沐浴，久而久之身体就有了香味。正是这股香味让我不幸被族人选作献祭的人选，我们逃了出来，因此我希望能找到写这本书的人救救我，帮我祛除身上的香味。现在，我的族人们正在寻找我，要把我抓回去呢！”

老人听了木娜的话，沉默了一会儿才说：“我是个普通人，不太懂得什么高深的法子，但我倒是有一些土方法，你们要不要试一试？”

沙亚很激动地说：“是什么？只要有一线希望我们都要试一试。”这一路上，沙亚和木娜担惊受怕，木娜每天晚上都睡不好，嘴里总是念叨着，

“不要抓我，不要抓我。”沙亚在一旁也是十分担心，如果不能解决这个问题，他们俩就要永远逃亡了。沙亚可不想木娜和他走上同样的路，所以心里一直很焦急。

“在我国，一个大臣游历各国的时候，去了西边靠海的一个国家，那个国家叫索马里，他在索马里发现了一些香料，其中便有乳香和没药。在那个国家，这两种香料素有盛名，主要用作除臭、迎客。这位大臣就把这奇妙的乳香和没药带回了华夏国。后来，我国医家经过精心研制，制成一剂名贵中药，功效是活血、行气、止痛，对治疗胸腹疼痛、跌打损伤以及痈肿等症具有显著疗效。除此之外，它因所添加的药材不同，发挥的作用亦不相同。这可是宝贝啊。”老爷爷说着，便从长袖里取出一个瓷瓶，“这是由香料炼制七七四十九天而成的药水，以其香而攻木娜之香，慢慢地，木娜身上的香味就会消失。”

木娜服了这瓶神奇的药水后，体香竟然真的变淡了，她万分感激老爷爷，却不知该如何报答他的恩情。老爷爷淡然一笑，邀请木娜和沙亚到家中一坐。但令他们没想到的是，老爷爷的家就在竹林里。沙亚走到半路便明白了这位老爷爷就是公孙先生。

“老爷爷，您能告诉我您是不是公孙先生呢？我很想知道。”沙亚问道。

老爷爷缓缓地说道：“你为什么这么想知道呢，既然你心中已经有了答案，就不需要再向我求证了。”

沙亚诚恳地说道：“老爷爷，那么我就尊称您为公孙先生吧，请原谅我的唐突，刚刚听您说，这些香料因添加的药材不同，发挥的作用亦不相同，我十分想向您学习香料的研制方法。

“你为何想学这研制之法呢？”

沙亚垂下头，许久后才悲伤地说道：“老爷爷，我本是索马里的王子，邪恶的巫师占领了王宫，囚禁了我的亲人。他们用巫术控制了我的哥哥们和所有人，并且下达恶毒的命令要用活人祭祀。木娜被部落选中献祭，我救了木娜，我们逃了出来。但是，她的族人已经追到这里。现在我希望能在您的帮助下破解巫师的邪术，拯救我的家人和子民。”

老爷爷听后，语重心长地说：“善良的孩子，我愿意帮助你们，我自有办法对付追捕木娜的人，同时我也会帮助你解除巫师的邪术。”随后，公孙先生让随从前往京城送信。不久后，追捕木娜的那些人就被华夏国士兵驱逐出境了。

就这样，沙亚与木娜在华夏国生活了两年。在这两年里，沙亚勤奋刻苦地跟随公孙先生学习用香料研制药品的方法。经过反复试验，他终于研制出能够唤醒人们意识并解除巫术的神奇药水。而木娜则在与当地百姓相处的过程中，学会了农耕技术、纺织工艺、传统的中医学，甚至已做得一手好女工，可以缝制出精美的绣花鞋。

与此同时，木娜与沙亚还就地取材，用华夏国的食物做出一道道带有索马里风味的饭菜，用布料做出许多带有索马里特色的衣服、裙子，大家都喜欢极了。他们每天日出而作，日落而息，共同看着日出日落、潮涨潮落，感到非常幸福。

一天，木娜望向天空，一滴泪水滑下脸庞，沙亚担心地问她怎么了，木娜拭了拭泪水说："我们家乡的人们还过着食不果腹的生活，我的亲人和朋友怎么样了，我都无法得知，而我却在这里过着他们无法想象的安逸生活。沙亚，我们是时候该回去了。"

"是啊，过得越幸福反而越思念我们的国家，还有我们的亲人。"沙亚点了点头。

这时，公孙先生缓缓地从房中走出来，看着坐在屋外台阶上的木娜和沙亚道："我知道，你们每天都渴望回到家乡，如今，你们已经能肩负起拯救国家的使命，是时候该回去了。"

公孙先生说着，从怀中掏出一封信："你们拿着这封信去京城李府找一位李大人，他会助你们一臂之力的。"

沙亚和木娜心中感激万分，红着眼眶拜别了公孙先生，带着他们在华夏国收获的物品，踏上了前往京城的路途。

经过两天的车马劳顿，沙亚和木娜终于到达京城。他俩无暇欣赏京城的繁华，拿着信直奔李府，如愿见到了李大人。他俩这时才发现，公孙先生口中的李大人正是两年前帮助过他们的那位高大的男子。

三人一见面，便纷纷感叹缘分妙不可言。一番攀谈后，沙亚得知李大人正要奉皇命出使西方列国。待木娜和沙亚说明来意后，李大人欣然同意与他们一路同行。在李大人的帮助下，木娜和沙亚终于踏上了回国的路……

第六章　满载回乡

历经漫长的时光，沙亚和木娜终于回到索马里。

在木娜和族人的帮助下，沙亚偷偷潜进王宫，解救了被囚禁的国王和王后，并将在华夏国研制出来的神奇药水滴入饮用水中，唤醒了哥哥们和王宫中的所有人。

在大家的齐心协力下，邪恶的巫师们被赶出王宫，献祭仪式也被废除。众人感谢沙亚的勇敢与智慧，纷纷推举他做新一任国王，沙亚终于恢复自己真正的名字——奇克。在奇克的带领下，索马里逐渐恢复了安定。

而木娜回到部落后，不仅向大家传授了华夏国博大精深的中医知识与香料的研制方法，以及农耕技术、纺织技术；还向大家展示了自己的绣品，以及从东方带来的陶瓷和其他工艺品。大家惊讶极了，心想这世间竟有如此精巧别致的东西，便争先恐后地向她学习请教。慢慢地，木娜将从华夏国学到的技术传播开来，部落的人们不再为吃饭而发愁，也不再因病痛的折磨而死去，大家都对木娜产生无限的感激与敬佩之情。

木娜笑得更加开心了，比之前在华夏国还要开心，因为她的族人们不再受到饥饿和疾病的困扰了。

后来，随着国内境况逐渐好转，奇克为感激华夏国朋友的帮助，特派使者携带索马里特有的乳香、没药，以及索马里人眼中珍贵的骆驼出使华夏国。而华夏国的皇帝得知了这段佳缘，十分高兴，也派遣使者带着丝绸、瓷器、珠宝出使索马里。

四、故事分配

索马里在互联网、广播电台和文化艺术三个领域具有一定的优势，对故事《美女与海盗》的宣传具有推动作用。

（一）互联网

与传统媒体相比，索马里的互联网产业近年来发展迅速。海底光缆在索马里附近海域的铺设，将会进一步加快互联网在索马里的普及，也会使索马里使用互联网的人数大幅度增长。依托索马里不断发展的互联网产业，广为宣传故事《美女与海盗》，将扩大故事的知名度。

（二）广播电台

索马里广播电台是索马里通信传播的主要媒体之一。索马里的官方广播电台为摩加迪沙广播电台，在各州、各区还建有其他广播电台。广播节目播放内容多样，服务范围覆盖索马里全国。依托索马里广播电台强大的影响力和广泛的受众面，更易使故事《美女与海盗》深入人心，扩大故事的受众群体。

（三）文化艺术

索马里文化底蕴较为深厚，不但政府注重文化领域的发展，而且当地人民群众也乐于接受多种形式的艺术活动。借助索马里政府对文化艺术的支持和索马里人民对艺术活动的热爱，将故事《美女与海盗》以文化艺术的方式演绎推广，将会提升索马里各界人士对故事的关注度。

五、故事消费

故事《美女与海盗》分配渠道建立后，从互联网、广播电台和文化艺术三个领域分别介绍故事消费的策略。

（一）互联网

在互联网领域的消费，可通过投放广告、策划电子报刊、读者互动三个策略实现。

1. 投放广告

与索马里当地知名的轻工业企业合作，选取与索马里人民生活息息相关的产品进行设计。将故事内容融入产品整体设计中，推出带有故事《美女与海盗》元素的系列产品。与企业在互联网上合力推出产品广告，当用户点击产品广告界面时，网页会自动跳转至企业官网的商品介绍页面，在商品信息板块会对产品的设计创意来源进行介绍。在介绍中加入故事《美女与海盗》的梗概、节选的精彩片段或者故事的漫画版，赋予产品以文化特性，以增强用户的文化体验感，加深其对故事的印象。

2. 策划电子报刊

在故事《美女与海盗》产品网络广告初步宣传推广的基础上，与索马里当地文化类报刊合作，将故事进行改编，推出适合不同年龄段的版本，如儿童、青少年阅读的版本。将儿童版、青少年版故事《美女与海盗》设置在电子报刊相应的板块，并在其他板块继续添加中索两国友好交流等的新闻报道。索马里网络读者不仅能阅读故事，还能了解两国文化、交流合作等方面的内容，从而加深对故事的理解、对中国的认识。

3. 读者互动

在电子报刊网页界面设置留言板，定期挑选优秀的评论进行奖励，奖品就是与索马里轻工业企业合作推出的故事系列产品。获奖的网络读者可以前往指定地点领取奖品。通过奖品激励等活动，可加强与索马里网络读者的互动交流，增强故事对网络读者的吸引力。

（二）广播电台

在广播电台领域的消费通过制作节目、播放、听众互动三个策略实现。

1. 制作节目

（1）民谣：对故事《美女与海盗》整体内容进行提炼，按照章节划分改编为歌词。在索马里全国开展征集“故事《美女与海盗》歌词的伴奏编曲大赛”活动，选出最受索马里人民喜爱的音乐伴奏编曲，购买其版权，并在索马里当地的广播电台发布活动结果。邀请索马里著名音乐家、音乐制作人，将故事歌词与伴奏编曲再次进行编辑，按照索马里人民喜爱的音乐风格制作成民谣。（2）广播剧：通过征集“故事《美女与海盗》歌词伴奏编曲大赛”活动，使故事得到索马里人民的关注。邀请索马里著名广播节目策划导演、广播主持人共同参与，将故事《美女与海盗》制作成不同版本、形式多样的广播剧，如儿童广播剧、音乐广播剧等。

2. 播放

首先，加强故事民谣和广播剧在索马里各主要广播电台频道的宣传力度，让听众及时掌握故事民谣和广播剧播出的频道、时间等节目信息。其次，通过索马里各主要广播电台、车载广播进行播放，尤其在听众最为集中的黄金时段加大播放力度。最后，根据听众们的来电反馈，不断调整民谣和广播剧的播放形式，吸引听众，从而逐步提高收听率，使有关故事的民谣、广播剧深入索马里的千家万户。

3. 听众互动

每期节目播放结束后，设置有奖问答等多种互动环节。每期节目抽取若干名幸运听众，根据听众喜好颁发不同类型的奖品，以此吸引听众继续收听。不断加强与听众的交流，提高听众参与度，进一步提升故事在人民群体中的知名度。

（三）文化艺术

在文化艺术领域的消费通过文艺活动、艺术巡演、观众互动三个策略实现。

1. 文艺活动

以故事《美女与海盗》为蓝本，根据不同类型的观众，策划出不同的文艺活动方案。例如：针对喜欢舞台表演的观众，设计出故事音乐剧、话剧等；针对爱好观看展览的观众，设计出故事《美女与海盗》系列图片展、文化展、现代艺术展等。在以故事《美女与海盗》为主题的各种文艺活动开始前，在索马里人流量密集的机场、港口、集市等进行现场宣传，也可利用索马里各大媒体进行广泛宣传。凡是抵达现场参与文艺活动的观众，均可获得主办方随机赠送的小礼品，以此不断提升索马里人民的活动参与度，扩大故事的受众面。

2. 艺术巡演

将以故事《美女与海盗》为主题的各种文艺活动在索马里全国进行艺术巡演，通过丰富多彩的艺术形式使故事更具感染力、代入感，更能贴近索马里人民的日常生活，让故事中坚强勇敢、善良真诚、永不言败的人物形象深入人心，使故事所表达出来的情感更能打动索马里人民。

3. 观众互动

设计知识问答环节，知识问答的题目涉及故事《美女与海盗》、中国和索马里两国的文化等内容。文艺活动结束后，与到场的观众进行答题互动，答对题目者颁发故事中提及的带有中国特色的小礼品，如中国剪纸、刺绣、绣品以及小工艺品等，以增强中国人民和索马里人民之间的认同感，使他们逐渐对中国文化产生浓厚兴趣，从而进一步宣传中国文化。

六、中索合作

中索合作主要体现在共享香料资源、互助骆驼产业和助力轻工业三个方面。

（一）共享香料资源

索马里被誉为"香料之邦"，是世界重要的乳香和没药生产国。索马里所产的乳香和没药在品质、成色与纯净度等方面十分优良，加之乳香和没药本身就极具药用价值且可应用于多个领域，因而受到世界市场的欢迎，是索马里主要的出口商品之一。但索马里轻工业发展缓慢，加工技术较为滞后，所以索马里乳香和没药资源的深加工十分受限。中索两国交流源远流长，在中国古籍中就有进口索马里乳香和没药的记载。中国古人在发现乳香和没药的医用价值后，便将它们作为中药材使用。香料在中国各个领域应用广泛，但受气候、土壤等自然条件制约，中国香料在种植面积、生产种类等方面无法满足本国庞大的香料消费市场的需求。如果中国和索马里在香料资源方面达成合作，中国可将乳香、没药应用于医学领域的研究，加大对乳香和没药在药品、制备工艺等方面的研究力度。索马里可以向中国出口高品质的乳香、没药原料，增加外汇收入。索马里在乳香、没药深加工领域可获得产品研发所需的资金、技术、设备和人才等。

（二）互助骆驼产业

索马里是世界上饲养骆驼最多的国家，[①] 素有"骆驼王国"的称号。同时，骆驼也是索马里主要的活畜出口商品之一。悠久的骆驼饲养史形成索马里独具特色的"骆驼文化"，骆驼奶、骆驼肉等的营养价值越来越受到世界人民的关注。索马里在骆驼奶、骆驼皮和骆驼肉等产量方面拥有巨大的优势，但索马里经济发展不均衡，轻工业发展较为迟缓，致使索马里骆驼产业在全产业链发展、骆驼奶深加工技术、骆驼产品多样化及产品深

---

① 外交部："索马里国家概况"，https：//www. fmprc. gov. cn/web/gjhdq_676201/gj_676203/fz_677316/1206_678550/1206x0_678552/。（采用日期：2020 年 1 月 9 日）

度开发等方面受到限制。随着中国奶制品消费观念的转变，骆驼产业的发展越来越受到重视，中国也涌现出多家骆驼企业和知名品牌。中国通过整合骆驼产业资源，加快制定骆驼产业标准，使骆驼产业步入规模化经营、产业化发展的进程。中国将骆驼产业与旅游业等其他产业进行融合，不断探索创新发展模式，逐步形成驼乳食品、驼绒产品及民族手工艺品等全产业链发展。[①] 与此同时，中国加大资金、科研投入，在骆驼奶保鲜、加工技术等领域实现突破，部分技术达到国际领先水平。如果中国和索马里在骆驼产业方面达成合作，索马里可以借鉴中国在骆驼产业探索发展的经验，借助中国食品技术人才、骆驼产品深加工技术与设备等，加快本国骆驼产业规模化养殖，加大骆驼产品研发力度等。中国则可以学习索马里在骆驼选育、养殖、繁殖等方面的技术。中索两国也可以加强骆驼文化、骆驼产品在生物与制药等方面的研究，共享产业成果，共促两国骆驼产业走上可持续发展之路。

（三）助力轻工业

索马里工业基础薄弱，部分轻工业虽已恢复生产，但大量轻工业产品依然依靠进口。[②] 索马里联邦政府为恢复国家经济，不仅制定国家发展规划，确立优先发展领域，还将加强基础设施、农牧渔、金融等领域的建设。[③] 索马里联邦政府积极招商引资，对来索投资的外商企业给予一系列优惠政策等。中国政府不断加大对轻工业在资金、科技方面的投入，制定了一系列严格的轻工业产品质量检测标准，使中国轻工业产业质量管理趋于规范化，提高了中国轻工业产品在世界轻工业市场上的竞争力，确立了中国在世界轻工生产和出口中的重要地位。如果中国和索马里两国在轻工业领域达成合作，索马里可以借助中国轻工业门类齐全、产业链较为完整、优秀企业众多等优势，促进索马里在纺织、造纸、日化、家用电器等

---

① 福海县委组织部：“福海县发展壮大骆驼养殖产业带动 3000 余户农牧民增收致富”，http：//www. xjkunlun. gov. cn/xw/djdt/33754. htm。（采用日期：2020 年 1 月 10 日）

② 中华人民共和国驻索马里联邦共和国大使馆经济商务参赞处：“索马里简况”，http：//so. mofcom. gov. cn/article/ddgk/201506/20150601005371. shtml。（采用日期：2020 年 1 月 9 日）

③ 外交部：“索马里国家概况”，https：//www. fmprc. gov. cn/web/gjhdq_676201/gj_676203/fz_677316/1206_678550/1206x0_678552/。（采用日期：2020 年 1 月 9 日）

轻工业方面的发展，从而加快索马里经济的恢复与发展，缓解索马里人民对生活必需品的需求。中国则可以借助索马里优越的地理位置、优惠的投资政策等优势投资建厂、发展转口贸易等，从而促进两国经济的共同发展。

第九章　对毛里塔尼亚传播的话语体系构建

一、毛里塔尼亚概况

毛里塔尼亚伊斯兰共和国位于非洲西北部，首都是努瓦克肖特，国土面积103.07万平方公里。毛里塔尼亚西靠大西洋，北边与西撒哈拉和阿尔及利亚接壤，东南与马里为邻，南与塞内加尔隔河相望。毛里塔尼亚气候炎热少雨，素有“沙漠共和国”之称。官方用语为阿拉伯语，伊斯兰教为国教。

课题组设想的中国和毛里塔尼亚的合作主要体现在渔业和医疗两个方面，所以仅对这两个方面进行介绍。

（一）渔业

毛里塔尼亚有750公里的海岸线，地处世界三大渔场之一的西北非渔场。然而，由于过度捕捞和滥发捕鱼许可证等因素，毛里塔尼亚的渔业资源近十年来呈急剧下降趋势。

（二）医疗

毛里塔尼亚医疗卫生条件十分简陋。全国医护人员短缺，病床数量也极为不足，唯一的大医院在首都努瓦克肖特。毛里塔尼亚医疗卫生组织、住房部和工业与矿业公司出资建立公共卫生设施，药品可以在公共设施于病人中无偿分发，这一举措也只能满足40%毛里塔尼亚病患对药品的需求。

毛里塔尼亚人面临着严重的健康威胁。毛里塔尼亚社会发展缓慢，人民生活水平较为落后、饮用水不洁净、居住环境的卫生条件恶劣和个人不讲卫生是导致传染病和恶性疾病爆发的原因。

二、故事背景

在非洲的西北部，有一个古老的国家——毛里塔尼亚。这是一个命运多舛的国家，由于连年战乱，人民流离失所，生活苦不堪言。后来在一位勇敢的王子的带领下，国家终于结束了动荡的局面，恢复安定。

正当国家百废待兴之时，一场突如其来的传染病再次肆虐这个风雨飘摇的国家。与此同时，一位云游四方的东方华夏国神医正随商船航行在大西洋上。

一天晚上，神医梦见一个皮肤黝黑、高大俊美的白袍男子，他头戴白帽，身材挺拔，自称海神。他告诉神医，在这片海里有一种神奇的珍品，入药后可解百病。而海的东边有一个国家——毛里塔尼亚，那里的人们正深受疾病的侵扰，他希望神医能留下来，用这片海里的珍品研制出药物，医治那里患病的人们。

神医自梦中转醒，深觉这是大海赠予他的礼物和赋予他的使命，于是便在商船停靠在努瓦克肖特时，毅然决然地下了船。当神医沿路走过毛里塔尼亚的大小城镇，目睹这里的人们因疾病得不到及时医治而悲惨离世的场景时，心中不忍，下定决心要留在毛里塔尼亚，用毕生所学帮助这里的人们摆脱病痛的折磨。

后来，神医在海神的指引下获得珍品。神医将其糅合，反复研究，历时半年，终于研制出一种神奇的药丸。他将这些药丸发放给当地处于病痛折磨中的人们，这些病人在服用药丸后，不但病痛全无，还全身充满力量，神清气爽。大家都称赞神医是善人，为大家带来了神药。

在华夏国神医和毛里塔尼亚医师们的合作下，这片土地上的人们得以痊愈，国家也慢慢恢复安定。后来，神医不幸离世。出于对神医高超医术的尊重和他无私人格的钦佩，海神集齐了神医生平研究的药方，将它们放入纯金打造的宝盒，安放在深海之中，等待有缘人的出现。

三、神秘的宝盒

第一章　黎明前夕帷幕拉开

时光荏苒，一晃许多年过去了，在毛里塔尼亚历代国王的励精图治下，国家发展逐渐步入正轨，人民幸福，国家安定。

尤其是在新一任国王——巴希尔的引领下，毛里塔尼亚越来越繁荣昌盛。国王和王后孕育了三个王子，但是随着国王巴希尔日渐老去，他愈加渴望得到一个女儿。为了能拥有一个女儿，巴希尔国王日夜期盼祈祷。终于，海神被巴希尔国王的诚心所感动。

一天晚上，海神托梦给巴希尔国王："鉴于你对这个国家的贡献，我将赐予你一个拥有非凡能力的女儿，她将为你和你的国家带来好运。"巴希尔国王自梦中转醒后，发现手中多了一块软布，布上用阿拉伯语书写着一段古老的经文。巴希尔国王看着软布上的那段经文，想起梦中的场景，心中又惊又喜，连忙沐浴净身，将那块写有经文的软布高挂在寝宫墙壁上，日夜诵读。

不久后，王后果然怀孕了。巴希尔国王立即命工匠建造一座金碧辉煌的宫殿，并召集所有的裁缝缝制上百件漂亮的衣裙，只为迎接小公主的到来。

终于到了王后临产的时候，这一天，天空澄澈透亮，太阳熠熠发光，空气中弥漫着阵阵的清香，极目眺望，西海岸边吹来的朵朵浪花似乎与天空中的白云交相呼应……再细细瞧去，那蔚蓝的海水里，正聚集着成群结队的鱼群，静静地期盼着，似乎在等待着什么。

王宫中，王后虚弱地命令侍女将襁褓中的小人儿交给身侧的巴希尔国王。她深情地凝视着坐在身旁的丈夫和他手中怀抱着的女儿，脸上满是留恋和不舍。而国王抱着小公主，也看向躺在床上的王后，眼中流露出悲伤的神色。原来，产婆告诉巴希尔国王，王后产后大出血，生命垂危。就在国王沉浸在悲伤中之时，王后用尽最后一丝力气紧紧地抓住他的手，低声道："你，你一定要照顾好我们的孩子，不管将来发生什么，你都要爱她、疼她，这是我们唯一的女儿……"王后说完，手便垂了下去，再也没有醒来。悲痛万分的巴希尔国王紧紧地抱着小公主，趴在王后身旁失声痛哭。

巴希尔国王请国内最有声望的长老为他亲爱的小公主起经名。长老为小公主取名"阿法芙"，"阿法芙"一词在阿拉伯文原意中有冰清玉洁之意，长老希望小公主可以幸福快乐地生活下去，永远纯洁善良。

时光荏苒，转眼间阿法芙小公主已经十六岁了，她长得如花似玉、美丽动人。在这十六年里，阿法芙小公主时常到西海岸游玩。因为她天生拥有非凡的能力，通晓鱼的语言，所以生活在西海岸的海洋动物成为她从小到大的玩伴，而阿法芙小公主也成为西海岸所有海洋动物的宠儿。

不但民间对小公主美丽的容貌惊叹不已，就连西海岸的鱼儿们也在讨论着小公主越发迷人的容貌。

"小公主的眼睛好像我年轻时候在海底珊瑚中发现的宝石一样璀璨!"老章鱼慢慢地摇晃着自己的身躯，赞叹着小公主。

"大叔，能不能别老提你之前的事!"小章鱼咂咂嘴，对老章鱼显摆的行为表现出强烈的不满。

"咳咳咳，总之，阿法芙小公主是最可爱纯洁的女孩儿。"老章鱼看了大家一眼，爱抚地摸了摸躲在自己身后静静聆听的小比目鱼。

阿法芙小公主可不止拥有甜美的外表，还拥有善解人意的性格。因为小公主的善良和美丽，王宫中所有的侍从都争抢着服侍她。更因为她的慷慨，王国里所有的臣民都十分喜欢她。

当然，阿法芙小公主的父亲巴希尔国王对女儿的宠爱更是不得不提的。巴希尔国王年近六十才得到这个宝贝女儿，真是含在嘴里怕化了，捧在手里怕碎了，衣食住行用的都是最好的。不仅如此，作为一国之主的巴希尔国王，他每天日理万机，异常忙碌，但总是会抽出时间去陪伴自己心爱的女儿。

这一天，巴希尔国王处理完政事，又像往常一样陪着阿法芙小公主来到西海岸欣赏她最爱的碧海蓝天。

"呀，我的小伙伴们要出来了!"小公主指着翻腾的浪花兴奋地对巴希尔国王说道。

巴希尔国王宠溺地刮了刮小公主的鼻子，问道："那今天它们又要给我的小公主表演什么呢?"

小公主托着脑袋坐在海边的石头上，两只水汪汪的大眼睛扑闪扑闪的，像是在说：“会是什么呢?”

小公主刚想到这，一群五彩斑斓的鱼便跃出海面，此起彼伏地出现在巴希尔国王和小公主的面前，勾勒出一条条美丽动人的曲线。渐渐地，鱼群变换姿势跳起了欢快的鼓点舞，一群可爱的小鱼儿奋力地从水中跃起，转个圈又落入水中，紧接着又接二连三地自水中跃起。这是一群多么可爱而又单纯的海底居民呐，它们为了让阿法芙小公主绽放璀璨的笑容，是多么努力啊，不愧是阿法芙小公主最要好的朋友。

鱼群自水中跃起后，在空中各自舞动着娇小的身躯，它们一扭一扭的样子成功逗乐了巴希尔国王。只见巴希尔国王的嘴角向上扬起，掩在白色长袍下的身体因大笑而不住颤抖，就连他那最引以为傲的白色长胡子也随之抖动着。

“哈哈哈，这些小家伙真是太可爱了！我亲爱的女儿，它们又在跟你说什么悄悄话呐?”巴希尔国王捋了捋自己长长的胡子，好奇地问道。

“父亲，它们告诉我海里又新迁入了一些来自其他海洋的居民，它们希望把新迁入的居民介绍给我们。”阿法芙小公主伏在海岸边，细细聆听许久才转述给巴希尔国王。

巴希尔国王也好奇地凑了过去，他伏在女儿身边，支起耳朵努力听了许久，却一无所获。他又睁大眼睛朝海面看去，刚才那群鱼竟然不知什么时候已经离开了，除了一只小比目鱼外什么也看不见。

“父亲，它是来这儿投奔爷爷的小比目鱼晓晓，它刚刚对我说它很喜欢我，还说希望成为我最好的朋友呢!”阿法芙小公主不好意思地挠了挠头。

“是吗?”巴希尔国王有些诧异，又朝海面望去，那只小比目鱼大半个身子都在海里，只露出半个头在外面。它米粒大小的眼睛一眨一眨的，煞是可爱。当小比目鱼觉察到巴希尔国王投来的目光时，它就像一个腼腆的小孩一样，一下子把全身都藏在海里，似乎很害羞。

“它在和我们告别呢!”阿法芙小公主有些惋惜地对巴希尔国王说道。

“啊，真幸运我有一个这么可爱的女儿！能认识这么多可爱的小家伙。”国王说道。

小巧的比目鱼在空中调皮地翻了个身，阳光下，它金色的鱼尾显得格外美丽。目送着小比目鱼晓晓离开的阿法芙小公主和巴希尔国王脸上不约而同地露出了笑容，久久没有散去。

阿法芙小公主自此又多了一个好朋友——晓晓，可爱却有些害羞的小比目鱼晓晓给阿法芙小公主的生活增添了许多乐趣。在这段时间，每天陪伴着小公主的巴希尔国王脸上的笑容也越来越多了，他现在把更多的时间都用在和小公主的相处中。小公主每天欣赏着西海岸特有的美景，身旁又有最亲爱的父亲和要好的海洋小伙伴们相伴，生活十分幸福，这一切都显得美好极了。

但是，这美好的一切却被一场突如其来的灾难吞噬了。这个原本美丽祥和的国家开始出现一种奇怪的病症，患病的国民起初只是持续发烧，体重骤减，后来便性情大变，紧接着发生痴呆、昏迷乃至异常死亡的现象。

巴希尔国王最近可是急坏了，他眼看着自己的国民一个接一个因奇怪的疾病而倒下，担忧地顾不上吃饭，马不停蹄地召集国内所有的医者，吩咐侍从们把王宫最宽敞的房间腾出来，命令所有医者在这个房间共同研究治疗疾病的药方。

但是一个月过去了，医者们依然理不出头绪，没办法对症下药，而民间的情况却越发严重，许多患者的亲人和新生的婴儿也出现了相似的病症。一时间，全国上下人心惶惶，国王无奈，下令所有医师迅速返回各地，以减少疾病的蔓延。

与此同时，为了安抚生活在恐惧中的臣民们，巴希尔国王又马不停蹄地奔赴各地。每经过一地，他都会去探望那些患病的臣民和他们的家人，给那些不幸患病的人带去了些许慰藉。

有一天，巴希尔国王屏退所有的侍卫，孤身一人前往一个重症患者的家里。这家人从老人到小孩全患有这种奇怪的病。

巴希尔国王敲了敲这户人家的小木门，竟然发现小门没有扣紧，他便推开门步入这户人家，院子里静悄悄的，巴希尔国王觉得奇怪极了，便朝一个发出亮光的房间走去。当他踏入这个房间时，竟然看到这样一幕：一个骨瘦如柴的女子，双手平摊在空中，正怔怔地盯着自己手腕的方向，然后她不知从哪里抽出一把锐利的剪刀，朝自己手腕的方向划去。巴希尔国王心中一惊，快步跑到女子身旁，伸手去夺她手里的剪刀，但女子被巴希尔国王吓到了。抢夺过程中，剪刀只是轻轻划破女子的手腕，而沾有女子血液的剪刀却深深地扎入巴希尔国王的胳膊，巴希尔国王因疼痛而昏厥过去。

等到巴希尔国王再次醒过来的时候，发现自己已经身处王宫，伏在床边的阿法芙小公主被国王苏醒时的呻吟声惊醒了，连忙起身察看父亲的伤势，而肿得像桃子一样的双眼正诉说着她内心的担忧和悲伤。

从阿法芙小公主的口中，巴希尔国王得知自己在抢夺那名女子手上剪刀的过程中不幸受伤，那名女子只是受了轻伤，自己却因受伤而昏厥了。那名女子看到他受伤后，马上向屋外跑去，想要找人来医治，刚好碰到巡逻的皇家卫队，皇家卫队立即将他送回王宫接受医师治疗。

原来，巴希尔国王所见的那户人家原本生活殷实美满，然而这场突如其来的怪病却夺去了家中男主人的性命，随后怀有身孕的女主人发现自己经常发烧，体重骤减，后来确诊患了与死去丈夫相同的病症。等这个可怜的女子生下孩子后，当地极有声望的医师又告诉她，她的孩子有可能活不了多久，因为孩子也极有可能感染了这种病毒。果不其然，孩子的爷爷奶奶在照顾孩子一段时间后，身体也出现了这种病症。一天晚上，老两口在照顾孩子时，突然陷入昏迷，至今都没有醒来。接连的打击让这个可怜的女人万念俱灰，便有了轻生的念头。她本来想割破手腕流尽鲜血而死，却没想到在最后一刻被自己敬仰的国王——巴希尔国王所救。这个女人决定重拾信心，她坚信一直被人们所信赖的巴希尔国王一定能帮助他们摆脱这场可怕的疾病。

巴希尔国王能否不负重托？到底谁才是这场苦难的拯救者呢？

第二章　朝阳初升一片曙光

巴希尔国王得知那名女子的遭遇后，为了重振全国人民的信心，不顾自己身体的疼痛，又马不停蹄地赶往全国各地，只为给处在病痛阴影下的人们带去希望：他们的国王并没有放弃全国的子民们。当巴希尔国王把全国大大小小的城市全部巡视一遍后，才乘着马车赶往王宫。

一大清早，阿法芙小公主就得知巴希尔国王将要赶回来的消息。近三个月没有见到巴希尔国王的小公主，对父亲的想念之情无以言表。这天早上，阿法芙小公主和侍从们采来新鲜的花瓣，用甘甜的泉水、鲜嫩的果蔬亲手为巴希尔国王做了一顿丰盛的早餐，然后就早早地和王宫众人在宫门口等待着巴希尔国王，期待着他能早日归来。

载着巴希尔国王的车驾终于回来了，然而带回来的却是一个陷入昏迷中的巴希尔国王。全国的医师再次聚集王宫，经过联合诊治和细致调查，巴希尔国王陷入昏迷的原因终于水落石出。

原来，巴希尔国王为了挽救那名女子的生命，不幸接触到她的血液，也染上了这种可怕的怪病，加之他长期舟车劳顿、疲劳过度、病情加重，这才陷入了昏迷。可是，怎样才能治好昏迷中的巴希尔国王呢？作为一国之主，他可是国家和人民的支柱！

因为巴希尔国王意外昏迷，这个国家的一切都乱了套。政客们开始展开权力的角逐；奸臣们都在期待巴希尔国王去世，然后拥立他们支持的大王子；富人们利用自己手中的财富，大肆从穷苦人手中低价收购房屋、土地；而一些利欲熏心的医师则打着包治百病、药到病除的幌子，昧着良心向患病的老百姓出售假药。没有了巴希尔国王的带领，这个国家陷入了一片混乱之中。

阿法芙小公主看着昏睡不醒的巴希尔国王，想到日渐混乱的王国，心里别提多难过了。她好希望自己的父亲站起来，为这个国家消除所有的灾难和厄运。阿法芙小公主想尽一切办法，希望能唤醒自己的父亲。但是日子一天天过去，躺在床上的巴希尔国王依旧像是熟睡着一样，呼吸平稳，面容安详，而这个国家却越发地动荡不安。

这场突如其来的灾难彻底夺去了阿法芙小公主脸上的笑容，白天她努力帮助二王子和三王子维持国家的秩序，夜晚则一个人偷偷坐在西海岸边释放自己内心的彷徨和无助。

这天，刚刚处理完国家财政危机的阿法芙小公主又来到海岸边。皎洁的月光下，小公主只是静静地坐着，看着美丽如初的大海，又想起和父王在一起的那段快乐的日子，不禁把头深深地埋进自己的膝盖里，低声啜泣起来。

小比目鱼晓晓浮在海面上静静地看着阿法芙公主，终于忍不住跃出海面，借助身体的摆动靠近海岸边，停在她的面前，急切地询问：“小公主，不要哭啊，快告诉我怎么了？”

阿法芙小公主抬起哭得梨花带雨的脸庞，咬咬嘴唇，似乎在考虑要不要告诉自己的小伙伴。

“快说呀，阿法芙小公主，说出来，说不定我能帮你解决呢！”晓晓挺了挺自己的小身躯，接着说，“就算我不能帮助你，不是还有我爷爷和海底的其他前辈嘛！”

阿法芙小公主听了晓晓的话，就把父亲患病昏迷以及王国混乱衰败的情况一五一十地告诉了它。

“原来你之前给大伙说的你和巴希尔国王出国巡游都是假的，你为什么不早点告诉我呢？至少你还有我啊！”晓晓跳到阿法芙小公主的手上，大声嚷嚷着。

阿法芙小公主不禁又落下了悲伤的泪水，这么久以来，因为怕这些要好的朋友担心自己，她不但没去主动探望海洋朋友，还谎称自己和父亲去邻国巡游了。阿法芙小公主眼角的泪水滑落到手心上，她看着手上的晓晓，问道：“你是怎么发现我来海边的，明明这么晚了，你不应该出现在这里呀！”

晓晓吸了吸阿法芙小公主刚刚掉落在手心的泪水：“好咸，我还以为是甜的呢！”

阿法芙小公主看着晓晓可爱又搞笑的样子，扑哧一声笑了出来。晓晓接着说道：“其实我早就发现你了，本来想出现，但是一想到你到西海岸竟然不找我，我又有些生气，不想理你。谁知道你大晚上赏景就赏景，最后竟然还哭出来，我一着急就跃出了海面！”

晓晓不满地嘟囔着，但当它看到小公主又逐渐变得有些忧郁时，便心疼地消了气。

“好吧！我承认我是想你了。”晓晓终于吐露了心声。原来啊，因为阿法芙小公主一连几个月没有来西海岸，晓晓有些想念她，便深夜从深海游到海岸，只是想再看看曾经和阿法芙小公主一起玩耍嬉戏过的海滩，没想到正好撞见在海岸边独自伤心的小公主。

“你别着急，巴希尔国王那么善良，他一定会好起来的，我相信他也一定可以重建一个美丽的家园！”晓晓接着说，“我明天去请教一下海底的居民们，我相信那些前辈一定有办法！”

第二天清晨，当阿法芙小公主再次来到海滩时，却被眼前的景象惊呆了——海岸的浅滩上挤满了来自海洋的朋友们。

老比目鱼爷爷在最前面，他用慈爱的目光注视着阿法芙小公主：“小公主，我们都听晓晓说你遇到了困难，大伙儿今天来这里，就是想集思广益，为你想想办法!”

“是啊，是啊，小公主你需要什么尽管开口!”热心肠的鱼大婶开了腔。

老章鱼慢条斯理地说：“我这有一颗世间少有的珍珠，是我珍藏多年的，今天就送给你吧!”老章鱼说着，用它的触角拿出一颗璀璨夺目的珍珠。

“我这有一株名贵的珊瑚，它有药用价值，也给你吧!”一只小章鱼也站了出来。

“我这有从深海淘来的海洋药物。”

“我这有从海湖交汇处找到的稀有植物。”

“我这有宝贝。”

“我这也有宝贝。”

这些海洋里的居民争先恐后地发言，都争着要把自己的宝贝献给美丽的阿法芙小公主。

最后，威严的老比目鱼爷爷发话了，它缓缓地开了口：“大家想一想，你们的宝贝能真正地解救患病的巴希尔国王和他的臣民们吗?”

“对呀，我们的宝贝根本毫无帮助。”大伙异口同声地回答。

“爷爷，您有什么好的主意吗?”晓晓着急地问道。

老比目鱼慈爱地碰了碰晓晓的脑袋，然后缓缓地说道：“不知道大伙儿还记不记得咱们海洋里流传着的宝盒的传说。如果阿法芙小公主能找到传说中的那个宝盒，就一定能找到解救巴希尔国王和老百姓的方法。”

“什么宝盒？它在哪里?”阿法芙小公主一听说有解救父亲和国家臣民的方法，就急切地向老比目鱼爷爷询问。

“别着急，阿法芙小公主，听我慢慢给你讲啊!”老比目鱼凝视着远方，想起了祖父给它讲的那个故事。

“不知从什么时候开始，海底突然出现一个发出金灿灿光芒的盒子，海底的先辈们都猜测那是一件宝物，就称它为“宝盒”。但是没有人能接近它，每当海底的鱼虾有靠近它的意图时，它就会消失在大家的视线范围内。尽管所有的先辈都很想见识见识那个宝盒，但所有人都对它束手无策。”

老比目鱼继续缓缓地讲述着那个故事：“后来有一天清晨，一阵喧闹声打破了海底的宁静。原来啊，是一位女子掉落在海中。紧接着，一个男子为了救这个女子，也跳入了海中。那个男子从后面抓住落水的女子的背部，想要潜出海面，却不想他的腿被海底的水草紧紧缠住了。渐渐地，这对男女陷入昏迷，直直地朝海底发出金灿灿光芒的地方坠去。我的先辈们不忍心看到这对男女在海中丧命，就找出家族传下来的宝物——定水珠想要救他们。之所以称定水珠为宝物，就是因为它有一种神奇的能力——吃下它的人不仅可以在水中自如呼吸、自由行走，还能与海洋动物交流。但是，当我的先辈们游向这对男女，想要救他们的时候，神奇的事情发生了，一个发出金灿灿光芒的盒子就像有生命似的朝陷入昏迷的那对男女飞去。我的先辈们发现这个发出金灿灿光芒的盒子就是那个宝盒，他们猜测这个宝盒也许就是人类的祖辈们赐给其后代的礼物，现在这对男女可能就是那个宝盒的有缘人。我的先辈们随后将两颗定水珠喂给这对男女。男子吃下后从昏睡中转醒，却对一群围着自己的海洋动物和出现在身边的盒子产生了很多疑问。等他发现自己竟能在海中自由行动而不需要呼吸，并且好像能听懂围在他身边的海洋动物们的语言时，才意识到可能是这些海洋动物救了自己。

我的先辈们见男子苏醒后，便告诉他和那名女子昏迷后发生的事情，以及他是宝盒有缘人一事。男子为报答先辈们的救命之恩，就想将宝盒留给我的先辈们，然而一个颇有见地的先辈拒绝了男子，它明白只有宝盒的有缘人才有权利拥有宝盒。但我的先辈们显然对宝盒里的东西十分好奇，希望男子能当场打开宝盒让大家见识见识。男子欣然同意，在先辈们的注视下，他伸手抓住一直漂浮在他周围的宝盒，缓缓地揭开宝盒的盖子，可呈现在大家面前的却是一卷卷泛黄的纸卷，并没有我的先辈们期待的奇珍异宝，一切看起来是那么的平淡无奇。但神奇的是，前一秒宝盒里还只是泛黄的纸卷，后一秒突然变成一个个绿色的小精灵从宝盒里飞出来，围绕着大伙儿飞舞。这些小精灵边跳边唱，而那个男子竟然听得懂小精灵们的歌声。

因为定水珠的缘故，我的先辈们通过那个男子了解到，原来这些小精灵使用的语言是遥远的东方一个名叫华夏国的语言，而小精灵们则是由一卷卷泛黄的纸卷幻化而成的。他们的歌声中记载的是一位华夏国的神医生平所研制的神药药方，这些药方可以解决世间一切的疑难杂症，为人类带来和平与安定。小精灵们吟唱完，又返回宝盒重新变回一卷卷泛黄的纸卷。男子收好宝盒后，便带着仍在昏睡中的女子和宝盒离开了。海底的生活过得很快，先辈们都只把这件事当成一个小小的插曲，谁也没有在意。然而，陆地上此时此刻却发生着翻天覆地的变化。国家间的敌对战争引发了灾难性毁灭，那些身处战乱地区的人患上了各种可怕的病症，有些病症根本没有办法医治，一旦患病便直接面临死亡。处在病痛中的人们日夜盼望能发生奇迹，希望有人能研制出治愈这些疾病的神药。

后来，那个带走宝盒的男人又一次返回海底。按照宝盒当中记载的药方，在我的先辈们的帮助下，他在海底采集了许多难得的药材。那个男人不久就用这些药材研制出很多神药，挽救了所有的病人。经过这场灾难，各个国家的人们也意识到战争带来的惨痛代价，彼此都放下了芥蒂，友好相处，互帮互助。”

当老比目鱼将自己从祖父那儿听来的关于宝盒的传说叙述了一遍，阿法芙小公主忍不住提问：“比目鱼爷爷，宝盒现在在哪里呢？是在那个男人那里吗？”

大伙儿也十分好奇，都直愣愣地盯着老比目鱼。

“不，我的祖父告诉我，自那个男人逝世后，宝盒便自己回到了海底，但是这么多年从来没有人见到过它，也不知道宝盒到底藏在哪里。”老比目鱼摇晃着自己的身躯回答道。

阿法芙小公主的眼神变得越发坚毅：“为了父亲，为了毛里塔尼亚那些仍旧处在病痛中的子民，我一定要找到宝盒！比目鱼老爷爷，您能帮助我吗？”

“既然你已经决定了，那就去吧！我亲爱的小公主。”老比目鱼用眼神鼓励着阿法芙小公主。

海底动物们很快就把先辈们留下来的，也是仅存的一颗定水珠找了出来。老比目鱼爷爷郑重地把这颗仅存的定水珠交到阿法芙小公主的手里，告诉她定水珠的神奇力量和使用方法，又嘱咐小比目鱼晓晓陪伴阿法芙小公主前去寻找传说中神奇而又行踪不定的宝盒。

阿法芙小公主看着这些友爱的海洋朋友，十分感动，心中暗下决心，一定要全力以赴找到宝盒，不辜负所有人的期望和祝福。

第三章　烈日当空光耀大地

阿法芙小公主从海洋朋友那里得知宝盒的秘密后，就暂别了它们，一路紧赶慢赶地赶回王宫。回宫后，阿法芙小公主迫不及待地向二王子和三王子转述了宝盒的故事。两位王子听了，都惊奇不已。

“如果宝盒的故事是真的，那父亲和全国的子民们就有救啦。”三王子激动不已地说道。

“是的，我一定会找到宝盒的。”阿法芙小公主坚定地说道。

听了阿法芙小公主的话，二王子却担忧地道：“可是妹妹，你既然说了现在没有人知道宝盒的下落，那你这一趟……”

阿法芙小公主看着哥哥们担忧的神色，开口说道：“哥哥们，我知道你们担心我，放心吧，我有海洋朋友的帮助，一定会平安无事地带着宝盒回来的。父亲和子民们就交给哥哥们照顾了。”

“你放心，我们一定会竭力守护好国家的。”三王子说道。

阿法芙小公主和两位王子依依惜别后，又来到父王的寝宫。她看着巴希尔国王憔悴的面容和花白的头发，不禁眼中含泪。

“父亲，我一定会找到医治您的办法的，您等着我。”阿法芙小公主说完，又起身面对着挂在墙上的那副神圣的经文虔诚地诵读了一遍，就毅然决然地走出了王宫。当阿法芙小公主来到海边时，小比目鱼晓晓已经等候了许久，看见阿法芙小公主，它甩甩尾巴，急切地游了过来。

“小公主，你终于来了。”晓晓说道。

阿法芙小公主将挂在脖子上的定水珠吞下，语气坚定地说道：“晓晓，我准备好了，我们走吧。”

就这样，晓晓带着阿法芙小公主踏上了寻找宝盒的路。

阿法芙小公主和晓晓潜入深海区域，入目皆是成群结队的鱼群和奇形怪状的海底植物。阿法芙小公主从来没有见到过如此新奇而美妙的景象，不禁久久驻足，惊叹不已。幸亏有晓晓的提醒，她才收回神来。

因为有了定水珠，阿法芙小公主在海底，就如同在陆地上一样行走自由。晓晓带领着阿法芙小公主在海底快速游走着，希望可以尽快搜寻到宝盒的下落。深海底的鱼群对进入深海的阿法芙小公主和小比目鱼晓晓十分好奇。它们开始只是远远地议论着，当阿法芙小公主主动向它们打招呼并介绍自己时，这些深海鱼群才知道这个来自人类世界的女孩儿没有恶意并且懂得鱼类的语言。一番攀谈后，这些深海鱼群便对阿法芙小公主和晓晓友好了许多。它们游在阿法芙小公主的身边，欢快地跳着鼓点舞，个别胆大的鱼儿还用自己的身躯去蹭阿法芙小公主的脸颊。

“不要回到你的人类世界了，就留在我们身边吧！”深海鱼群围着阿法芙小公主转着圈圈，欢快地说道。经过短暂的相处，这些小鱼儿越来越喜欢这个来自人类世界的小公主！

“我很高兴认识你们这些可爱的朋友，可我还要寻找一件遗落在深海的东西，不能再陪你们玩耍了。”阿法芙小公主惋惜地说道。

“你们要找什么？说不定我们能帮助你们呢！”这些好心的深海鱼儿七嘴八舌地说道。

“是宝盒，一个金灿灿的盒子，你们有见到过吗？”小比目鱼晓晓摇摆着身躯给深海鱼儿比划着。

“那是什么东西？我们没有听过，宝盒？是藏了什么宝贝啊？”一条小鱼好奇地问道。

“我记得以前我爷爷给我讲过一个故事，里面好像有提到过一个宝盒，但是没有人知道它在哪儿。”一只小章鱼惋惜地说。听到小章鱼的话，阿法芙小公主心里忽然变得沉甸甸的。

“我，我见到过，我可以带你们过去！”一只小胖鱼突然抢着说道。

“你骗人，你怎么会知道，我爷爷都不知道它在哪儿？”之前那条小章鱼反驳道。小章鱼的爷爷是小章鱼最崇拜的偶像，它觉得他老人家无所不知，爷爷都不知道的事情小章鱼不相信还有人会知道。

“我真的知道它在哪儿！”小胖鱼急得涨红了脸，“我的爸爸妈妈是探险家，它们以前去寻找过那个宝盒！”

“真的吗？你的爸爸妈妈真的知道宝盒的下落吗？”阿法芙小公主激动地问道。

小胖鱼连忙点点头道：“当然，随我来吧，我带你们去找它们。”

小胖鱼说完，就立刻带着阿法芙小公主和晓晓去找它的父母。可当小胖鱼的父母知晓了阿法芙小公主的来意后，却遗憾地摇了摇头说道：“我们的确找到了宝盒的位置，可是它周围漂浮着一圈金色的奇怪符文，我们一靠近宝盒，符文就会发出刺眼的金光，让我们靠近不得，只能远远地观望。”

阿法芙小公主听了小胖鱼父母的话，眉头紧皱，可是心中又暗下决心——既然都走到这一步了，无论前方有什么样的危险，她都要排除万难，找到宝盒来救她的父王和国家。于是，阿法芙小公主央求小胖鱼的父母带她去找宝盒，小胖鱼的父母被她的孝心打动了，终于答应了她的请求。

阿法芙小公主和晓晓随着小胖鱼一家又往更深的海洋游去，过了很久很久才停下。当阿法芙小公主远远地看见那道金色的光时，心中激动不已。

“不知道我是不是宝盒的有缘人呢?”阿法芙小公主心里想着，慢慢地朝宝盒的方向游去。当阿法芙小公主越来越靠近宝盒时，才看清小胖鱼父母所说的金色的奇怪符文是什么。她瞪大眼睛仔细地辨认着那些符文，在心中不住地默念着，渴求能得到一丝半点的指引。忽然，阿法芙小公主像想起什么似的大叫一声，满脸的激动：“我知道啦，我知道啦。”随即，她闭上眼睛，一脸虔诚地默念出几句经文，只见金光一闪，那些经文慢慢消融在深海之中，露出中间金灿灿的宝盒。

小胖鱼的父母看着眼前这一幕，惊讶地张大了嘴巴。晓晓甩甩尾巴游到阿法芙小公主身边惊奇地说道：“真是太不可思议了，小公主，你究竟做了什么，才让那些奇怪的符文消失了。”

“是啊，是啊，小公主，你到底说了什么?”小胖鱼也好奇地问道。

“那并不是什么奇怪的符文，而是神圣的经文，我刚刚顺着那些零碎的经文读下来，总觉得在哪里听过，后来我才想起来，这段经文正是我父王寝宫中悬挂的那块经文，以前他总是带着我日夜诵读，耳濡目染，我便将它牢记在心。”阿法芙小公主说道。

“原来你才是这个宝盒真正的有缘人啊!”小胖鱼的父母齐声感叹道。

“小公主，快看看宝盒里有什么吧!”小胖鱼摇着尾巴好奇地说道。

阿法芙小公主点点头，慢慢地靠近宝盒，伸出手将它拢在怀里。在阿法芙小公主打开宝盒的那一刻，盒中忽然升起一股白烟，一旁的小胖鱼看见那白烟，尖叫一声缩回了母亲的怀抱。阿法芙小公主也像被吓到一般，紧紧地闭上了眼睛，捧着宝盒的手在不住地颤抖。

“孩子，你终于来了。”一个雄浑的声音响起。

阿法芙小公主慢慢地睁开双眼，却见一个皮肤黝黑、头戴白帽、高大俊美的白袍男子正笑意盈盈地看着自己。

“你是谁？为什么会出现在这里？”阿法芙小公主小心翼翼地问道。

“我是海神，我在这里是为了等你。”海神说道。

“海神！您难道是要告诉我宝盒的秘密？”阿法芙小公主惊喜地问道。

海神点点头：“是的。”说着，他便慢慢伸出手触碰了一下阿法芙小公主的额头，只见海神的指尖与阿法芙小公主额头相碰之处闪过一道奇异的绿光。

“宝盒中所放之物是一位华夏国神医毕生的研究心血，我已经将神医所用所学之语传授给你，希望你能通过这些药方记载，研制出药，拯救万千子民。记住，别忘了寻求你的海洋朋友的帮助。”海神说完，就消失在深海之中。

“小公主，既然找到了宝盒，也得到了海神的指点，我们就回去一起想办法吧。”晓晓说道。

阿法芙小公主点点头，和晓晓一起跟着小胖鱼一家一起游出深海。

当阿法芙小公主回到西海岸时，老比目鱼早已等在那里了，看到她手中的宝盒，它显得特别高兴！

阿法芙小公主将她在深海里的奇遇，以及海神对她说的话一五一十地告诉了老比目鱼。老比目鱼听完，缓缓地说道：“原来宝盒重新加封金色的禁锢就是在等待着你啊，阿法芙小公主。其实，我上次的故事并没有讲完，让我把一切都告诉你吧。”老比目鱼陷入了回忆中——

“那个男子带着落水的女子离开后没多久，就又返回海底，因为先辈们的善良馈赠，男子可以在海底像鱼一样活动。这次他在先辈们的面前道明了来意，原来他是毛里塔尼亚的一名外交大臣，曾作为使臣出使过东方的华夏国，并且学会了华夏语。毛里塔尼亚因受到国家间敌对战争的波及，人们患上了一种可怕的疾病，这个疾病没有办法医治，很多人在病痛中死去，人们束手无策。男子看着处于病痛中的人们，便想到那个宝盒里的东方华夏国神医的药方，经过查阅，他发现其中有一些海洋里的药可以拯救这些深陷病痛中的人。说到这里，男子停住了。极具好奇心的先辈们忍不住问了：‘到底是什么呢？’‘是啊，到底是什么东西这么神奇呢？’

男子沉思片刻，才开了口。原来，那位华夏国神医是用一些海洋生物入药，将它们体内含有药用的部分进行糅合，反复研究，才制成神药。所以，若想拯救毛里塔尼亚千千万万百姓的生命，就不得不需要一些海洋生物做出牺牲。我的先辈们毫不犹豫地献身了，这才成全了毛里塔尼亚的安定和祥和。”

老比目鱼讲出了实情，紧接着说道：“我和先辈们一样，也愿意把自己献给你们人类，我问过海洋居民们了，它们也愿意这样做。生命的价值有大有小，如果牺牲自己而能挽救成千上万条生命，那么牺牲就是有价值的！”

阿法芙小公主眼里噙着泪，不舍地望着海岸上的小伙伴们，最后庄重地承诺道：“毛里塔尼亚的人们一定会永远感激你们的！而我，会一直记得你们！我一定会带着你们的爱心去救助更多的人！”

在海神的指引下，小公主把老百姓的病症进行分类，然后依照华夏国神医的药方，将海洋生物们入药，分别研制出针对这些病症的药物。终于，功夫不负有心人！在阿法芙小公主的一番努力下，大批的药物终于研制成功。在二王子和三王子的帮助下，阿法芙小公主将这些药分发给毛里塔尼亚患病的人们。人们吃了这些药后，病情得以控制，身体慢慢地恢复健康，并且全身充满力量，神清气爽。

苏醒了的巴希尔国王得知阿法芙小公主为自己和这个国家所做的一切后，显得格外高兴。他为自己的女儿感到自豪，更对女儿的成长感到欣慰。他打定主意，以后将一切都交给阿法芙小公主去做决定。

巴希尔国王身体痊愈后，严厉地惩处了那些趁国乱之时谋取私利的人，并嘉奖了那些在国家患难之时与国家共荣辱、共奋斗的忠勇之人。在巴希尔国王的治理下，毛里塔尼亚逐渐恢复了安定。

阿法芙小公主看到父王和毛里塔尼亚的子民们都恢复了健康，国家也在父王的治理下显得井井有条，心中万分激动。小公主暗下决心，要像华夏国神医那样无私奉献，心怀天下。她有一个愿望——把海洋生物制药推广到全世界，希望神药能治愈世间所有伤痛，让世界每一寸土地都能祥和而安定。

阿法芙小公主决定一个人踏上征程，她把宝盒放在自己的行囊中，计划用华夏国神医的药方来造福更多深受不治之症和疑难杂症折磨的人们。

阿法芙小公主是迎着初升的朝霞出发的，她的笑容和万丈光芒交相辉映，显得异常美丽。小公主踏着浪花，在巴希尔国王依依不舍的目光中上了船。

白色的帆船载着阿法芙小公主和宝盒驶向未知的远方……

四、故事分配

毛里塔尼亚在学校、电台和报刊三个领域具有一定的优势，对故事《神秘的宝盒》的宣传具有推动作用。

（一）学校

毛里塔尼亚政府大力支持国内教育发展，并借助世界银行和德、法等国的教育资金，大力改善本国的教育设施和加大教育培训力度等。[①] 毛里塔尼亚学校教育制度完备，有小学、中学、高等院校及技术学校，其中小学学校数量最多。依托毛里塔尼亚政府对本国教育的重视与支持，借助毛里塔尼亚各级各类学校，将故事《神秘的宝盒》进行推广，可使故事得到广泛传播。

（二）电台

毛里塔尼亚国家广播电台于 1960 年建立，使用阿拉伯语、法语和布拉尔语等语种播送，每日播放时间长达 19 个小时。[②] 2012 年，中国国际广播电台海外分台在毛里塔尼亚建成，主要采用阿拉伯语和法语进行播报。毛里塔尼亚电台播报语言丰富，每日播报时间稳定且较长，受众广泛。借助电台的宣传，故事《神秘的宝盒》可广为人知。

（三）报刊

毛里塔尼亚报刊种类较多，目前主要报刊为阿文版的《人民报》和法

---

① 商务部国际贸易经济合作研究院、中国驻毛里塔尼亚大使馆经济商务参赞处、商务部对外投资和经济合作司：《对外投资合作国别（地区）指南——毛里塔尼亚（2018 年版）》，第 14 页。（采用日期：2019 年 9 月 20 日）

② 商务部国际贸易经济合作研究院、中国驻毛里塔尼亚大使馆经济商务参赞处、商务部对外投资和经济合作司：《对外投资合作国别（地区）指南——毛里塔尼亚（2018 年版）》，第 16 页。（采用日期：2019 年 9 月 20 日）

文版的《视野报》，两种报刊日发行量较多，阿文报刊以努瓦克肖特新闻为主，法文主要报刊则以努瓦克肖特日报、芦苇笔等为代表。[①] 同时，毛里塔尼亚还拥有在线新闻网站。借助报刊领域的宣传，毛里塔尼亚人民能更加全面地理解故事《神秘的宝盒》。

五、故事消费

故事《神秘的宝盒》分配渠道建立后，从学校、电台和报刊三个领域分别介绍故事消费的策略。

（一）学校

在学校领域的消费通过制作学习用品、校园书展、作文大赛三个策略实现。

1. 制作学习用品

邀请毛里塔尼亚当地学习平面设计的知识分子、努瓦克肖特大学孔子学院的大学生，结合中毛两国的文化背景，把故事《神秘的宝盒》中的场景、植物等设计成卡通形象。再与毛里塔尼亚当地文具厂商合作，将这些卡通形象印刷在一些学习用品上，如书包、文具盒、橡皮、笔记本等，同时在学习用品的外包装上印制简单的故事梗概。将这些捐赠给毛里塔尼亚贫困地区的各级各类学校学生或福利院儿童，既能缓解当地学生的经济压力，也能引起学生们对故事的关注和讨论。

2. 校园书展

与毛里塔尼亚各级各类学校展开合作，举办校园书展。以故事《神秘的宝盒》为蓝本，举办不同主题、设计风格迥异的书展。除故事《神秘的宝盒》外，推荐的各种书籍必须与书展的主题相关。例如：海洋主题的书展，主推世界各国海洋发展现状与前景的相关书籍，可重点推荐与中国海洋事业发展、中国渔业、中国远洋捕捞等相关的书籍，以及中毛

---

① 商务部国际贸易经济合作研究院、中国驻毛里塔尼亚大使馆经济商务参赞处、商务部对外投资和经济合作司：《对外投资合作国别（地区）指南——毛里塔尼亚（2018 年版）》，第 16 页。（采用日期：2019 年 9 月 20 日）

两国海洋发展与合作系列图书，还可加入相关影像资料等；医药主题的书展，主推一些中国医学发展史、中国中医学、中国中医药、中国针灸、中国现代医学、中国远程医疗技术等方面的书籍。如此，可使学生们在了解故事《神秘的宝盒》的内涵与意义的同时，更深层次、全方位地认识中国。

3. 作文大赛

当校园书展引起学生们的关注后，可在毛里塔尼亚当地学校举办不同主题的作文大赛，如故事《神秘的宝盒》的前传与续写、中国初印象、我眼中的中国、中毛两国在海洋环境保护或者医疗方面的合作等。这样，既提高了学生们的写作能力，又宣传了故事内容，从而激发他们在未来积极投身毛里塔尼亚的建设，成为推动中毛两国合作的中坚力量。

（二）电台

在电台领域的消费通过电台合作、制作节目、播放三个策略实现。

1. 电台合作

中国国际广播电台海外分台与毛里塔尼亚国家广播电台达成合作，由两国大型电台合力打造一档大型文化类电台节目，双向推出。依托两国广播电台官方媒体的权威性、强大的影响力和高收听率等优势，可提高故事《神秘的宝盒》在毛里塔尼亚乃至西亚、北非地区的知名度。

2. 制作节目

在两国电台合作的基础上，进行节目制作。应针对不同听众群体推出不同类型的节目。(1) 针对低龄儿童推出趣味故事版。邀请毛里塔尼亚当地家长和儿童一同前往广播电台，参与节目的录制。家长与儿童可以扮演故事中的人物，与专业的配音演员共同用生动、有趣的对话形式演绎故事。(2) 针对青少年推出知识共享版。将故事播放内容与中毛两国的文化、动植物、海洋生物等方面的小知识进行融合，节目播放时，可搭配有奖竞答环节。(3) 针对成人推出话题讨论版。在故事播放结束后，邀请中毛两国学者、专家对故事中所涉及的中国中医药、中医针灸、中国经济和科学技术等话题与场外观众展开话题讨论。根据不同类型的节目，设置多样的互动形式，可加强与听众的沟通与交流，不断扩大故事的影响力，增强毛里塔尼亚人民对中毛两国友好交流的认识。

3. 播放

按照听众收听率的特点，结合不同类型节目的优势，选择不同时间段进行初播及重播，使节目富有层次感，从而进一步扩大节目受众群体和故事的覆盖面。

（三）报刊

在报刊领域的消费通过内容设置、读者互动两个策略实现。

1. 内容设置

将故事用连载的形式刊登在毛里塔尼亚各主要报刊上，同时在相关新闻网站上同步进行故事的连载及更新。读者通过电脑、手机打开在线新闻网站，即可点开故事音频链接收听每期的故事音频，观看由故事改编的动画视频、中毛两国旅游宣传片，阅读中毛两国历史、文化、经济等方面资料，以及关于两国友好交流的新闻报道等。通过生动、立体、多样的阅读方式，不断提升毛里塔尼亚读者对故事的阅读兴趣，增强他们对中国的认识与了解。

2. 读者互动

每期报刊在连载故事的结尾可设置有奖问答、故事话题讨论、故事内容竞猜等读者互动活动。所有与读者展开互动活动的主题、内容必须围绕故事、中毛两国的文化交流和经济合作等方面展开，并开通热线电话、在线新闻网站网络投票或者在经营规模较大的报刊亭设置留言信箱等，每周从观众来电、网络投票或者来信中抽取若干名幸运观众给予奖励，奖品为具有中国特色的小礼品或者毛里塔尼亚当地超市、书店的打折优惠券等。与读者开展多种互动，不但可加深读者对故事的理解，而且可不断激发读者对故事的思考，增进读者对中国文化、经济等方面的了解。

六、中毛合作

中毛合作主要体现在携手渔业资源、助力医疗发展两个方面。

（一）携手渔业资源

毛里塔尼亚西临大西洋，海岸线漫长，渔业资源丰富。渔业储量约为

400 万吨，可捕捞量较大。[①] 渔业出口为毛里塔尼亚带来巨大的经济效益，是其国民经济的支柱产业。近年来，随着毛里塔尼亚渔业发展水平的提高，毛里塔尼亚政府逐步加强对渔业领域的管控力度，出台相关政策，颁布法律法规以推动本国渔业资源的合理开发与利用，但毛里塔尼亚在渔业全产业链、海产品加工技术与设备、渔业技术人才、渔业船舶等方面仍有所欠缺。中国对海产品的需求增长迅速，为满足广阔的消费市场，中国不断提升渔业装备技术水平、捕捞加工技术水平和渔业科研水平等，远洋渔业逐步发展壮大，经过几十年的努力，中国已成为世界上主要的远洋渔业大国之一。[②] 与此同时，中国在海产品冰冻技术、深加工、包装和综合利用，以及海洋生物研发等方面也取得显著成果。自 1990 年中毛两国开启渔业领域合作以来，至今已有 30 年。如果两国在渔业资源方面继续深化合作，借助中国在渔业领域的资金、技术与人才等优势，毛里塔尼亚可以加快本国渔业资源的可持续发展研究，在渔业标准化、渔业技术人才培养、深海捕捞技术改进、海产品深加工技术改进、海水养殖、海洋生物开发与利用、海洋药物等方面与中国进行深度合作。如此，既可发挥毛里塔尼亚在渔业资源方面得天独厚的优势，持续提升毛里塔尼亚渔业发展水平，又可帮助中国缓解近海捕捞压力，满足市场需求。同时，双方的合作可促使中国不断提升远洋渔业装备技术，转变捕捞作业方式，加大渔业科研力度，增强企业的国际竞争力，从而推动中国远洋渔业的发展。中毛两国也可以共同开发新渔场，探索渔业合作新模式，加强两国渔业技术人才储备等，从而加快两国在渔业领域的共同发展。

（二）助力医疗发展

毛里塔尼亚政府重视本国医疗事业的发展，为改善国内医疗卫生环境，提高医疗卫生水平，加大了在医疗机构、设备、人才和保险等方面的资金投入。经过多年的不懈努力，毛里塔尼亚的医疗卫生体系得以逐步完

---

① 商务部国际贸易经济合作研究院、中国驻毛里塔尼亚大使馆经济商务参赞处、商务部对外投资和经济合作司：《对外投资合作国别（地区）指南——毛里塔尼亚（2018 年版）》，第 20 页。（采用日期：2019 年 9 月 20 日）

② 王宁：“我国远洋渔业如何从大到强”，http：//www. cnfood. cn/hangyexinwen148811. html。（采用日期：2020 年 1 月 12 日）

善，医疗水平也有大幅度的提升。中国医疗卫生事业经过几十年的发展，在医疗卫生体系、技术与资源、人才培养、质量监管、信息化建设和改革等方面取得显著成效，医疗服务水平不断提升。目前，中国援助毛里塔尼亚的医疗队已派遣至第 33 批，为毛里塔尼亚人民解决病痛，推动其医疗卫生事业发展做出重要的贡献。如果中国和毛里塔尼亚两国在医疗方面继续深入合作，毛里塔尼亚既可以借鉴中国医疗事业的发展经验，也可以通过中国对其的专科专项医疗援助、医疗人才派遣、医疗基础设施援建、医疗设备捐赠等途径来逐步促进当地医疗水平的提升。中国可深入挖掘毛里塔尼亚在医疗领域所需，及时调整医疗合作方向，与毛里塔尼亚加强在医疗卫生学术、疾病研究、公共卫生信息化、医疗设备维护与服务、城乡卫生医疗系统建设、高端专科医疗人才培养等领域的合作。这不仅有助于中国医疗科研水平的提高，还可推动中毛两国医疗卫生事业的发展。

第十章　对埃及传播的话语体系构建

一、埃及概况

阿拉伯埃及共和国是一个幅员辽阔的国家，地处亚非两洲，总面积共有100.2万平方公里。埃及的北面与地中海相邻，而东面濒临红海海域，两海之间由苏伊士运河相连。而尼罗河则纵贯埃及南北两端。埃及的地势较为平坦，其中沙漠地区的区域面积就占全国土地面积的94.5%。埃及的国家人口总数约为9858万人，大多数人信仰伊斯兰教。

课题组设想的中国和埃及的合作主要体现在纺织工业、旅游业和医疗服务三个方面，所以仅对这三个方面进行详细介绍。

（一）纺织工业

埃及的纺织业、油气、旅游业都是支柱性产业。埃及的纺织业发展得比较成熟，从棉花的种植到生产出成品，整个生产过程都可以在埃及国内完成。埃及种植的长绒棉和超长绒棉品质极佳，这两种棉花所制的织物因其柔软、光洁、舒适的特点而享誉世界。纺织产业链的完整和优质的生产原料这两大优势，使埃及的纺织业成为许多外资投资、合作的领域。

（二）旅游业

埃及是四大文明古国之一，留给世人很多文明的印记。埃及博物馆的藏品多是稀世珍宝，展品年代之久远、数量之巨大，令人赞叹。金字塔群更是让世人无法抗拒的埃及文化标志，站在这些巨大的法老陵墓前，无人不感叹古埃及人的智慧。

（三）医疗

随着人口的不断增长，埃及国内的医疗设施显露出不足。埃及医疗器械制造厂可以生产小比例的产品，大部分的医疗器械依靠进口，并且显示出进口比例越来越大的趋势。

二、故事背景

传说，在埃及底比斯古城里，有一位勇敢聪慧的国王，在他的带领下，国家被治理得井井有条。后来，一场突如其来的疾病让原本精神焕发的国王一夜之间病倒在床，国医和各地医生用尽方法仍不得根治国王的病。随着时间的推移，被疾病折磨的国王越发憔悴，他浑身疼痛，动弹不得，日夜难眠。国王最疼爱的女儿依兹蒂哈尔公主看见父亲每日被病痛折磨，更是心疼不已。于是，依兹蒂哈尔公主在得到父王的允许后，便在民间发布告征集良方，并许下诺言，谁有办法医治好国王，自己便嫁给谁。此刻，埃及的底比斯古城中，告示上的消息正在迅速传开。

三、巴塞尔奇遇记

第一章　新月

这一天，天刚亮，底比斯古城里的喧嚣声就打破了清晨的宁静，古城里的人们都围在城下观看告示，只见告示上写着：传依兹蒂哈尔公主命令，全国上下，不分年龄，不论地位，如果有人能找到治疗国王的办法并且治好国王的病，他就可以迎娶我为妻。

“那可是老国王最疼爱的公主啊！谁要是迎娶了公主，以后可有享不尽的荣华富贵！”一个身着布衣的青年男子说道。

“如果能够迎娶美丽的依兹蒂哈尔公主，那我此生再无遗憾了。”另一名身材高大的男子紧接着说道。

“不知道谁有这个福气能够迎娶全国最美的公主。可是迎娶公主又谈何容易！连国医都没有办法，我们又怎能有办法治好国王呢？唉！”那名布衣男子叹口气道。

围观告示的人们在城下议论纷纷，惊叹声和感慨声此起彼伏。但是人们一想到迎娶公主必须得医治好国王的病，都只能摇摇头叹口气，纷纷散开。喧嚣过后，随之而来的便是犹如一潭死水般的平静。

“喂，阿卜杜·巴塞尔！阿卜杜·巴塞尔！你……你知不知道，城里发告示说，如果有人能够治好国王的病，这个人将有幸迎娶我们的梦中情人——依兹蒂哈尔公主。”纳迪姆迫不及待地跑到他的好朋友阿卜杜·巴塞尔的家中，上气不接下气地说道。

“什么？真的吗？真的是这样吗？纳迪姆，你说的是真的吗？”阿卜杜·巴塞尔简直不敢相信自己的耳朵，光是听到这个消息，他就很激动了。阿卜杜·巴塞尔的眼前又浮现出去年在宫中花园里看到的美丽画面。

那天，他有幸随一支民间乐团入宫为国王演奏民乐。路过花园时，他看见一个身着一袭白裙的女子，脸上戴着一条淡粉色的纱巾，只露出水汪汪的大眼睛，优雅而神秘。

那女子旋转着轻盈的身体翩翩起舞，在花园里尽情地显示她对自然的热爱，仿佛那逐渐下沉的落日就是她舞蹈的背景，她和这落日相得益彰，逐渐相融成一幅美丽的画面。

后来阿卜杜·巴塞尔才知道，原来他那天在宫中花园里看见的女子，正是美丽的依兹蒂哈尔公主。想到这里，阿卜杜·巴塞尔的内心久久不能平静。

“阿卜杜·巴塞尔！阿卜杜·巴塞尔！”纳迪姆大声地叫道，伸出手在他发直的眼前不停地挥舞，使他的心绪一下子回到现实。

“为了迎娶依兹蒂哈尔公主，我一定要找到医治好国王的办法。”阿卜杜·巴塞尔激动地说道。

“可是治好国王谈何容易？我们无钱无势，你一个靠卖艺谋生的艺人，除了会弹奏竖琴，懂几句华夏国商客们的话，你什么都不会！”纳迪姆有些失落地对阿卜杜·巴塞尔说。

“对啊！谢谢你，我的朋友，你提醒了我，我听说在毛里塔尼亚有一本来自华夏国的医书，上面记载了许多治疗疑难杂症的药方。此外，我还阅读过一本前人写的华夏国游记，上面记录了许多关于华夏国的神奇故事，或许我可以在华夏国找到医治国王的办法！”阿卜杜·巴塞尔站起来抱住纳迪姆，激动地说道。

“等一下，阿卜杜·巴塞尔，我听说从咱们国家到华夏国路途遥远，一路上困难重重，你真的决定要去吗？”纳迪姆推开阿卜杜·巴塞尔，忧心忡忡地说。

“我的朋友，为了公主，我必须去那里。只要是为了公主，不管有多么困难，我都要去试一试。放心吧，我的朋友。”阿卜杜·巴塞尔伸出右手轻轻地拍了拍纳迪姆的肩膀。

阿卜杜·巴塞尔紧接着又低声说道：“只是，纳迪姆，我还有一件事想拜托你。”

“你尽管说吧，我亲爱的朋友。”

“我希望在我离开家的这段时间，你能时常来看看我的外祖母，替我多照顾照顾她。”

“放心吧，我的朋友，我一定会替你照顾好祖母的。你也一定要答应我，要平安回来！”纳迪姆双眼含泪地叮嘱道。

“谢谢你，亲爱的纳迪姆，我一定会记得你的恩情，也一定会带着医治国王的办法平安归来。”阿卜杜·巴塞尔感动地说道。

阿卜杜·巴塞尔送走纳迪姆后，就离开家着急地向贴着告示的底比斯古城跑去。

一路小跑，阿卜杜·巴塞尔终于来到古城下，他对着门口站岗的侍卫们喊道：“我有办法，我有办法医治好国王的病，请带我去见国王。”

“快走开，你一个穷小子能有什么办法。”侍卫们一边说着，一边轰赶阿卜杜·巴塞尔。

“你们不让我试试，怎么知道我没办法，还是你们对公主的命令视而不见。”阿卜杜·巴塞尔说道。

侍卫们相互对视后，尽管不情愿，却还是带着阿卜杜·巴塞尔走进了王宫。

躺在病床上的国王听到侍卫禀告有个年轻的小伙子能医治他的疾病时，连忙让侍从带那个小伙子进入寝宫。可当国王看见眼前这个再普通不过的年轻人后，心中又不免产生了质疑：“听说你有办法治好我的病？”

“是的，国王，请相信我。我知道一个地方，那里有神奇的医术、众多能人异士和大量的奇珍异宝，我想只要可以去那里，我就一定能够找到治愈您疾病的办法。不过，前往那里的路途非常遥远，我向您发誓，尊敬的国王，请您给我一年的时间，我一定日夜兼程，尽快找到治好您的办法。”阿卜杜·巴塞尔直视着国王，信誓旦旦地说道。

听了阿卜杜·巴塞尔的话，国王心中虽然仍有疑虑，但还是对眼前这个勇敢的年轻人抱有一丝希望，于是他缓缓地坐起身，嘶哑着声音说道：“勇敢的小伙儿，看在你这么诚心的份上，我就给你一次机会，给你一年的时间和需要的盘缠、公文，如果你能够找到办法治好我的病，到时候我就把依兹蒂哈尔公主嫁给你，并且奖励你一万银凯特，还有尼罗河沿岸最肥沃的耕田！”

国王说完，便交待侍候在身旁的国医将自己的身体状况、病情一并详细告诉阿卜杜·巴塞尔。

阿卜杜·巴塞尔一边认真仔细地倾听，一边将情况写在羊皮纸上，随即他说道：“伟大的国王，感谢您能够相信我，一年后，我一定会带回治愈您疾病的办法，我这就启程。”

说完，他向后退了几步，躬身行礼后便转身走出国王寝宫，迫不及待地跑回家，准备好出行的包裹，并与自己相依为命的外祖母道别。

“孩子，你一定要注意安全。”外祖母颤颤巍巍地对阿卜杜·巴塞尔说道，并伸出右手慈爱地抚摸着他的头。说完，她又颤抖地拿出一串已经被摸得光滑透亮、用椰枣核穿成的念珠塞给阿卜杜·巴塞尔。阿卜杜·巴塞尔知道这是外祖母一直带在身边的念珠，外祖母常常用它来警示自己，而现在却把它给了自己。

“我记住了，亲爱的祖母，我不在的时候您一定要保重身体。”阿卜杜·巴塞尔双眼含泪，伸出右手接过念珠，并在外祖母的手背上留下了一个深深的吻。

“外祖母多年来一直身体不适，时常浑身酸胀，甚至身上有些地方还长了坏疽，埃及的医药无法治愈。这次去华夏国寻找医治国王的方法，说不定还能找到良方治好外祖母的病，或许能一举两得。”阿卜杜·巴塞尔一边这样想着，一边依依不舍地离开了祖母。他携带着水袋、炸蚕豆饼、一些解渴的鲜橙和新鲜的仙人掌果，以及盘缠和公文，只身一人骑上骆驼，踏上前往华夏国的路途。

第二章　月残

前行的路途比想象中的遥远，天气也比想象中的炎热，就连骆驼也仿佛难以忍受如此艰难的环境，速度比先前更慢了。相比尼罗河畔优越的环境，这样的环境对于阿卜杜·巴塞尔来说可谓巨大的挑战，但是他想医治好国王和外祖母疾病的信念却从未动摇过。

日子一天一天地过去，阿卜杜·巴塞尔骑着骆驼行走在广阔的沙漠里。他的水袋里已经没有一滴水，嗓子眼似乎被火烧了一样，每吞咽一口唾沫，就疼得像被刀割了一下。

阿卜杜·巴塞尔艰难地骑着骆驼来到一棵干枯的树下，从包裹中掏出一块豆饼。看着已经干硬的豆饼，他无奈地送到嘴里，艰难地咬了一口，却只见那口豆饼在他嘴里来回游走，迟迟无法下咽，最终还是吐了出来。他用尽所有的力气从骆驼背上下来，倚靠着枯树，突然想起外祖母临行前嘱咐他的话，便极为困难地从口袋里摸出外祖母给他的念珠。

阿卜杜·巴塞尔一遍又一遍地做着祈祷，也不知到底做了多少遍。渐渐地，他累极了，闭上了双眼……

"阿卜杜·巴塞尔，我的好孩子，睡够了，该起来了。"阿卜杜·巴塞尔梦到外祖母用她那粗糙的手慈爱地抚摸着他的脸庞，亲切地对他说道。

阿卜杜·巴塞尔慢慢地睁开眼睛，想要坐起来，但是又感觉全身无力，只是隐隐约约听见周围有人在说话，人很多，陌生的声音互相交错着。

"孩子，你终于醒了。"一个深沉而又慈爱的声音传入耳际。阿卜杜·巴塞尔疑惑地向着声音的来源看去，说话的是一位身着棉麻大衫、头上裹着一块防沙巾、看起来四五十岁的老头。老头皮肤黝黑，脸上的褶子很深。

"来，先喝些水吧。"那老头伸手递给阿卜杜·巴塞尔一个水袋。

阿卜杜·巴塞尔脸上露出感激的神色，忙伸手接过水袋喝了大半，才压下心中的干渴，出声问道："您好，感谢您的救助，不知我该怎么称呼您?"

"你好，我叫马扬，是一名来往于华夏国和阿拉伯国家之间做贸易的华夏国商人，我们路过的时候，发现你被半掩在沙漠里，就救了你，不知你叫什么，这是要去哪里呢?"老头亲切地操着一口流利的阿拉伯语回答道。

"我叫阿卜杜·巴塞尔，我这趟正是要去遥远的华夏国……"阿卜杜·巴塞尔把自己的身世和要去华夏国的目的全部告诉了马扬。

马扬听了阿卜杜·巴塞尔的话，点点头道："原来是这样，我们正好要返回华夏国，你可以和我们一同前行，路上相互也有个照应。你看怎么样?”

“好啊，好啊，马伯伯，谢谢您!”阿卜杜·巴塞尔激动地说道。

在以后的日子里，阿卜杜·巴塞尔跟着马扬的商队，日夜兼程。白天，马扬给阿卜杜·巴塞尔讲述华夏国博大精深的文化、神奇的中医、精彩绝伦的杂要、精彩纷呈的武术、各地的风景名胜、令人垂涎的各种美食以及精美的刺绣和高超的纺织工艺。夜晚，阿卜杜·巴塞尔则给马扬和商队的人朗诵埃及优美的悬诗散文，讲述埃及的各种乐器、各地的风土人情和风景名胜。

一路上的攀谈，不仅使阿卜杜·巴塞尔的华夏语水平有了很大的提高，还进一步加深了他对华夏国的好奇心。他渴望能够尽早找到治愈国王和外祖母疾病的办法，也渴望了解这个神秘美丽的国度。

第三章　月盈

不久之后，阿卜杜·巴塞尔就跟随马扬的商队成功抵达了那个他梦寐已久的地方。

“孩子，到了！看看吧，这就是我们的家乡。”马扬拍拍阿卜杜·巴塞尔的后背，示意他看看四周。

和想象中的有些不同，这里没有那么富丽堂皇，反而更多的是一种让人舒适的平淡之感。街道两边的店铺鳞次栉比，有药铺、酒楼、衣铺、书铺、当铺……

店铺里琳琅满目的商品让阿卜杜·巴塞尔目不暇接。他就像新生儿一样扫视着一切新鲜的东西，仿佛怎么看也看不够。阿卜杜·巴塞尔一边欣赏着新鲜的事物，一边赞不绝口。

突然，一家衣铺引起了阿卜杜·巴塞尔的注意，他走进衣铺，看见里面售卖着各式各样的长袍和纱巾，上面镶嵌着华夏国精美的刺绣。阿卜杜·巴塞尔忍不住伸手去摸那质地轻薄、柔软细密的布料。他细细一看，这些长袍的款式倒是与埃及的服饰有几分相似，不由得心中好奇，便向一直陪同在他身旁的马扬询问。原来，这家衣铺是一位来华经商的埃及人所开。这家主人对华夏国精美的刺绣和上乘的布料非常感兴趣，就将埃及与华夏国的服饰文化进行融合，开了这家独具特色的衣铺。

阿卜杜·巴塞尔听完马扬的介绍，对这个美丽的地方不禁产生了些许亲切感。他心想，如果自己也能像这个来华夏国经商的埃及人一样，将华夏国一些神奇的物产和埃及的特色相结合，再带回埃及，一定会广受埃及人民的喜爱。

正当阿卜杜·巴塞尔感慨之际，一阵清香飘过，他转头一看，原来衣铺对面是一家香粉铺。阿卜杜·巴塞尔在马扬的陪同下走进香粉铺，放眼看去，架子上摆放着大大小小的盒子，盒盖上是富有诗意和意境的山水纹雕刻画，让人仿佛身临其境，那朵朵盛开的梅花更是让人入迷。这些香粉使阿卜杜·巴塞尔想起了依兹蒂哈尔公主，如果公主也使用这些香粉，该是多么美丽动人啊。

马扬带领着商队和阿卜杜·巴塞尔并肩走在热闹的街道上，向阿卜杜·巴塞尔介绍了许多华夏国的新奇物产，随后又盛情邀请他前往自己家中做客。

“你回来啦。”当阿卜杜·巴塞尔随着马扬走进一座小庭院时，听到一个柔和的声音。

阿卜杜·巴塞尔顺着声音看去，发现庭院里正站着一个和蔼的妇人，她身着一套普通的墨绿色衣衫，白里透红的皮肤在阳光的衬托下显得更加红润。马扬带着阿卜杜·巴塞尔一走近这位妇人，他便闻到一股淡淡的香味。

“这位是?”和蔼的妇人疑惑地问道。

“这是阿卜杜·巴塞尔，是我在路上遇见的一位埃及朋友。阿卜杜·巴塞尔，这是我的夫人，她是我们这里有名的中医。”马扬轻搂着夫人的肩膀向阿卜杜·巴塞尔介绍道。

阿卜杜·巴塞尔一听到马扬说他的夫人是中医，心中顿时激动不已，但还是忍住满心的欢喜，亲切地向马夫人问好：“您好，马太太，很高兴见到您。”

“你会说华夏语?”马夫人惊奇地问道。

阿卜杜·巴塞尔挠挠脑袋，害羞地说道：“我以前学过一些，马伯伯在路上也教过我，说得不够好，还请您见谅。”

“不，你已经说得很好了。”马夫人笑着说道，又转向马扬道：“你陪着阿卜杜·巴塞尔参观一下我们的家吧！我去给你们做晚饭。”马夫人说完，挽起袖口走向厨房。

“走吧！孩子，我带你去参观一下我的家。”马扬看着夫人的背影微笑着点点头，然后拉着阿卜杜·巴塞尔往屋里走。

阿卜杜·巴塞尔随马扬走进正堂，堂内整洁干净、大气舒适。北边的墙壁上贴着一张书法作品，每一笔都写得那么苍劲有力，让人不禁为之赞叹。而侧面有点发黄的墙壁上则挂着一幅山水画，笔酣墨饱、清新淡雅，令人折服于画家的功力。最西边的书房里放着几张橙色的羊毛毡毯，旁边用檀木做的小桌上放着一本厚厚的书和一串晶莹剔透的念珠。当阿卜杜·巴塞尔看到那串念珠时，不禁想起自己远在埃及的祖母，心中涌起一股浓浓的思念之情。忽然，马扬抬手拍了拍阿卜杜·巴塞尔的肩膀，“来看看这里。”马扬在前面一边带路，一边说道。

阿卜杜·巴塞尔怀着一颗好奇的心跟着马扬走向东边的偏厅，可还没走进去，就闻到一股淡淡的清香味，那味道让人觉得十分舒服。他跟着马扬慢慢走进房间，房间里放着一块近乎两米长的木板，木板上放着许多黄绿色的草，有已经晒干的，也有新鲜的，这些草没有什么特别之处，但却出奇的香。

“原来马夫人身上就是这种味道啊！”阿卜杜·巴塞尔在心中默念道。

“孩子，这是艾草，它是一种十分有用的药材，可以散寒止痛，祛湿止痒，对人体大有益处。”马扬指着那些草说道。

阿卜杜·巴塞尔点点头，顿时对艾草产生了浓厚的兴趣。他心想，等休整过后，一定要向马伯伯和马夫人好好请教一番。这时，一组大大小小的透明罐子引起阿卜杜·巴塞尔的注意，他细细地比划了一下，最小的罐子只需一只手就可以握住，最大的罐子要用两只手才可以全部包住。

这些罐子除了比较圆之外，似乎并没有什么不同之处。马扬看到阿卜杜·巴塞尔正满眼迷惑地注视着罐子，走过来给他解释道，这是一种用来祛除湿气、调节身体阴阳平衡的火罐。当马扬给阿卜杜·巴塞尔描述使用方法时，他不由得一哆嗦，实在是没有办法相信火罐里的火不会烧到皮肤。就在两人尽情讨论火罐时，马夫人的声音传了过来。

“老爷，阿卜杜·巴塞尔，快过来吃晚饭吧！”

“来啦。”马扬高声回道。

“走吧，阿卜杜·巴塞尔，我们先去吃饭，过后我再向你一一介绍。”

马扬拍拍阿卜杜·巴塞尔的肩膀说道。

阿卜杜·巴塞尔点点头，跟着马扬走进正堂。

正堂的圆桌上满满当当地摆放了许多大小不一的精致碗碟，里面盛放着丰盛可口的饭菜。光是精心搭配的菜品，就足以让人胃口大开了。

“马太太，您真是太花心思了，这一桌美味佳肴真是让我食欲大增。”阿卜杜·巴塞尔看着满满一桌的菜肴，惊讶地睁圆了眼睛，嘴巴张得都能吞下一个拳头了。

“孩子，暂且不说我们华夏国的待客之道如此，更何况你是远客，遥遥万里来到这里，这就是缘分，我们更要好好款待你。”马夫人慈爱地笑着说。

“马夫人，您对我真好。”阿卜杜·巴塞尔觉得心里流过一股暖流，尽管离家万里，身处异国他乡的他仍然感受到家的温暖。

“吃饭之前，先尝尝我们这最有名的八宝茶吧！八宝茶是用来招待尊贵的客人的，由华夏国有名的绿茶，配以冰糖、枸杞、红枣、核桃仁、葡萄干、白芝麻、苹果片以及桂圆肉泡制而成。里面的枸杞可以提气润肺，消渴补肝，甚至可以治疗腰膝酸痛。而红枣是华夏国有名的长红枣，可以补血提气安神。”阿卜杜·巴塞尔听着马夫人的介绍，心中惊奇不已，原来小小一杯茶里竟有这么多学问。他端起茶杯，细细品尝起来，更觉得这茶别有一番滋味。

“来，阿卜杜·巴塞尔，尝尝这个。”马夫人将一个油饼放在阿卜杜·巴塞尔的碗旁。

“这圆饼口感酥软，真是美味。可是盛放圆饼旁边的碟子里放着的是什么菜肴？还有这带有花纹的菜肴又是什么？我从没见过这样的食物。”阿卜杜·巴塞尔疑惑地指着盘子里的面点问道。

“这些不是菜肴，而是我们回族的风味面点，用以招待兄弟同胞。这盘是油香，这盘油麦圈我们叫羊盘缠，这盘是馓子，这盘是油果果，都是用发面团在滚烫的油锅慢慢翻炸而成的。等胡麻油渗透成深红色后出锅，外表油亮光滑，内里香酥。馓子和果果要炸干些，要嚼着咯巴咯巴响才行。我们一般喜欢搭配着这种烩菜汤喝。”马夫人一边说，一边起身给阿卜杜·巴塞尔盛了一碗汤。

一旁的马扬递给阿卜杜·巴塞尔一把勺子，笑道：“快尝尝，这汤可是我夫人的拿手好菜。”

“这汤里竟用到这么多食材，有些我甚至从未见过。”阿卜杜·巴塞尔惊奇地道。

“这黑色的是木耳，白色方方正正的是豆腐……”马扬耐心地一一向阿卜杜·巴塞尔解释道。

“阿卜杜·巴塞尔，再尝尝这鱼的味道如何?”马夫人说道。

“这鱼的味道也鲜美极了。”阿卜杜·巴塞尔尝过后，对马夫人连连点头。

“我们华夏国有句古诗说‘黄河之水天上来’，而这就是产自黄河的鲤鱼，在鱼背上切成斜形刀纹，裹着面糊油炸至呈金黄色，再浇上一层秘制的糖醋汁就行了。”马夫人介绍道。

阿卜杜·巴塞尔每品尝一道菜，马夫人都会向他仔细说明其中蕴含的华夏国饮食文化，这让他对华夏国更感兴趣了。

吃过饭后，马扬将阿卜杜·巴塞尔安排在厢房休息。等马扬和阿卜杜·巴塞尔分别沐浴后，已是傍晚时分。三人坐在厅堂里，马扬向马太太讲述了他和阿卜杜·巴塞尔相识的过程，阿卜杜·巴塞尔也向马夫人说明了他来华夏国的目的。

当马夫人得知阿卜杜·巴塞尔此趟华夏之行是为求了医救人后，便饶有兴趣地向他介绍了华夏国博大精深的中医、医术，以及这里神秘的古药方。不说则已，一说起自己拿手的中医，马夫人越讲越有兴致，而阿卜杜·巴塞尔也被马夫人所讲的神奇中医深深吸引了。在一旁坐着的马扬见阿卜杜·巴塞尔对中医医术如此感兴趣，就让夫人拿出治病的家当，打算让阿卜杜·巴塞尔亲身感受一下。

马扬说完，马夫人转身离开正堂，再次返回厅堂时，只见她手中正拿着一块卷起来的黑色厚布。马夫人将卷起来的黑色厚布放在圆桌上慢慢地平摊开来，只见厚布上面别满了大大小小、长短不一的针。

“这叫银针，人体有 361 个正经穴位，每一个穴道就对应你身体的不同部位，用它来针刺你相应的穴位，可以通经脉、调理五脏等，还可以缓解疼痛，预防疾病。”马夫人一边说着，边拔出一根较小的针。她让阿卜杜·巴塞尔解开衣襟，一边用食指按住他肩膀上的穴位，一边将针旋转着深深地扎了进去。阿卜杜·巴塞尔深深地吸了一口气，紧张地闭上了眼睛，但是随即又睁开眼睛，脸上露出一种无畏的笑容。

“竟然不疼。”阿卜杜·巴塞尔惊奇地对马夫人说道。

“傻孩子，当然不疼了，现在是不是感觉有点酸?”马夫人面带笑容地问道。

“确实是这样的，夫人，那您再多扎几针吧。”阿卜杜·巴塞尔一边傻傻地摸摸后脑勺，一边笑着对马夫人说道。

“孩子，你这一路一定很疲惫，看看你僵硬的肌肉。等你扎完这些针，明天早上起来，就会感觉一身轻松。我们这里的人出门在外，只要回来，就一定会扎扎针来缓解疲劳，调理身体。你马伯伯每次行商回来，我都会替他扎针、拔火罐的。”马夫人说着，让阿卜杜·巴塞尔将背后的衣服揭起来，然后一一按住穴位，将针慢慢地扎进去。马夫人娴熟的手法和精湛的医术，让阿卜杜·巴塞尔赞叹不已。

“老爷，您这一趟劳累了，也拔拔火罐吧，可以除湿散寒、活血行气。”待马夫人替阿卜杜·巴塞尔施完针后，又转向马扬说道。

马夫人一边说着，一边拿出大大小小的罐子和一些纸片。只见她先将罐子的瓶口浸湿，后将燃着的纸片投入罐内，迅速将罐子罩在马扬的背部。只见火罐刚一罩在背部，就牢牢地吸附在背上，罐口的皮肤则慢慢地凸起。马夫人拔罐的速度很快，不一会儿，马扬的后背上就吸满了火罐，阿卜杜·巴塞尔瞧着自己和马伯伯的样子，不由得露出了笑容……

东方的天空，慢慢地染上了白色。阿卜杜·巴塞尔从睡梦中苏醒，慢慢地坐起来，习惯性地向后耸耸肩，却发现平时酸痛的症状不见了。他兴奋地站起来，真的感觉到一种从未有过的轻松。这让阿卜杜·巴塞尔突然想到时常浑身酸胀的外祖母和在病痛中的国王，或许这就是可以治好外祖母和国王病的方法。他顿时激动得有些不知所措，仿佛看到了希望的曙光，因此迫不及待地想要找到马夫人。

阿卜杜·巴塞尔飞快地走出房间去找马夫人，正好碰见她在偏厅给一位老人治病。只见马夫人在这位老人的两个手心、肚脐上方各放上一片生姜，然后捻一撮晒干的艾草放在姜片上，再用火柴将其一一点着，只见一缕缕青烟缓缓冒出，并伴随着一阵阵淡淡的清香。

“马夫人，昨天马伯伯说这种草有很大的功效，是真的吗？但为什么还要放上生姜片呢?”阿卜杜·巴塞尔满怀好奇地问正在忙碌的马夫人。

"艾草本性属热，下面放上生姜片，一方面可以防止烫伤皮肤；另一方面，生姜可以驱寒，治疗风寒，放在下面可以增强驱寒效果，缓解疼痛。你看这位老伯之前因劳累过度而全身疼痛，经过两个多月的治疗，现在啊，他不仅身上松快，精神也比以前旺盛多了。"马夫人说完，阿卜杜·巴塞尔立刻激动地将外祖母和国王的身体状况和病情向马夫人描述了一遍。

马夫人仔细分析后，觉得埃及国王和阿卜杜·巴塞尔外祖母的病可以采用中医针灸、艾灸和拔火罐等疗法进行医治。

阿卜杜·巴塞尔听到这里，激动得眼泪都要流出来了，原来他真的找到了可以治愈国王和外祖母疾病的办法。可是，他马上又面临了新的难题——如果想短时间内掌握人体所有的经络和穴位，并且记住所有的针刺手法，可谓难上加难。这该怎么办呢？阿卜杜·巴塞尔皱起眉头无奈地向马夫人说出他的苦衷。

"孩子，不要发愁，我认识一个精通中医的商人，他叫赵良，他的商队经常来往于埃及与华夏国之间，你可以和他一同前去，让他替国王治病，路上还能有个照应。明天他正好要出发去埃及，我这就去告诉他。"马夫人温柔地安慰着阿卜杜·巴塞尔。

阿卜杜·巴塞尔点点头谢过马夫人，赵良是个乐善好施的商人，听马夫人说完情况后，立刻热情地答应了。

第四章　月圆

第二天，天刚亮，阿卜杜·巴塞尔就起床了，他迫不及待地收拾东西，准备去告别马扬一家。可是他没有想到，马夫人起得比他还早，早已为他准备了丰盛的早饭。

阿卜杜·巴塞尔吃完早饭后，马夫人又将两个装得鼓鼓的大袋子塞给他。阿卜杜·巴塞尔打开袋子，发现里面有很多东西，红枣干、枸杞、枣糕和一些炸制成金黄色的油饼……另外一个袋子里则装有一些药材、一组银针和大大小小的火罐。

"孩子，我给你准备了一些干粮，你留着路上吃，袋子里面还有些养生的佳品，你可以带给你外祖母。另一个袋子里面的中药材和器具，用来给国王和你的外祖母治病。"马夫人有些伤感地说道。

“路上你一定要注意安全，如果以后有机会，欢迎你和你的外祖母再来我家做客。”马扬也依依不舍地说道。

阿卜杜·巴塞尔双眼含泪地告别了他们，跟随着赵良出发了。

跟着赵良的商队，阿卜杜·巴塞尔返回埃及的速度加快了很多。在返程的路上，赵良不仅告诉阿卜杜·巴塞尔许多中医药理、人体穴位，还向他展示了华夏国精致的陶瓷、轻薄柔软的丝绸和工艺精湛的绣品。闲暇时，阿卜杜·巴塞尔也会向赵良介绍埃及的风景名胜，如神秘的金字塔、宛如蓝宝石一般美丽的红海、古老的卢克索神庙……

漫长的路程在一路的欢声笑语中慢慢缩短，不知不觉间，他们已抵达了埃及。

阿卜杜·巴塞尔一到达底比斯古城，就迫不及待地带着赵良赶回家中。还未进家门，阿卜杜·巴塞尔就听见一阵欢乐的笑声从院中传出，推开门则看见纳迪姆正手舞足蹈地向外祖母讲述着从街上听来的逸闻趣事，逗得外祖母笑个不停。

“外祖母，纳迪姆，我回来了。”阿卜杜·巴塞尔高声叫道。

“阿卜杜·巴塞尔，是阿卜杜·巴塞尔回来了。”纳迪姆转身看见阿卜杜·巴塞尔，兴奋地跳起来。

“孩子，快过来让外祖母好好看看。”外祖母颤抖着声音说道。

阿卜杜·巴塞尔眼含热泪地飞奔过去，扑进外祖母怀里，外祖母抚摸着他的头不住地说道：“回来就好，回来就好。”

亲热过后，外祖母扭头看见站在院中的赵良，好奇地问阿卜杜·巴塞尔：“阿卜杜·巴塞尔，这位是？”

“您好，我是赵良，很荣幸见到您。”赵良微笑着向阿卜杜·巴塞尔的外祖母问候道。

“这位是我在华夏国结识的新朋友，他是一位商人，也是一名医术精湛的医者……”阿卜杜·巴塞尔向外祖母和纳迪姆简短地说了说自己在华夏国的经历。外祖母和纳迪姆听后，都为阿卜杜·巴塞尔找到治疗国王疾病的方法而感到高兴。

一番热切的问候过后，阿卜杜·巴塞尔就带着赵良携带着药材、医具匆匆前往王宫。

“好消息！好消息！国王，阿卜杜·巴塞尔找到治愈您的方法了，他带着一位从华夏国来的医师请求见你！”一个侍卫从大殿外兴高采烈地跑进来，气喘吁吁地向国王禀告。

“真的吗?”听到这个令人振奋的消息，原本无精打采的国王一下子精神了许多。“快让他们进来吧！”国王激动地向侍卫大声说道。听闻这个消息，依兹蒂哈尔公主也偷偷地跑过来躲在国王寝宫里，想看看这个勇敢的青年人究竟如何治好自己的父亲。

“尊敬的国王，这位先生叫赵良，他来自华夏国，不仅是一名商人，同时也是一位精通医理的中医。我通过了解和亲身体验，找到了可以治愈您疾病的办法。赵良先生医术了得，只要您肯接受治疗，不过几日就可以见效。假以时日，您的病一定会痊愈的。尊敬的国王，请您接受我们的治疗吧！”阿卜杜·巴塞尔向国王认真地解释并恳切地请求着。

“这到底是什么疗法呢?”国王急切地问道。

“这是一种针灸和艾灸术，就是将银针扎入身体的不同穴位，用捻转和提插等手法对相应穴位进行刺激，以达到通经脉、调理五脏等功效。属于其系列的还有拔火罐。另外，华夏国中医文化博大精深，华夏国的食物也非常有名，有些食物可以入药进行食疗，具有疗疾祛病的功效，比如华夏国所产的枸杞和红枣都可以帮助您加快治愈疾病。国王，请给我一个月，我保证治好您的病。”阿卜杜·巴塞尔耐心地解释道。

“什么?在我身上扎针?把针扎在我的身上，你还说是在替我治病！来人，给我拖下去。”国王一听，满眼的怒火简直要把人给点燃。

“不，国王，请您一定要相信我，这是一种很神奇的医术。虽然当初我也很难相信，但是这种方法治好了很多人，我自己也曾亲身体验过。我绝没有胆量欺骗您啊。尊敬的国王，为了您自己，为了公主，更为了王国，请求您一定要试一试，我敢用我的性命担保，一个月之内，您一定可以康复。”阿卜杜·巴塞尔认真地向国王保证道。

国王见状，心里微微颤抖了一下，然后单手托住下巴，深深思考了片刻，说道：“好吧！我接受治疗，一个月之内，如果你治不好我的病，我将会重重地惩罚你。”

就这样，阿卜杜·巴塞尔带着赵良住进王宫，每天给国王进行食物调理，按时给国王进行中医治疗。时间慢慢地过去，一个月很快就到了。所有的大臣等在大殿门口，准备迎接国王。突然，一个雄伟的身影出现在他们的眼前，那个人就是国王。国王的身体似乎比之前更加硬朗了，苍白的脸上也浮现出难得的红润，以前走起路来一瘸一拐、一走三停的国王今天却走得非常平稳，这让大臣们都面面相觑。他们不敢相信，仅仅一个月的时间，他们的国王就康复得如此之好，这也让他们对华夏国神奇的中医产生了浓厚的兴趣。

听说阿卜杜·巴塞尔治好了父亲，依兹蒂哈尔公主兴奋地从自己的房间里冲向大殿，正好碰见了老国王和阿卜杜·巴塞尔。依兹蒂哈尔公主激动地抱住了国王，两行眼泪从白嫩的脸颊流下来，国王也用宽大的臂膀搂住自己最爱的女儿。依兹蒂哈尔公主偷偷看了阿卜杜·巴塞尔两眼，她既感激阿卜杜·巴塞尔治好了自己亲爱的父亲，又对这个勇敢而又信守承诺的男人动心了。

国王当天晚上就盛情宴请了阿卜杜·巴塞尔、赵良以及他的商队，以此来表达对他们的感激之情。国王用全羊宴和很多埃及美食款待他们，并与阿卜杜·巴塞尔和赵良相谈甚欢。国王不但从他们口中了解到华夏国神秘的中医术、高超的纺织技术，还知道了许多以前从未听过的行商趣事。通过一番精彩绝伦的探讨，国王从这位异国商人的身上感受到那个新奇而又充满神秘色彩的国度，也因此对那个不曾见过的国度——华夏国产生了浓厚的兴趣。

在宴会的最后，国王将美丽的依兹蒂哈尔公主请上大殿，大声地说道：“我宣布，我将要把我最爱的小女儿依兹蒂哈尔公主嫁给勇敢的阿卜杜·巴塞尔，并择日为他们举行婚礼。”阿卜杜·巴塞尔和依兹蒂哈尔公主相视一笑，仿佛在用眼神传递着彼此间的爱意。

国王的病症治好后，阿卜杜·巴塞尔又在赵良的指导下，用针灸缓解了外祖母多年来浑身酸胀的病症。在这期间，阿卜杜·巴塞尔还带着赵良参观了埃及神秘壮观的胡夫金字塔、门卡乌拉金字塔、哈夫拉金字塔以及雄伟壮观的狮身人面像。他们一起乘船游览美丽壮阔的地中海；一起漫步在肥沃的尼罗河两岸旁，感受尼罗河的伟大与魅力。傍晚时分，他们又一起漫步在埃及街头，品尝埃及当地的特色美食，观看当地人民精彩的街头表演。

离阿卜杜·巴塞尔和依兹蒂哈尔公主大婚的日子越来越近了，两人盛情邀请赵良以及他的商队留在埃及见证他们的婚礼。赵良及商队众人深感荣幸，于是就把从华夏国带来的精致陶瓷、华丽丝绸和精美绣品等作为贺礼，献给了依兹蒂哈尔公主。依兹蒂哈尔公主收到贺礼后，心中十分感激，就命人用这些华夏国的丝绸来制作大婚时的礼服。经过一段忙碌的筹备，国王为阿卜杜·巴塞尔和依兹蒂哈尔公主举行了一场最盛大的婚礼。那一天，举国欢庆，尤其是当依兹蒂哈尔公主身着一袭丝绸长裙出现在婚礼上时，所有人的目光都被美丽华贵的公主吸引了，赞叹声此起彼伏……一时间，不仅公主的婚礼成为埃及人们谈论的热点，华夏国的丝绸更是受到埃及女子的追捧。

依兹蒂哈尔公主看到华夏国丝绸在埃及人中间如此受欢迎，就在城内建起丝绸坊，并在阿卜杜·巴塞尔的提议下，将华夏国的丝绸、刺绣工艺与埃及的服饰相结合，制出一大批别具特色的衣服，受到埃及人们的热烈欢迎与喜爱。在依兹蒂哈尔公主的推动下，埃及各地纷纷建起丝绸坊，越来越多的华夏国丝绸、纺织品、刺绣工艺传入埃及，在埃及国内引发了一股制衣热。而华夏国商人将这些带有异国风情的衣服带回华夏国，亦受到华夏国人们的喜爱与欢迎。以丝绸之交为起点，华夏国和埃及两国的交流与贸易越来越频繁，越来越多的商人加入到这条友谊之路中……

后来，阿卜杜·巴塞尔为报答他的朋友纳迪姆的恩情，赠予了他许多银币，可是纳迪姆却婉言谢绝了阿卜杜·巴塞尔的心意。因为在赵良准备回华夏国的那一天，纳迪姆就收拾好了行装，他下定决心，也要去华夏国看一看。

商路上，驼铃阵阵，留下了越来越多的脚印……

四、故事分配

埃及在报刊、电视台和学校教育三个领域具有一定优势，对故事《巴塞尔奇遇记》的宣传具有推动作用。

（一）报刊

埃及的报刊业较为发达，报刊种类多，数量众多，出版语种多样，如阿拉伯语、英语和法语等，并且通过互联网也可以阅读报刊。通过报刊领域的消费，可推动故事《巴塞尔奇遇记》在埃及快速传播，从而扩大故事的受众面。

（二）电视台

在埃及的传媒产业中，电视传媒发挥着不可替代的作用。埃及电视台数量众多，电视频道多样，节目覆盖范围广。依托埃及快速发展的电视传媒业，借助电视台，会更加快捷有效地推动故事在埃及的宣传，从而使故事《巴塞尔奇遇记》走进千家万户，广为人知。

（三）学校教育

埃及政府非常重视教育，不断加大对教育的经费投入。截至2017年，埃及全国共有基础教育学校约4.5万所，其中公立学校占90%以上，高等教育学校是以开罗大学、亚历山大大学等为代表的34所大学。[①] 中小学生、大学生是传播故事《巴塞尔奇遇记》的重要对象，依托埃及政府对教育的大力支持，通过与埃及国内众多学校建立宣传平台来宣传故事《巴塞尔奇遇记》，将不断加大故事在埃及少年和青年之间的传播力度，不断加深他们对故事的理解、对中国文化的认识，从而拓宽中埃两国少年和青年之间的文化交流渠道。

五、故事消费

故事《巴塞尔奇遇记》分配渠道建立后，从报刊、电视台和学校教育三个领域分别介绍故事消费的策略。

（一）报刊

在报刊领域的消费通过刊登、内容设置、赠送礼品三个策略实现。

1. 刊登

将故事翻译为阿拉伯语、英语和法语等版本，采用连载的形式刊登在

---

① 商务部国际贸易经济合作研究院、中国驻埃及大使馆经济商务参赞处、商务部对外投资和经济合作司：《对外投资合作国别（地区）指南——埃及（2018年版）》，第16页。（采用日期：2019年9月20日）

埃及当地各大报刊和新闻网站上。借助纸质报刊价格低廉、携带方便、传阅率高以及电子报刊阅读便捷、信息量大、传播速度快等优势，能使更多的埃及人民了解故事《巴塞尔奇遇记》。

2. 内容设置

每期只刊登故事的一部分，故事的结尾设置为开放式的，给读者留下悬念和想象的空间，使读者更加期待故事的后续发展，促使读者继续购买报纸或者订阅电子报刊阅读故事。同时，在刊登故事时加入配图、插画，使报刊版面的设计更为灵动。配图或插画可以选取中埃两国的著名旅游景点、自然风光、民俗文化和风物特产等题材，使读者通过故事与配图或插画结合的形式准确地理解故事内涵，并且更为直观、全方位地了解中国。新颖的版面设计能进一步提升故事内容的层次感，增加故事的趣味性，从而吸引更多读者的注意。

3. 赠送礼品

以故事作为明信片的设计灵感，将故事内容与中埃两国著名的旅游景点、优美的自然风光等的图片进行融合，设计制作出故事系列明信片。凡是购买或者订阅刊登故事《巴塞尔奇遇记》的纸质报刊、电子报刊的读者，即可随机获赠具有中国文化元素的小礼品，如故事系列明信片、中国特色的折扇、中国结或者电子购物券等，可提高埃及人民对故事《巴塞尔奇遇记》的关注度。

（二）电视台

在电视台领域的消费通过制作节目、播放、互动三个策略实现。

1. 制作节目

中国国际电视台与埃及当地著名电视台合作，聘请中埃两国著名节目制作团队、导演、编剧共同策划节目方案，将故事《巴塞尔奇遇记》与埃及当下流行的节目进行融合，制作出全新的文化体验类节目，并根据节目类型的不同设置多样的参赛环节。例如，举办中埃两国阿拉伯语大赛，在演讲环节，要求所有参赛选手在阅读故事后，围绕故事内容选取不同主题进行演讲，可包括中埃两国文化交流、中埃旅游、中埃历史文化、中国中医药等主题。在才艺展示环节，将故事中最精彩的部分，如主人公之间互帮互助的场景等编排成舞台剧、歌剧或话剧，要求所有参赛选手通过抽签确定参演角色后进行表演。通过参赛选手们精彩的演讲和表演等环节来传达故事的内涵和意义，使埃及观众对故事产生更深层次的思考。

2. 播放

在节目播放前期，通过报刊、杂志、广播、电视台和互联网等平台进行广泛宣传，尤其是在电视台黄金时段循环播放节目预告。在埃及当地收视率较高的频道进行现场直播，并在其他频道进行转播，通过生动有趣的节目形式，引起观众的观看兴趣，增强观众对故事的喜爱与了解。

3. 互动

与现场和场外观众互动，开通现场、电话、网络等投票渠道为参赛选手进行投票。经过统计，获得本场第一、第二名的参赛选手将进入下期节目。从支持这两位参赛选手的现场观众中随机抽取若干名，赠送印有故事背景的商场优惠券、具有中国元素的折扇和中国结等小礼品、故事《巴塞尔奇遇记》的实体书籍或书签等。从电话、网络等投票渠道参与投票的场外观众中，随机抽取若干名邀请其参加下期节目录制。通过不断加强与场内外观众的互动，可持续提高观众对节目的关注度，不断扩大故事的影响力。

（三）学校教育

在学校教育领域的消费通过课外读物、策划活动两个策略实现。

1. 课外读物

根据不同年龄段学生的阅读习惯，将故事出版为不同类型的图书，例如：针对小学生，故事《巴塞尔奇遇记》原本就是童话故事，采用童话的形式讲述故事，能使小学生更好地理解故事；针对中学生，将故事改编为漫画，在讲述故事的同时添加一些中埃两国的文化、文学和友好交流等方面的小知识，不仅可增强中学生阅读故事的兴趣，还能拓宽他们的知识面；针对大学生，将故事以说明文的形式进行呈现，并配以大量的中埃两国社会、历史、医疗、教育和留学贴士等方面的图片和信息，同时增加中埃两国经济、文化交流等方面的新闻报道，使埃及大学生能够全方位地了解真实的中国。将这些不同文学体裁的故事系列图书作为课外读物，捐赠给埃及各级各类学校，在丰富教学内容的同时，还能使不同年龄段的学生更好地理解故事内涵，逐步认识中国。

2. 校园活动

将故事与校园活动进行融合，策划出不同形式的校园活动，吸引学生积极参与。（1）编曲大赛：邀请埃及各所大学音乐专业的学生，举办故事编曲大赛。根据故事内容进行编曲，选取最受欢迎的编曲给予奖励。（2）舞台剧：将故事中的精彩部分编排成舞台剧，邀请开罗大学和苏伊士运河大学孔子学院师生，埃及各所大学精通中文、阿拉伯语的学生，有中国留学背景的埃及学生，在埃及留学的中国留学生共同参与演出，在征得编曲作者同意后，可将多元音乐风格的编曲融入其中，以生动、极具感染力的形式演绎故事，既可提高学生的参与度，丰富校园生活，又可扩大故事的知名度。

六、中埃合作

中埃合作主要体现在共建纺织工业、互通旅游业和共建医疗业三个方面。

（一）共建纺织工业

埃及拥有悠久的棉花种植栽培历史，是世界长绒棉的主要产区之一。埃及拥有非洲大陆最大的棉花和纺织工业集群，国内纺织产业链较完整，从棉花种植到纺纱、织布到成衣制造等方面拥有完备的体系和较成熟的技术，在成衣制造方面有很大的优势，但织布和印染环节技术水平较低，仍需大量进口；[①] 中小型企业在埃及的纺织业数量中占有极大比重，其为埃及纺织业发展、带动就业和拉动经济增长做出重要贡献，但在管理制度、技术水平和生产效率等方面存在地区差异；而埃及国有纺织企业在运营方面也存在资金、管理、设备等问题。[②] 受目标市场纺织品需求变化、国际市场竞争激烈等多种因素影响，埃及纺织产业发展仍面临着较大的挑战。

中国的纺织印染工艺历史悠久，在继承传统工艺的基础上，利用现代

---

① 商务部国际贸易经济合作研究院、中国驻埃及大使馆经济商务参赞处、商务部对外投资和经济合作司：《对外投资合作国别（地区）指南——埃及（2018 年版）》，第 28 页。（采用日期：2019 年 9 月 20 日）

② 中华人民共和国驻埃及使馆经商处：“重点/特色产业”，http：//eg. mofcom. gov. cn/article/ddgk/zwjingji/201701/20170102499002. shtml。（采用日期：2020 年 1 月 13 日）

科技，不断改革创新。时至今日，中国的纺织工业在理论体系、纺织设备和技术、纺织工艺流程、印染技术及水平、纺织技术人才等方面获得极大的发展。如果中国和埃及在纺织业方面达成合作，埃及可以借助中国在资金、纺织技术与设备、织布和印染技术、服装设计、辅料等方面的支持，加快整合本国纺织行业，推动纺织工业的发展，增强本国抵御市场风险的能力。同时，中国也可以借助埃及优越的地理位置、廉价的劳动力资源、优质的棉纺原料、一系列优惠政策、日趋完善的纺织工业园区等优势，前往埃及投资设厂，生产、加工、出口服装，发展转口贸易，不断增加外汇收入，推动纺织工业的发展。

（二）互通旅游业

埃及因其古老而神秘的古埃及文化和众多名胜古迹而闻名于世，每年都吸引着大量来自欧洲国家的游客。旅游业是埃及的支柱产业之一，但受国内局势、安全及俄罗斯客机坠毁等因素影响，埃及旅游业曾一度陷入“低谷”。近几年，埃及政府通过采取多种旅游营销方式，发挥产业联动效应，积极推广埃及旅游，不断开拓新的旅游市场，使埃及的旅游业得以恢复和发展。伴随着中国经济的快速腾飞，中国旅游业也步入黄金发展期，中国出境旅游人数持续增长。随着中国和埃及两国友好关系的持续推进与合作的不断加深，中国赴埃及旅游人数持续增加，埃及也逐渐成为中国游客最喜爱的旅游目的地之一。如果中国和埃及在旅游业方面继续深入合作，大量中国游客、中国旅游企业的进入，将会加快埃及提升本国旅游业管理水平、景区服务水平与能力，助推其重视历史文化古迹的维护和修复，加快推进旅游景区及旅游线路的开发，改善当地旅游基础设施及相关配套设施，增加当地就业岗位等，从而推动埃及旅游业的快速发展。借助埃及发展旅游业给予的相关优惠政策，中国企业在旅游休闲度假项目等方面可与埃及企业展开合作，学习埃及企业在旅游服务与管理等方面的经验，不断提高自身开拓海外旅游市场的能力。中埃两国企业也可以在旅游资源开发、旅游景区管理运营、旅行社包机业务等方面展开深度合作，共同开拓和完善两国旅游服务业市场。

（三）共建医疗业

埃及的医疗卫生服务受到埃及政府的大力支持以及国内经济不断发展带来的积极影响，在医疗卫生机构数量、医护力量、防疫接种水平等方面取得很大进展。[①] 受埃及国内局势的影响，近年来埃及的医疗卫生事业发展速度减缓，在医疗卫生资源分布、农村地区专科医疗专家、医疗设施设备、卫生人力培训、药品监管、青年健康培训等方面仍存在着许多急需解决的问题。[②] 为解决本国医疗卫生领域存在的各种问题，埃及政府实施多项措施，如通过试点逐步向全国推广全面医疗保险制度，重视医疗产业的发展，积极与世界各国在医疗卫生领域展开广泛的合作，加大对医疗、卫生和科研领域的投入等，以期不断提高本国医疗服务水平。

医疗卫生一直是中国政府关注的民生大事，中国政府通过不断调整医疗卫生政策，强化医疗机构的监管和医疗机构临床实验室的管理，缩小城乡卫生医疗差距，逐步完善药品质量管理体系，加强药品监管力度，深化医疗保险改革，完善医疗保障制度，引导并实施全民健康战略。历经几十年持续不断的医疗建设，中国的医学水平得到极大提高，医疗事业稳步向前发展。如果中埃两国在医疗方面达成合作，埃及可以借鉴中国在医疗卫生、医疗保险等方面改革的经验，借助中国在医疗卫生领域的资金、技术和人才等，改善本国城乡医疗卫生资源配置不均衡、农村卫生人力资源不足、专科医疗专家培养不完善、医疗器械与设备缺少等方面的问题。借助埃及在医疗领域实施的相关优惠政策，中国医疗器械企业可以参与埃及新首都医疗城项目，助力埃及新首都建设，促使中国企业不断加大海外医疗产品研发力度，提升设备维护与售后等服务能力。中埃两国也可以在医药医疗领域展开疾病预防与控制机制、医疗专家培训机制、生物制药、药品研发、埃及中医药人才培养等方面的合作，以此推动中埃两国医疗事业共同进步。

---

① 陈天社、王鹏鹏："论穆巴拉克时期埃及医疗卫生困境及其形成因素"，《陕西师范大学学报（哲学社会科学版）》2017 年 11 月第 46 卷第 6 期，第 156 – 163 页。（采用日期：2020 年 1 月 13 日）

② 陈天社、王鹏鹏："论穆巴拉克时期埃及医疗卫生困境及其形成因素"，《陕西师范大学学报（哲学社会科学版）》2017 年 11 月第 46 卷第 6 期，第 156 – 163 页。（采用日期：2020 年 1 月 13 日）

致　谢

2016 年，姜克银教授开始策划这本书的写作思路、整体构架和具体内容。在宏观框架的指导下，课题组全体成员通力配合，终于在 2020 年完成这本专著。本书的出版还得到宁夏大学中国阿拉伯国家研究院张前进书记的大力支持，在此一并表示衷心感谢！